JN123486

ICT活用で学ぶアカデミック・スキル
—大学生に求められるデータ活用力と論理力—
第6版

富山大学情報処理部会
情報処理テキストワーキンググループ

富山大学出版会

装丁： 山田 斗志希 氏（元富山大学総務部総務課広報・基金室技術補佐員）

はじめに

　大学という学びの場で求められることは何でしょう。授業を聞いて知識を得たり、答えが決まっている問題を解く技術を身につけるだけではありません。研究の場や実社会では授業で学んだこと以上の知識・技術を要求されることや正解がわかっていない課題に取り組まねばならないことも多々あります。そのようなときに求められるのは、課題解決のために必要な情報を収集し、得られた情報を基に考えをめぐらし解決策を探っていこうとする姿勢です。大学での学びでは、課題解決能力を高めることが重要な要素の一つとなります。そのため、大学の授業ではデータや資料・文献等を自ら収集して、それらから得た情報を基に考察を行い、その結果をレポートや論文、プレゼンテーションの形で発表することが求められる機会が多くあります。本書はそこで必要となるアカデミック・スキル（学術的な作業を行うために必要とされる技能）を身につけるためのテキストとなっています。

1　アカデミック・スキルと本書の構成

　研究活動では以下の作業が必要になります。

- 適切な課題設定を行う。
- 課題解決に役立つと思われる資料やデータを収集・分析し、有用な情報を引き出す。
- 得られた情報を基に論理的な考察を行い課題解決をはかる。
- 結果を他者が理解しやすい形で提示する。

　これらは研究活動以外でも、程度の差はあれ、日常の多くの仕事においても必要となります。たとえば、商店で商品の品揃えを検討する場合には、過去の売上げ記録や流行の状況から今後売れるであろう商品を予想して仕入れ、顧客が目に付きやすい形に陳列しておく、というのも上の流れに沿っています。これら一連の作業を着実に進めていくための能力がアカデミック・スキルです。アカデミック・スキルを身につけることは単に学問を行う上での技能を高めるだけでなく、多くの仕事に役立ちます。

　ここで大事な点は信頼性のある根拠に基づいた考察を行うことと、その考察が論理的であることです。思いつきや一時的な感情ではなく、確かな情報に基づいた考察には信頼性があります。筋道の通った客観性のある考察は説得力を持ちます。

　本書は、教養科目の情報処理やデータサイエンス入門レベルの授業で利用されることを想定しています。図 1 のような授業の流れの中で、PC 等の ICT (Information and Communication Technology) を活用しながら、(1) 目標を持ち、(2) 情報を収集し、(3) 情報を整理（作表と作図）し、(4) 論理的に文章化して、(5) 効果的に情報発信（プレゼンテーションや Web での公開）する経験を通して読者のアカデミック・スキルが向上することを目指しています。

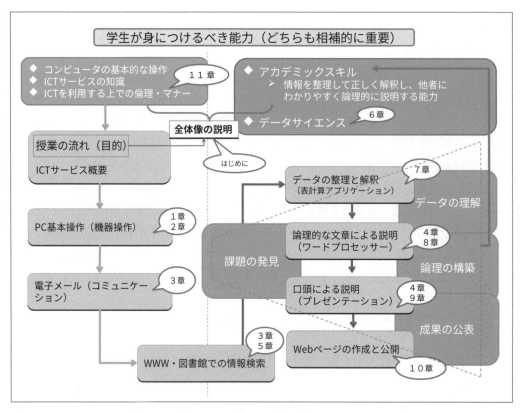

図1　アカデミックな情報スキル

2　データサイエンスとの関わり

　未来社会のあり方として Society5.0 という考えが提唱されました[1]。ICT を活用して構築されたサイバー空間と現実の空間を高度に融合させたシステムにより、経済発展と社会的課題の解決を両立する、人間中心の社会（Society）という意味です。その実現のためには、(a) 文章や情報を正確に読み解き対話する力、(b) 科学的に思考・吟味し活用する力、(c) 価値を見つけ生み出す感性と力、好奇心、探求力、を持つ人材が必要となります。これらの力を備えた、デジタル社会に対応できる人材を育成するために、文系理系を問わず全ての大学生が数理・データサイエンス・AI（人工知能）の基礎的素養を身につけることが求められています[2]。

　本書では読者がデータサイエンスの基礎的内容を修得することも目指しています。データサイエンスと聞いて、高度な統計学やプログラミングを学ばねばならないのかと思うかもしれませんが、そうではありません。前節の最初に述べた研究活動を行う際の一連の作業のあちこちにデータサイエンスが関わってきます。いくつかポイントを挙げてみます。

---

[1] https://www8.cao.go.jp/cstp/society5_0/

[2] https://www8.cao.go.jp/cstp/ai/aistrategy2021_honbun.pdf

- 資料やデータ収集の方法は法的・倫理的に適切か。
- どの文献や Web サイトを調べればよいか。
- 資料の出処は信頼性のあるところか。
- データの種類、数、質は適切か。
- データ分析でどのような統計的手法をとるのが適切か。
- データを可視化するにはどの方法を用いるのが適切か。
- データをどう分類すべきか。
- データから何が予測できるか。
- 結果をわかりやすく伝えるにはどのような形式が適切か。

これらのポイントに対応するにはデータサイエンスの知識・技術が必要になります。資料やデータ収集のノウハウを知ること、資料やデータの質をしっかりチェックすること、基礎的なデータ分析の技術を身につけること、情報を活用する手段を知ること、結果をわかりやすく伝える手法を知ることなど、本書を通して学ぶことはデータサイエンスの基礎を学ぶことにもなっています。

3　本書で扱う ICT 活用スキル

図 1 で示したように、本書では ICT 活用スキルとして、① PC 本体の安全で円滑な利用スキル（第 1 章、第 2 章、第 11 章）、②文書編集スキル（第 2 章、第 4 章）、③情報検索スキル（第 3 章、第 5 章）、④メールによるコミュニケーションスキル（第 3 章）、⑤表計算によるデータの入力と処理（作表と作図）スキル（第 7 章）、⑥文書作成（定形文書とレポート）スキル（第 4 章、第 8 章）、⑦情報伝達のためのプレゼンテーション資料作成スキル（第 4 章、第 9 章）、⑧ Web 上で情報を発信する HTML 作成スキル（第 10 章）、を取り上げています。このような ICT 活用スキルを活かす上で必要な、情報リテラシーとモラルの関係については第 11 章で説明しています。情報処理とデータサイエンスの関わりについては第 6 章で述べています。

このように ICT 活用能力と、情報を活用し効果的に利用する力は、相互に補完する、あるいは相互に刺激し合う関係にあります。ICT の活用に苦手意識を持っている皆さんは、この機に ICT 活用スキルを高め、4 年間の大学での学びを充実したものにしてください。また、ICT 活用に自信をもっている皆さんも、情報活用能力を高めるために、本書の内容をより深く学ぶようにしてください。

原稿執筆担当者

富山大学情報処理部会
情報処理テキストワーキンググループ

栗本	猛	情報処理部会長・学術研究部教養教育学系	教授
上木	佐季子	学術研究部教育研究推進系	准教授
大橋	隼人	学術研究部教養教育学系	講師
沖野	浩二	学術研究部教育研究推進系	准教授
柴田	啓司	学術研究部教育研究推進系	教授
遠山	和大	学術研究部教育研究推進系	講師
山下	和也	学術研究部教育研究推進系	講師

お問い合わせ

　このテキストに関するお問い合わせ、ご要望、ご提案等は次のメールアドレスまで電子メールでお願いいたします。

　cltext@itc.u-toyama.ac.jp

目次

第1章　PC の基礎

この章の目標

　この章では、パソコンの基本的な仕組みやソフトウェアの役割について知りましょう。また、ドライブ、フォルダ、ファイルの概念を理解し、現在よく使われている Windows で、グラフィカルに画面表示されたウィンドウ上でマウスを使って操作する GUI (Graphical User Interface) の一般的な操作方法を理解します。

　この章の目標は、次のとおりです。

1. パソコンの仕組みを理解すること。
2. ソフトウェアの役割を理解すること。
3. ドライブ、フォルダ、ファイルの概念を理解すること。
4. GUI の基本操作を理解し、ファイルのコピー・移動・削除などができるようになること。
5. 圧縮ファイルの概念について理解し、圧縮・展開ができるようになること。

1.1　Personal Computer (PC)

　日常で「パソコン」や「PC」と呼ばれているものは「Personal Computer」の略称で、従来は大型・高性能・高価であったコンピュータを、個人向けの大きさ・性能・価格を持つように作られた汎用型コンピュータのことです。PC は「ハードウェア」と呼ばれる物理的な機器部品と、「ソフトウェア」と呼ばれるコンピュータを働かせるためのプログラムによって構成されています。PC の種類としては机上に設置する「デスクトップ PC（図 1.1）」の他に、携帯性など利便性の良さから「ノート PC（図 1.2）」が普及しています。

図 1.1　デスクトップ PC　　　　　　　　図 1.2　ノート PC

PC の仕組み

PC は次の 5 つの基本機能によって動いています（図 1.3）。

1. 入力機能

   PC にデータや命令を入力する機能（装置）です。主にキーボードやマウスを用い、マイクを利用した音声入力によって操作することも多くなってきました。

2. 演算機能

   記憶機能に保存されているデータを、プログラムで処理するための四則演算や論理演算を行う機能です。中央処理装置 (CPU: Central Processing Unit) と呼ばれる装置の内部にあります。

3. 制御機能

   入力・記憶・演算・出力の各機能を制御するための機能です。演算装置と同じく CPU の内部にあります。

4. 出力機能

   入力されたデータやプログラム処理された結果などを出力する機能です。ディスプレイに入力文字やマウス操作、プログラム処理結果を表示したり、プリンタを使ってデータを印刷したり、スピーカーからデータを音声によって出力したりすることができます。

5. 記憶機能

   プログラム自体やプログラムで処理された結果のデータ、処理途中のデータなどを記憶するための機能です。PC 内部の主記憶装置（メモリ）と補助記憶装置（HDD、SSD、USB メモリなど）がデータの記憶に利用されます。

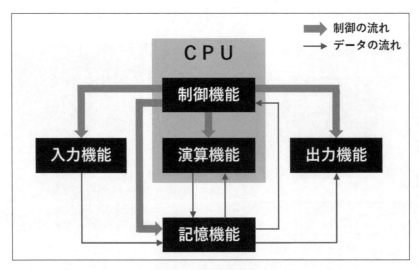

図 1.3　PC の仕組み（制御の流れ・データの流れ）

1.2 ソフトウェア

ソフトウェアとはコンピュータを動作させるプログラムのことで、「システムソフトウェア」と「アプリケーションソフトウェア」の2つに大別されます。

1.2.1 Operating System (OS)

OS とはコンピュータのオペレーション（操作・運用）のためのシステムソフトウェアのことで、ハードウェアとアプリケーションソフトウェア（以下、アプリケーション）やユーザの間を取り持つための役割を担います（図 1.4）。デスクトップ PC やノート PC などの OS として Windows や macOS、スマートフォンの OS として Android や iOS と呼ばれるものなどがあります。ハードウェアやアプリケーションは、基本的に OS に対応したものでなければ使うことができません。

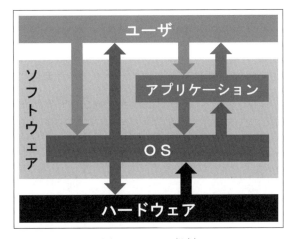

図 1.4 OS の役割

1.2.2 アプリケーション

PC を利用して行う作業の多くは、OS 上で動作するアプリケーションを使用するものです。文書作成ソフトや表計算ソフト、映像や音声を再生するためのメディアプレーヤー、ホームページを閲覧するための Web ブラウザ（Microsoft Edge、Mozilla Firefox、Google Chrome、Safari など）などがあります。

エクスプローラー

Windows において、ファイルやフォルダを操作するアプリケーションは、（ファイル）エクスプローラー (Explorer) です。エクスプローラーを用いて「ドライブ」「フォルダ」「ファイ

ル」について次節で説明するので、基本的な操作方法を理解してください。

エクスプローラーの起動

　図 1.5 のように画面下の「タスクバー」にある「エクスプローラー」のアイコンをクリック
することで起動させることができます。また、「フォルダ」を左ダブルクリックして、エクス
プローラーをそのフォルダで開くこともできます。

図 1.5　タスクバーからのエクスプローラー起動

エクスプローラーの表示

　図 1.6 は、左側ペイン（左側表示部分）にある「PC」を選択することで表示させた画面で、
図 1.7 は、上部メニューの［表示］から［大アイコン］を選択して、表示方式を変更した場合
です。その他の表示方法として更新日時やファイルサイズが表示される［詳細］などもあるの
で、どのような状態で表示させたいか、自分に適したものに設定してみてください。

図 1.6　エクスプローラーの左側ペインで
PC を選択

図 1.7　大アイコンを選択した様子

エクスプローラーのウィンドウを複数開く

　複数のエクスプローラーのウィンドウを並べて、それぞれのウィンドウで違う「フォルダ」
や「ドライブ」を開いて、その間でファイル等のやり取り（コピーや移動）を行うと、視覚的
にも確認がしやすいです（図 1.8）。Windows 11 では同じウィンドウ内に異なるフォルダを
複数のタブで開くこともできます（図 1.9）。

図 1.8　複数のエクスプローラー画面

図 1.9　複数のタブを開いたエクスプローラー画面

1.2.3　アップデート

　PC にインストールされているソフトウェアについて、セキュリティ向上や機能の追加、不具合を修正するための更新プログラムが発表されることがあります。適宜確認して、必要に応じてプログラムを更新（アップデート）するようにしてください。アップデートした後、更新したプログラムを有効化するために OS の再起動が必要な場合もあります。

1.3　ドライブ

　PC の構成装置である補助記憶装置（1.1 参照）は、Windows では物理的な装置である、ハードディスクドライブ (HDD)、ソリッドステートドライブ (SSD)、DVD ドライブ、USB フラッシュドライブ (USB Flash Drive) などのドライブです。

ドライブレター、ボリュームラベル

　図 1.10 は、あるパソコンのエクスプローラーで「PC」のところを見たものです。この PC には「デバイスとドライブ」として、OS がインストールされているローカルディスク (C:) (SSD [249 GB])、もう一つ別のローカルディスク (D:) (SSD [29.9 GB])、DVD ドライブ (E:) (Digital Versatile Disc ドライブ)、USB DISK (F:)（USB フラッシュドライブ [28.3 GB]）が接続されていることがわかります。

　Windows では、ドライブを「アルファベットの 1 文字」で表すドライブレター (Drive letter)、名前付けしたボリュームラベル (Volume label) という手法で管理を行っています。

　図 1.10 では、「ローカルディスク (C:)」と OS そのものがインストールされているドライブをドライブレター「C:」ドライブ、そのボリュームラベルとして「ローカルディスク」と名付けています。同様に USB フラッシュドライブは、「F:」ドライブで「USB DISK」と名前を付

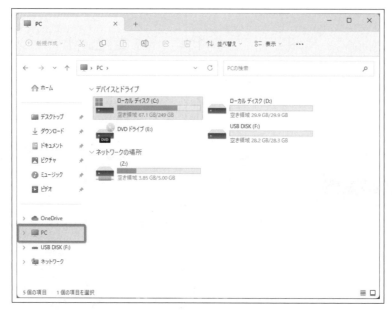

図 1.10　エクスプローラーでのドライブ表示の様子

けています。ボリュームラベルはユーザで変更できるものもあります。

　ドライブレターの概念は、昔の PC で「フロッピーディスク」を使っていた時代からのもの
で、A:, B: がフロッピー、C: が HDD で、追加されるものが D:, E:, F: となります。

1.4　フォルダ

　フォルダは、実世界にある「文房具のバインダ」や「家具の引き出し」「入れ物の箱」のよう
な比喩で説明されることが多い概念です。「文房具のバインダ」に紙の資料を綴じたり、「箱」
の中に書類を入れたりしますが、この書類にあたるものが Windows の中では次項で説明する
「ファイル」です。フォルダのことをディレクトリとも呼ぶ場合がありますが、「フォルダ」と
「ディレクトリ」の概念は同じものです。

1.4.1　階層フォルダ

　「フォルダの中にフォルダ」を作ることができます。

　「引き出し」には、紙の資料だけではなく、「箱」を入れることもあるでしょう。この「箱」
は、その中にまた何かを入れることが可能になりますので、「フォルダ」と同じ概念になりま
す。イメージを膨らませて、箱の中の箱の中の箱の中…という構造を想像してみてください。
このように、フォルダの中にフォルダが積み重なっていくことで、階層フォルダの構造を持つ
ことになります。

　例えば、写真データを整理する際に、外部ドライブ (F:) に「写真」というフォルダを作っ

て、その中に「太郎」「花子」「次郎」と人物別にフォルダを作成し、そこに画像データを入れることもあるでしょう。

図 1.11 は、その様子を【包含関係】の図で示したものです。「二重線の四角はドライブ」を表し、「一重線の四角はフォルダ」、「角が丸い四角はファイル」を表します。太郎、花子のフォルダの中には写真があり、次郎のフォルダは空である様子です。また、図 1.12、図 1.13 は、同じ関係を【木構造】（ツリー構造）で表したものです。

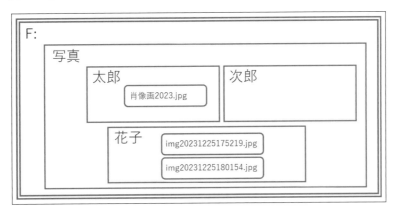

図 1.11 階層フォルダを包含関係で図示

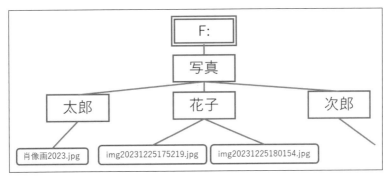

図 1.12 階層フォルダをツリー構造（縦）で図示

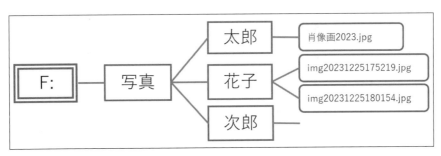

図 1.13 階層フォルダをツリー構造（横）で図示

このようにして、「フォルダ」を用いて階層的に整理することで、後で探すことが容易にな

り、膨大なファイルをコンピュータで管理させることが可能になるのです。このような階層構
造を言葉で表現する際に、「太郎フォルダの中に入る」や「花子の下にある」という表現が使
われます。「中に入る」も「下に」も表現される意味は同じになります。また、「次郎の上」や
「親」という表現もあります。ツリー構造で想像してみてください。

1.4.2   パス (PATH)

「階層構造」を表す方法として、図示だけではなく、【パス】 (PATH) という表現がありま
す。下の表現は、図 1.13 の階層フォルダのツリー構造（横）を文字だけで表す方法で、フォ
ルダ名、ファイル名と、そのつながりを「―, ＋, ｜」を用いています。

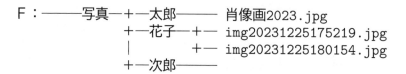

この「―, ＋, ｜」の代わりに、Windows では「¥」で表記します。

絶対パス

以下は、図 1.13 の階層フォルダのツリー構造（横）を、一つ一つを頭からフルパス (full
path) で表現したものです。

```
F:¥写真¥太郎¥肖像画2023.jpg
F:¥写真¥花子¥img20231225175219.jpg
F:¥写真¥花子¥img20231225180154.jpg
F:¥写真¥次郎
```

ドライブレターの英 1 文字から始まり、「:」（コロン）で区切り、その後、¥で区切られた
フォルダ、ファイル名でのフルパス表現を【絶対パス】 (absolute path) 表記といいます。
1 台の PC において、一意に決まる場所を示し、誰が書いても同じ表記になります。
他に絶対パス表記を例示すると、

```
F:¥情報処理¥第2週¥練習1.docx
F:¥
C:¥Users¥s0123456¥Document
```

です。「F:¥」は、F ドライブの一番上の場所「ルート」 (root) になります。

相対パス

絶対パスに対して、【相対パス】 (relative path) 表記があります。
相対パスは「現在地からの相対表記」で表します。相対パス表記を例示すると、

```
    ..¥次郎
    .¥..¥太郎¥肖像画2023.jpg
    ..¥..¥写真¥太郎¥肖像画2023.jpg
```

のようになります。

　現在地を【カレントフォルダ】といい「.」（ピリオドの記号）（ドット [dot] と呼ぶ）で表します。さらに、「..」（ドットドット）は 1 つ上のフォルダ（親フォルダ）を表します。

　上の例を、図 1.13 において、カレントフォルダ（現在地）を「花子」として説明します。

　1 つめは、カレントフォルダの「花子」から出発して、「..」ということで、その親フォルダ「写真」に行き、そこからフォルダ「次郎」に移動することを表します。

　2 つめは、明確に現在地「.」のカレントフォルダ「花子」から出発し、「..」ということで、その親フォルダ「写真」に行き、そこからフォルダ「太郎」に移動し、そこにある「肖像画2023.jpg」というファイルを指します。

　では、3 つめは、どのようなアクセスになるか、考えてみてください。

　相対パス表記は、絶対パス表記と違い、場所が「相対的」なため、別の PC であっても「パスのたどり方が同じ」になります。多くのファイルから成り立つアプリケーションや、HTML でのページ記述、プログラム開発などの際に用いられる表記となります。

エクスプローラービュー

　図 1.14 に示すエクスプローラーの左側ペインは、階層構造を「∨」や「>」で表しています。「>」や「∨」はボタンなので左クリック可能であり、「>」は下層に行ける（下位フォルダがある）ことを表し、「∨」は展開していることを表しています。このような表示はエクスプローラービューとも呼ばれます。

図 1.14　エクスプローラービューの表示

　図 1.14 のリボン下に横に長く「PC > ローカルディスク（C:）> boot > macrium」と表示されています（図中の①）。「PC」はこの PC 全体を表す論理的なものであり、「ローカル

ディスク (C:)」は C ドライブに付けられたボリュームラベル（ローカルディスク）であり、実際のフォルダ「boot > macrium」が表示されています。

　表示の「文字の部分」を左クリックするとそのフォルダに移動、「>」のところを左クリックすると、それより下位フォルダの一覧がプルダウンします。また、パス表示のボックス左にある「↑」を左クリックすると、1 つ上のフォルダ「..」（親フォルダ）に移動します。

　この欄の白い部分を左クリックすると、絶対パスで表現され、「C:¥boot¥macrium」となります（図 1.15）。

図 1.15　絶対パスの表示

　通常は、エクスプローラーを用いて USB DISK を一番上（F:¥）から開くなどの「絶対パス的なアクセス」が多くなると思います。実際の操作の際に、階層構造とパスをイメージして、絶対パスや相対パスの理解を進めてください。

1.5　ファイル

　ファイルは、Word で作った文書ファイルや、デジカメで撮った写真の画像ファイルだと、皆さんもイメージしやすいかと思います。ファイルは実体を持つイメージでコンピュータの中に存在しています。

　では、「ファイル名」「拡張子」について理解しましょう。

1.5.1　ファイル名

PC (OS) では、全てファイルという形で存在し、ファイルには全て名前が必要です。
Windows において名前付けは、次に例示するような形式で行われています。

`report.txt`　　　始末書`.docx`　　　2023年12月決算報告`.xlsx`

このように、

ファイルの名前（name）　+　.　+　拡張子（extension）

の形式で、「ファイル名」と「拡張子」の間は「.」半角ピリオド (period) が入ります。

　ファイルの名前の部分は、ユーザが自由に名前を付けることができますが、拡張子の部分は、システムで定められた文字列が用いられます。ここを変更すると、そのアプリケーションで正しく動作させることができなくなります。（拡張子に関しては 1.5.2 で詳しく説明）

ファイル名で使う文字の注意

ファイル名は、OS の制限により使えない文字や名前もあります。

使えない文字としては「¥ ／ ： ＊ ？ ＂ ＜ ＞ ｜」があり、その文字を使って名前を変えようとすると、図 1.16 ような吹き出しが出てきます。

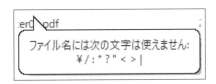

図 1.16　ファイル名に使えない文字

ファイル名を付ける際に、全角半角文字、記号の違いにも気を付けましょう。図 1.17 は、ファイル名に「全角文字」「半角文字」や記号「_」「-」を使ったものを、エクスプローラーで表示したものです。全角の英数字記号は目立ちますが、「_」「-」の区別は難しいです。

図 1.17　文字種によるファイル名の違いを表示

```
s1234567_20240410.docx          (-と_　これは_)
s1234567-20240410.docx          (-と_　これは-)
ｓ1234567-20240410.docx          (全角のｓ)
ｓ１２３４５６７－２０２４０４１０.docx   (全角文字の英数字)
```

ファイル名を付けるとき、「英数字記号」は必ず「半角文字」を使う、また使う記号も決めておくと、さまざまな場面で苦労が少なくなります。

ファイル名の命名規則

では、ファイルの名前を付けるとして、どのような名前を付けるのが良いでしょうか？
次のファイル名の例を見てみてください。

```
aaa.docx
test1.docx
20240505-report1.docx
情報処理課題1.docx
情報処理-田中先生-課題1-20240505提出物.docx
```

名前を見て、皆さんはどう思いましたか？名前から中身が想像できましたか？

　自由に名前が付けられるからといって、意味不明な名前にしたり、適当に付けたりすると、後で探すときに苦労し、無駄な時間がかかってしまいます。

　Word などで、「名前を付けて保存」の際に、適当な名前を付けてしまうのではなく、後で探すことを考えて、命名規則を自分の中で確立させておきましょう。

ファイル名によるバージョン管理

　ファイルは「上書き保存」ではなく、できるだけ「名前を付けて保存（別名保存）」として名前を付けて保存するようにしましょう。

　保存の際には、自分の中での名前付けルールを決めておくことで、どれが最新のものであるか、わかりやすくなります。一貫性を持たせた名前の付け方をしましょう。

　例として、「-000」の 3 桁で管理し次々に数字を増やしていく命名法や、日付をファイル名に入れて管理する命名法などがあります。

数学ゼミ資料-001.docx　　　　数学ゼミ資料-20240502.docx
数学ゼミ資料-002.docx　　　　数学ゼミ資料-20240505.docx

1.5.2　ファイルの種類と拡張子

　「ファイルの名前 (name)」＋ . ＋「拡張子 (extension)」の「拡張子」について説明します。

Windows 11 における拡張子の表示方法

　拡張子はエクスプローラーの標準設定では表示しないという状態になっていますので、これを常に表示するモードに変更してコンピュータを使うことをお勧めします。図 1.18 のように、［表示］メニューの［表示］から［ファイル名拡張子］をクリックして、チェックが付いた状態にすることで、拡張子が表示されます。再度クリックしてチェックを外すことで、拡張子を非表示に再設定することもできます。

　Windows はファイルの拡張子を見て、その内容を解釈し、使用するアプリケーションと対応付けます。目で見える形では、エクスプローラーにおいて、拡張子によって表示されるアイコンの形が違ってきます（図 1.19）。

　.txt, .jpg, .docx, .html などの拡張子は、アプリケーションによって自動で付けられる場合が多いです。このため、ユーザが自分でファイルの拡張子を変えることは、ほとんどありません。拡張子を変更する場合は、そのアプリケーションの中の保存で種類を変更する方法で行ってください。「名前を付けて保存」の際に、種類を選ぶことにより自動で拡張子が付けられ保存されます（「2.2.2 名前を付けて保存」参照）。

　よくある失敗例として、レポート提出ファイルの名前を付けるときに、拡張子まで指定して「report20240410.docx.docx」のように二重に付けてしまう場合や、

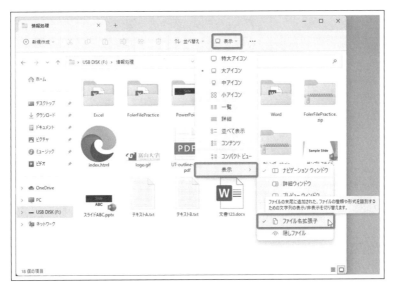

図 1.18 ファイル名の拡張子を表示するチェックボックス（拡張子表示への変更方法）

図 1.19 さまざまな拡張子によってアイコン表示されている様子

「report20240510.docx.xlsx」のように、Excel のレポート課題ということで「自分の Word のファイルに .xlsx の拡張子を付けて」提出するとか、よくわかっていない人がやってしまう間違いが多くありますので、概念をしっかりと理解しましょう。

Windows で用いられている代表的な拡張子を表 1.1 に示します。

表 1.1　主な拡張子の一覧

分類	代表的なアプリケーションなど	拡張子
Office 系	Word	.doc, .docx
	Excel	.xls, .xlsx, .csv
	PowerPoint	.ppt, .pptx
テキスト	メモ帳、editor など	.txt
	markdown 形式	.md
	XML 系	.xml, .yml
画像	ペイント、カメラなど	.jpg, .gif, .png, .bmp
動画像、音声	MediaPlayer など	.avi, .mpg, .mp3, .wav, .wmv
圧縮ファイル	zip、Lhaplus	.zip, .lzh, .rar
Web ページ	HTML ファイル	.htm, .html, .css
	動的ファイル	.js, .php
PDF	Adobe Acrobat	.pdf
実行ファイル	Windows システム	.exe, .bat, .com, .dll, .ps1
その他	データファイル	.dat, .data
	ログファイル	.log
	バックアップファイル	.bak
	辞書ファイル	.dic
	バイナリファイル	.bin
	ISO ファイル	.iso

1.5.3　ファイルの情報

　ファイルにはファイル名やアプリケーションで編集する際に見えるファイル内容の他にも、基本情報として作成者や作成日時等の情報も記録されます。誰がいつ作成したか、更新したか等がわかるので、そのファイルが「正しい情報かどうか（改ざんや不正の有無）」を知ることができる場合もあります。

　2.2.1 に Microsoft 社の Office アプリケーションファイルの「情報」の確認方法の例が示されているので参照してください。

1.6　ファイルとフォルダの操作

　エクスプローラーの使い方を通して、ファイルやフォルダの基本操作に慣れましょう。

エクスプローラーを使って、ファイルの表示やコピー、削除などを行うことができます。その方法は、

- メニューを選択しての実施
- ドラッグ・アンド・ドロップによる視覚的に実施
- 右クリックによるコンテキストメニューからの選択・実施
- ショートカットキー（[Ctrl] + [C]、[Ctrl] + [X]、[Ctrl] + [V]）による素早い実行

と、同じことをするにしても複数の方法があります。

　ここでは、エクスプローラーのメニューを用いる方法を説明します。他の方法も、その視覚性、スピード感が違いますので、各自で試してみてください。

1.6.1　フォルダの作成

メニューからのフォルダ作成

　エクスプローラー上部メニューの［新規作成］から［フォルダー］を左クリックして新しいフォルダを作成し、名前を変更（1.6.2 参照）してください（図 1.20）。

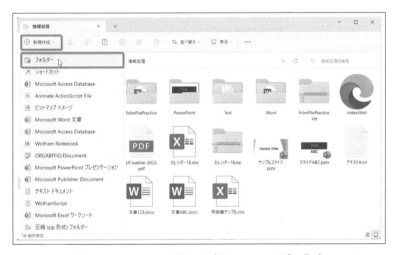

図 1.20　メニューを用いた新しいフォルダの作成

1.6.2　ファイル、フォルダの名前変更（リネーム）

　名前を変更したいファイルやフォルダを選択し、エクスプローラー上部メニューの［名前の変更］のメニューアイコンをクリックすると、その名前の部分がハイライト表示（反転表示）され、名前を変更することができます（図 1.21）。

　この際に、拡張子の部分はハイライト表示にはなりません。先に説明したように、拡張子を変更すると、Windows でのアプリケーションの起動に問題が生じる場合があります。拡張子

も変更するのに正当な理由がある場合のみ、拡張子まで修正してください。

図 1.21　名前の変更（名前の部分がハイライト表示、拡張子の部分はそのまま）

1.6.3　ファイル、フォルダの複製（コピー）

メニューによるコピー＆貼り付け

　ファイルの複製も、エクスプローラー上部にあるメニューアイコンの［コピー］と［貼り付け］を使えば簡単にできます。文字列のコピー＆貼り付け（コピー＆ペースト、通称「コピペ」）と同じ概念でファイルをコピーする方法です。最初に「コピーしたいファイル」や「コピーしたいフォルダ」を選択してから、［コピー］のメニューアイコンを左クリックしてください（図 1.22）。次に、コピーしたファイルやフォルダを複製させたいファルダをエクスプローラーで表示させて、［貼り付け］のメニューアイコンを左クリックすると（図 1.23）、エクスプローラーで表示中のフォルダ内にコピーしていたファイルやフォルダが複製されます。右ボタンによるコンテキストメニューでのコピーと貼り付けや、［Ctrl］＋［C］、［Ctrl］＋［V］によるコピペ操作でも可能です。

■同じフォルダ内でのコピー　同じフォルダ内で、同じファイルをコピー（貼り付け）すると、「同じ名前」に「- コピー」という文字列が追加された名前で複製（コピー）されます（図 1.24）。

■複数ファイル選択　ファイルやフォルダの複数選択も可能です。

- ［Shift］キーを押しながら左クリックすることで、連続するファイルが複数選択されます。
- ［Ctrl］キーを押しながら左クリックすることで、一つ一つ選択することができます。離れた複数個を飛び飛びに選択する際に利用できます。

図 1.22　コピペによるファイルのコピー　　　　　図 1.23　コピペによる貼り付け

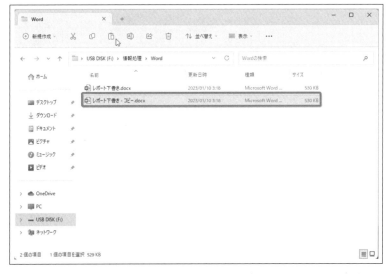

図 1.24　同じフォルダに同じファイルをコピー＆貼り付けした場合

　[Shift]、[Ctrl] キーを押しながら選択という方法は、さまざまなアプリケーションでも有効な操作方法の一つですので、身につけておきましょう。

バックアップの必要性

　コンピュータも含めて「物はいつか壊れる」可能性があります。重要なファイルは、外部記憶媒体にバックアップを取りましょう。

　この際によく用いられるのが USB メモリなどです。さらに USB メモリは 1 つだけではなく、正副の 2 個用意し、二重化して使うと良いでしょう。そうすれば、もし USB メモリが壊れても、もう一つの USB メモリに同じファイルが残っているので安心です。「バックアップがなくてレポートが出せません」というのは通用しません。

1.6.4　ファイル、フォルダの移動

切り取り＆貼り付けによるファイル、フォルダの移動

　コピーは「複製」を作りますが、切り取り＆貼り付けによる移動は元の場所にファイルが残りません。操作方法は、［切り取り］のメニューアイコンを使用する他はコピーの方法とほぼ同様ですので、試してみてください（図 1.25）。

図 1.25　ファイルの切り取り

1.6.5　ファイルの削除

　不要になったファイルやフォルダを削除する方法です。

　ファイルやフォルダを選択し、メニューアイコンから［削除］を左クリックしてください（図 1.26）。

　「削除」といっていますが、実際に抹消されたわけではありません。通常はデスクトップ画面の左上にある「ごみ箱」の中に移動しているだけです。

　「ごみ箱」の中を覗く（ごみ箱アイコン（図 1.27）を左ダブルクリックして開く）と、ごみ箱に入っているものを確認できます。戻したいものを選び「選択した項目を元に戻す」で、ごみ箱の中から取り戻すことができます。本当に削除したい場合は［ごみ箱を空にする］を選択して、完全に削除してください（図 1.28）。

1.6.6　ダウンロードしたファイルの管理

　Web サイト等のネットワーク上にあるファイルをダウンロードすると、自動的に「ダウンロード」フォルダにファイルが保存されます。ダウンロードしたファイルは USB メモリや適

図 1.26　削除アイコン

図 1.27　ごみ箱
のアイコン（ご
み有状態）

図 1.28　ごみ箱での操作

切なフォルダへ移動やコピーをして正しく管理し、ダウンロードフォルダに保存されたままに
しないようにしましょう。ダウンロードしたファイルが不要な場合は削除して、ダウンロード
フォルダにファイルが溜まり続けて合計ファイルサイズが大きくならないように注意してくだ
さい。

1.7　圧縮（ZIP 形式）フォルダ

　複数のファイルやフォルダをまとめて 1 つのファイルにして扱う方法として、【圧縮フォル
ダ】（ZIP ファイル）という方法があります。

　ZIP 形式でまとめて扱うことで、複数のファイルやフォルダを 1 つにまとめて圧縮してサイ
ズが小さくなり、電子メールで送りやすくなります。また、ZIP ファイルにパスワードを付け
ることでセキュリティを向上させることも可能です。

- 「圧縮する」とは、フォルダ全体や複数のファイルを 1 つにまとめることです
- 「展開する」とは、圧縮されたものを元の状態に戻すことです
- 圧縮フォルダのアイコンは、通常のフォルダにチャックが付いています（図 1.29）
- パスワードを付けることも可能です（Windows 標準ではパスワードを付けることがで
  きないので別ソフトが必要）

　Windows には ZIP 形式の圧縮ファイルを作成する機能および展開する機能が用意されてい
ます。ここでは、ファイルを ZIP 形式で圧縮する手順と ZIP 形式のファイルを展開する手順
を説明します。

　なお、ZIP 形式以外の圧縮形式もあります。圧縮されたファイルはそれぞれの圧縮形式に対
応した展開ソフトウェアがないと展開できません。

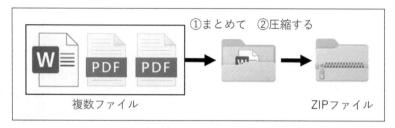

図 1.29　ZIP ファイルの作成の概念

　パスワード付きの ZIP ファイルを展開するときは、パスワードを問うポップアップが開かれます。パスワードの文字列を入力すると展開することができます。

1.7.1　圧縮（ZIP 形式）フォルダの展開

　展開したい ZIP ファイルを選択し、エクスプローラー上部メニューの［すべて展開］を左クリックします（図 1.30）。ダイアログボックスがポップアップして「展開先」を聞いてきますので、通常はそのまま［展開］を左クリックします（図 1.31）。

　すると、ZIP ファイルがある同じフォルダに「ZIP ファイル名の.zip より前の部分の名前が付いた」フォルダが出現し、そのフォルダを開いた形でエクスプローラーのウィンドウが表示されます（図 1.32）。

図 1.30　ZIP フォルダを選択した状態で
［すべて展開］を左クリック

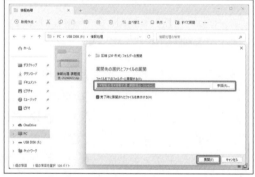

図 1.31　展開先指定のダイアログボックス

1.7.2　圧縮（ZIP 形式）フォルダの作成

　圧縮したいファイルを（複数）選択（図 1.33）し、エクスプローラー上部メニュー右端の［…］から［ZIP ファイルに圧縮する］を左クリックする（図 1.34）と、圧縮（ZIP 形式）フォルダ（ZIP ファイル）が作成されます（図 1.35）。

　ZIP ファイルの名前は、「選択した（最初の）ファイルの名前」の拡張子が.zip に代わった形になります（図 1.35）ので、適宜名前を変更してください（図 1.36）。ただし、拡張子 (.zip) は変えないように注意してください。

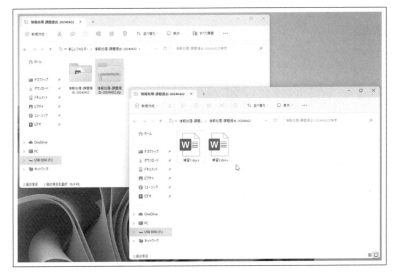

図 1.32　展開の結果、出現したフォルダ

図 1.33　ファイルの（複数）選択

図 1.34　選択した状態で［ZIP ファイルに
圧縮する］ボタンを左クリック

図 1.35　作成された ZIP ファイル

図 1.36　名前の変更

1.8　演習課題

ここでは、USB メモリのドライブレターが (F:) ということで話を進めていきます。
適宜自分の環境のドライブレターに合わせて考えてください。

1.8.1　階層構造の図示

下記のパス表記の階層構造を、7 ページ 図 1.12、図 1.13 のように、ドライブ、フォルダ、
ファイルのツリー構造（木構造）で図示してみましょう。

```
F:¥情報処理¥第2週¥練習2.docx
F:¥情報処理¥第2週¥課題2.docx
F:¥情報処理¥第3週¥練習3.docx
F:¥情報処理¥第3週¥課題3.docx
F:¥情報処理¥提出
```

1.8.2　新規作成

上記の問の階層構造のパスになるよう、USB メモリに、フォルダ作成、Word ファイルの新
規作成（次章参照）をしてみましょう。

作成するファイルの中身自体は適当（「あいえうお」の文字列入力とか「適当な図形（○の
みとか)」の描画）で構いませんが、指定されたファイル名（および拡張子）で保存すること。

1.8.3　複製、移動、リネーム

1. 「課題 2.docx」のファイルを「提出」フォルダに複製（コピー＆貼り付け）しましょう。
2. 「課題 3.docx」のファイルを「提出」フォルダに移動しましょう。
3. 複製した「課題 2.docx」の名前を「提出課題 2.docx」に変更しましょう。
4. 移動した「課題 3.docx」の名前を、「自分の名前（例: 黒部五郎.docx)」に変更しま
   しょう。

1.8.4　階層構造の図示再び

複製、移動、リネームを終えた状態の階層構造を、再度、ツリー構造で図示しましょう。

1.8.5　ZIP 圧縮ファイルの作成

上記の移動、コピー、リネームを終えた後、「提出」フォルダの中にあるファイル全てを ZIP
形式で圧縮して 1 つの ZIP ファイルを作成しましょう。ZIP ファイルの名前は「情報処理-第
1 章演習課題-提出.zip」とします。

第 2 章　文書作成（Word、エディタ）

この章の目標

　人が読む文書の大半は、PC を使って作成されたものになっており、このため、PC で動作するワープロソフトを使いこなせる能力は、将来に向けても非常に重要なスキルとなります。

　この章では、仕事でやりとりするようなビジネスにおける定型文書の作成例をとおして、基本操作の習得と文書構造の理解、また、10 章で作成する HTML ファイルのようなテキストファイルを編集するためのエディタについても学修します。

　この章の目標は、次のとおりです。

1. Office アプリケーションでのファイルの操作ができるようになること。
2. ビジネス文書における構成や書式を理解すること。
3. Word を用いて文章が作成できるようになること。
4. テキストファイルの概念とその操作を理解すること。

2.1　Word の起動

　ワープロソフトの代表的な製品は、Microsoft 社の「Word」という製品です。

　まずは、Word を起動してみてください。Microsoft Office 系アプリケーションをはじめて起動するときには、「同意」を求められる場合があります。このような場合は「同意して○○を開始する」のところを左クリックしてください。用紙選択の画面では、「白紙の文書」を選択してください。その後、Word の編集画面が起動します（図 2.1）。

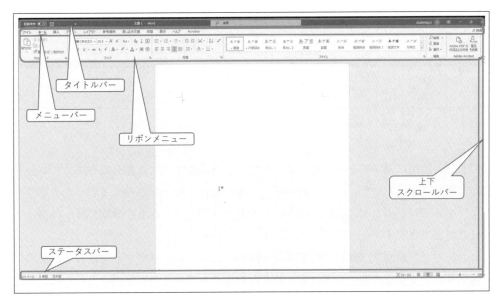

図 2.1　Word におけるウィンドウの各種パーツ

　Word のウィンドウ画面（図 2.1）には、上からタイトルバー、メニューバー、リボンメニュー、上下スクロールバー、左右スクロールバー、ステータスバーがあり、中央部で実際の文章を編集します。メニューバーの各種メニューを選択すると、リボンの内容が変化します。

　リボンには、たくさんの種類、機能があります。Word のリボンの中でよく使う「ホーム」「レイアウト」「表示」タブの中で、よく使う部分を四角で囲んでいます（図 2.2〜2.4）。

　［ホーム］タブ（図 2.2）は、大変よく利用します。左端にはカット＆ペースト関係［切り取り、コピー、貼り付け］があります。また、［文字のサイズやフォント種の指定］で各種書体や大きさ、段落関係として［左寄せ、中央寄せ（センタリング）、右寄せ］があり、他にも、［箇条書き］、［行間］、［罫線］の機能などがあります。

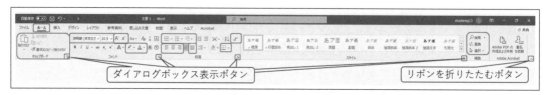

図 2.2　［ホーム］タブ：「コピペ、フォント、配置、罫線、置換」など

「レイアウト」タブ（図 2.3）に関しては、29 ページ以降で詳しく説明します。

図 2.3　［レイアウト］タブ：［余白］、［向き］、［サイズ］、［段組］など

「表示」タブ（図 2.4）で、「ルーラー」や「グリッド線」を表示させることができますので、Word を起動したら ON にするようにしましょう。

図 2.4　［表示］タブ：［ルーラー］、［グリッド線］、［ズーム］など

　他のタブも実際に開いてみて、どのような機能があるかを見て、試してみてください。

　なお、各リボンにおいて、下部にあるタイトルごとにグループとなっており、そのブロックの右下「ダイアログボックス表示ボタン」を左クリックすると、その機能の詳しいダイアログボックスが出てきます。

　また、リボンが画面を占有して編集画面が狭いと感じたら、リボン右下側の「∧」のアイコンを左クリックすることで、リボンを折りたたむこともできます。リボンを折りたたんだ状態でも、タブを左クリックするとそのリボンの下部が開いて表示されます。

2.2 Office アプリでのファイルの操作

Word, Excel, PowerPoint のような Office アプリケーションにおいて、リボンメニューの「ファイル」タブを選択すると「Backstage ビュー」と呼ばれる Microsoft Office 環境で共通の画面となります。ここから、「新規」「開く」「上書き保存」「名前を付けて保存」「印刷」「エクスポート」などを選択できます。ここでは「情報」「名前を付けて保存」「エクスポート（PDF化）」「印刷」について説明します。

2.2.1 ファイルの情報

Backstage ビューでは、そのファイルの「情報」が表示されます（図 2.5）。

- プロパティ（サイズ、ページ数、編集時間など）
- 関連する日付（作成日時・更新日時）
- 関連ユーザー（作成者・最終更新者）

これらの情報により、このファイルが「正しい情報かどうか（改ざんや不正の有無）」を知ることができる場合もあります。

また、パスワードなどを付けて文書を保護することも可能です。

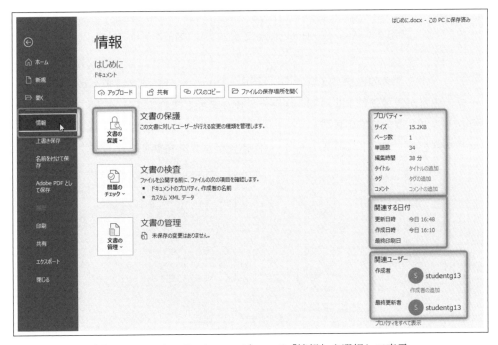

図 2.5 Word の Backstage ビューで「情報」を選択して表示

2.2.2　名前を付けて保存

ここでは、「USB メモリ」に保存するという説明を行います。

［ファイル］タブを押して Backstage ビューの画面に切り替えます。

左側から［名前を付けて保存］を選ぶと、「名前を付けて保存」の Backstage ビューの画面になります（図 2.6）。

例では、現在のフォルダが「ドキュメント」となっていますので、これを USB メモリの場所に変更します。［この PC］を左ダブルクリック、もしくは［参照］を左クリックすると、「名前を付けて保存」のダイアログボックスが開きます（図 2.7）。

図 2.6　Word の Backstage ビューでの「名前を付けて保存」

ダイアログボックスの左側ペインから「USB DISK」を左クリックすると、USB メモリのドライブの内容が表示されますので、保存先フォルダ等を決めます。図 2.8 では、「情報処理」というフォルダを選択しています。

ファイル名をキーボードより入力して、［保存］ボタンを左クリックします。

図 2.7　ダイアログボックス

図 2.8　USB メモリに保存

2.2.3 エクスポート（PDF ドキュメントの作成）

PDF 形式にエクスポート（PDF に変換して保存）することもできます。

Backstage ビューから［エクスポート］を選択し、［PDF/XPS ドキュメントの作成］を選択（図 2.9）。ファイル保存のときと同じようなダイアログボックスが表示されるので、ファイル名、保存する場所を選択して［発行］ボタンを左クリックしてください（図 2.10）。

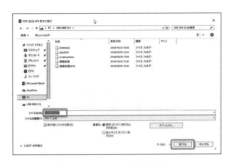

図 2.9　PDF にエクスポート　　　　　　　図 2.10　PDF を発行する

2.2.4 印刷

文書が完成したら、文章や図表の配置が正しくできているかどうかを印刷レイアウトで確認しましょう。編集画面と印刷結果とが異なっている場合がありますので、印刷したものをそのまま提出するのではなく、よく確かめた上で提出するように心がけましょう。

Backstage ビューから印刷を選択すると、図 2.11 のような画面となります。右側に印刷イメージが表示され、左上部の「プリンターのアイコン」が［印刷］ボタンとなります。

プリンタはその PC で利用できるものが表示され、複数ある場合はここで選択可能です（図 2.12）。「印刷枚数」「印刷するページの指定」「紙の大きさ」「片面・両面印刷」「縦横方向指定」などを設定して［印刷］ボタンを左クリックすると、データがプリンタに送られます。

図 2.11　Word での印刷　　　　　　　図 2.12　印刷設定の詳細

2.3　ビジネス定型文書の基本形式

　ここでは、図 2.13 のような「新製品説明会の案内文（ビジネス文書）」の作成をとおして、定型文書の構造と Word の基本的な操作方法を学びます。

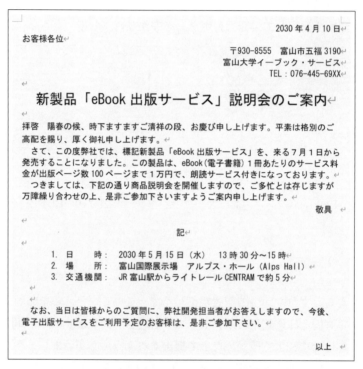

図 2.13　Word で作成するビジネス文書のサンプル

　ビジネス文書は、「いつ、どこで、だれが、なにを、だれに、なぜ・どうして、どのように」を正確に素早く相手に伝える、記録に残すものです。そのため、ビジネス文書は、「前付」「本文」「記書き」「後付」等の定型的な形式で書かれる場合が多いです（図 2.14）。

　【前付】は、日付、送付先、差出人の情報等を記載します。

　【本文】は、「件名」「前文」「主文」「末文」により作成され、件名は「目立つタイトル」が記され、前文には「季節の挨拶」等、主文には「このビジネス文書の中心的な内容」、末文には「主文の補足」等、また社内文書においては、前文、末文が省略される場合が多いです。

　【記書き】は、日時や場所など重要な情報を「箇条書き」で、見やすく記します。

　【後付】は、付加する内容を記し、【以上】で、これ以上内容がないことを明記しています。

　さらに、「拝啓・敬具」のような「頭語・結語」の対応関係の形式など、手紙におけるマナーとして注意する点が多くあります。

　このように、ビジネス文書には形式があり、その際に Word での「左寄せ」「中央寄せ」「右寄せ」などのレイアウトの装飾が施されて、読み手が理解しやすいようになっています。

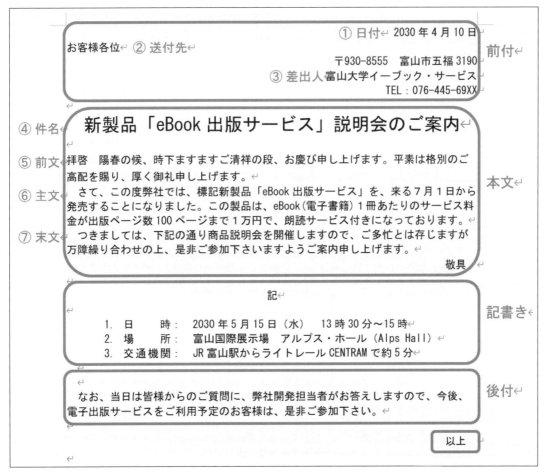

図 2.14 ビジネス文書の形式

2.4 文書の書式設定

では、「新製品説明会の案内文（ビジネス文書）」を作成してみましょう。文書の書式として、ページ設定は A4、余白を上下 30 mm、左右 25 mm とし、文字フォントは「MS ゴシック」、文字の大きさは本文 12 pt、件名 20 pt として、レイアウトは、右寄せ、センタリング、箇条書き（段落番号）、タブで行頭下げ、文字の均等割り付けなどを使います（図 2.15）。

2.4.1 ページ設定

定型文書では、用紙サイズや向き、余白など、ページの書式が会社などで定められている場合があり、それに従って設定します。

ページ設定は、本文紙面の設計の基本であり、次の順序で設定するのが一般的です。

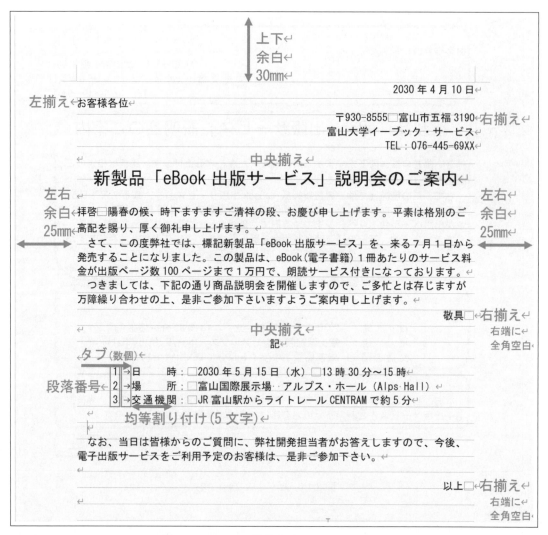

図 2.15 Word の機能を用いたレイアウト

1. 文字方向……横／縦
2. 用紙サイズ……A3 ／ A4 ／ B4 ／ B5 ／レター／リーガル／エグゼクティブ／ハガキ…
3. 印刷形式……印刷用紙、複数ページの印刷形式（見開き／袋とじ／本…）
4. 印刷の方向……縦／横の向き
5. 余白……上下左右のマージン（余白）
6. ヘッダー／フッターの位置……奇数／偶数ページの別、端からの位置
7. 基本フォントとフォント・サイズ……日本語用、英語用、スタイル、サイズ
8. 基本行数／基本文字数……ページ当たりの行数／行当たりの文字数

　まず、[レイアウト] タブの [ページ設定] グループ右下隅にある、ダイアログボックス表示ボタン（図 2.16）をクリックして、ページ設定ダイアログボックスを表示します。

　ページ設定ダイアログボックスの［用紙］タブで用紙サイズが A4 であることを確認し、次に［余白］タブ（図 2.17）で上下・左右の余白をそれぞれ 30 mm・25 mm に設定してください。

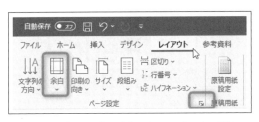

図 2.16　［ページ設定］グループの右下隅に
あるダイアログボックス表示ボタン

図 2.17　ダイアログボックスの［余白］タブ

2.4.2　ページ番号

　ページ番号を入れるには、［挿入］タブから［ページ番号］ボタンをクリックし、プルダウンメニューから、位置とスタイルを選択します（図 2.18）。

　ここでは、下段中央にページ番号のみが入るシンプルなものを選択しています。正しくページ番号が表記されているか確認しましょう。

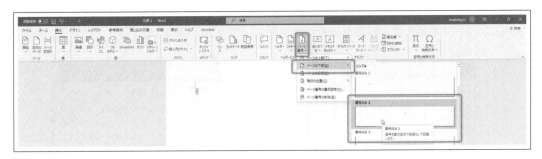

図 2.18　ページ番号の設定

2.5　文字の編集作業

　PC で作業する利点は、編集作業が簡単にできることです。削除や修正、追加やコピーが非常に簡単にできるので、その方法を知っておくと、作業効率が格段に向上します。

2.5.1　元に戻す、やり直し (Undo/Redo)

　最初に使いこなしてほしいものに、「元に戻す、やり直し (Undo/Redo)」があります。
　削除で消し過ぎたなど編集に失敗したときなど、前の状態に戻りたい場合、「元に戻す」

(Undo) で元に戻ることができます。Undo が使えるだけでも、安心して編集作業ができるようになります。また「やり直し」（Redo）は「Undo したことを戻す（取り消す）」ことができます。[Undo] と [Redo] のアイコンは、タイトルバーにあります（図 2.19）。

図 2.19 [Undo] ボタン、[Redo] ボタン

2.5.2 コピー・アンド・ペースト

領域を指定する方法ですが、「マウスの左ボタンを押したまま」マウスを動かすと、選択された領域が灰色になります。さらに、以下の操作が可能です。

- [Shift] キーを押したままマウスの左ボタンを押すことで、領域を広げられます
- [Ctrl] キーを押したまま同様に選択操作することで、離れた領域を複数同時に選択可能

選択した領域は、[ホーム] タブの [はさみ（カット）] ボタンで切り取り、または、[コピー] ボタンで複製した（Windows のクリップボードに入れた）のち、希望する場所に [貼り付け（ペースト）] することで、移動や複製ができます（図 2.20, 図 2.21）。

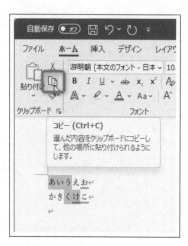

図 2.20 離れた場所を選択

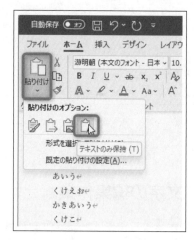

図 2.21 貼り付けた結果

2.5.3 書体（フォント）と文字の大きさなどの設定

タイトルのフォントとサイズを変更してみましょう。

　まず、変更したい文字列を選択します。次に、[ホーム] タブの [フォント] グループ（図 2.22）からフォント名が表示されているボックスのプルダウンメニューを開いてフォントの種類を選んだり、数字のボックスから大きさを指定したりします。また、アンダーラインや上付き文字、下付き文字などの装飾も指定可能です。ここでは、「MS ゴシック」フォントを選択し、続いてフォント・サイズ「12」ポイントを選択しましょう。

　また、[フォント] グループの右下隅にある小さなボタン（斜め右下向きの矢印；図 2.22）を左クリックすると、[フォント] のダイアログボックス（図 2.23）が開きます。文字列を選択した状態でこのダイアログボックスを開くことで、選択した文字列のフォントや文字の大きさ、二重取り消し線の指定など、より詳しい設定も可能です。

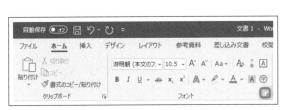

図 2.22　[ホーム] タブのフォントグループ　　　　図 2.23　[フォント] のダイアログ
　　　　　　　　　　　　　　　　　　　　　　　　　　　　　　　　ボックス

2.5.4　文字の配置（中央揃え、右揃え等）の設定

　文字の配置を変更するには、左揃え、中央揃え（センタリング）、右揃え、両端揃え、均等割、行間操作などがあり、[段落] グループのアイコン（図 2.24）を使用します。

図 2.24　[段落] グループのアイコン

　日付や差出人、以上は右揃え、件名や記は、中央揃えにします（図 2.25〜図 2.27）。

図 2.25　右揃え（整形前）　　　　　　　図 2.26　右揃え（整形後）

図 2.27　中央揃え（整形後）

　均等割り付けは、文字の間隔を調整できます。均等割り付けしたい文字列を選択し、リボン
の均等割り付けボタンを左クリックする（図 2.28）ことで、「文字の均等割り付け」のダイア
ログボックスが表示される（図 2.29）ので、文字列の幅を指定して OK を押すと、選択され
ていた文字列が、新しい文字列の幅で表示されます。

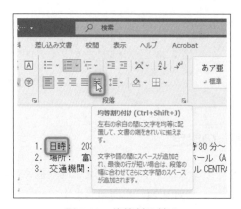
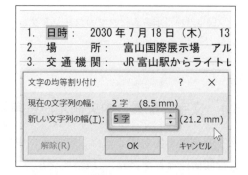

図 2.28　均等割り付け　　　　　　図 2.29　均等割り付け（文字数指定）

2.5.5　箇条書き

箇条書きには種類があり、それぞれの先頭に付ける番号や記号を変更することができます。

1. 記号付き箇条書き：行頭文字に記号を付けた箇条書き

2. 番号付き箇条書き：行頭文字に数字を付けた箇条書き

3. 入れ子型箇条書き：箇条書きを入れ子にして段下げしたもの

　箇条書きにしたい段落を選択してから、[段落] グループの [箇条書き] ／ [段落番号] ボタン（図 2.30）をクリックすると、それらの段落が箇条書きになります。

図 2.30　[段落番号] ／ [箇条書き] ボタン

　箇条書きの行頭文字は、標準では「●」になりますが、その他の記号を選ぶときは、[箇条書き] ボタンの右にある下向きの三角形（▼）を押して表示する、「行頭文字ライブラリ」から選択します（図 2.31）。段落番号を変更するときは、[段落番号] ボタンの右にある「▼」で表示される「番号ライブラリ」から選択します（図 2.32）。

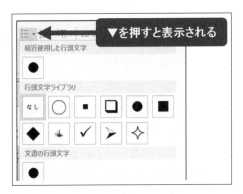

図 2.31　行頭文字ライブラリ

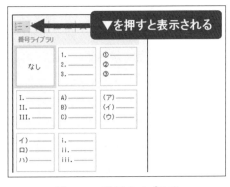

図 2.32　番号ライブラリ

　入れ子段落を作成するときは、入れ子にしたい段落全体を選択した状態で [Tab] キーを押すと、その段落が下がり、図 2.33 のような入れ子の状態になります。また、下がった段落で [Shift] キーを押しながら [Tab] キーを押すと入れ子を上げることができます。

2.5.6　タブによる整列

　タブ (Tab) を使用する位置合わせ（インデント）の方法があります。
　キーボード左にある [Tab] キーを押すことで、空白が挿入されたようになります。スペースキーで空白を入れた場合、文字種によっては微妙にずれる場合がありますが、Tab キーで入

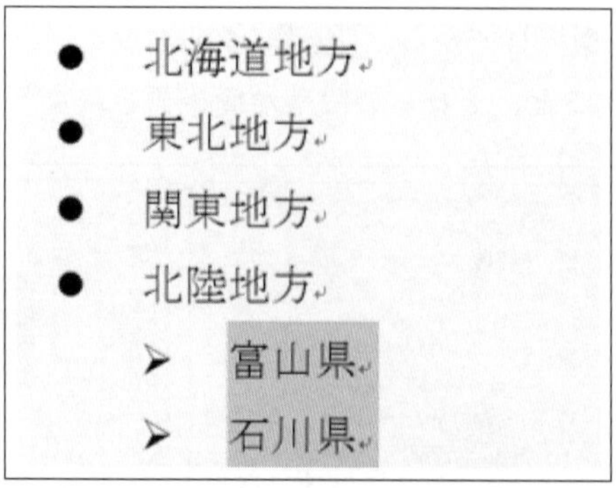

図 2.33　入れ子になった箇条書き

れたときは、複数行において同じ位置に文字列の頭が合うので、ずれることがありません。

　タブなどの記号を表示するために、［段落］グループから［編集記号の表示／非表示］ボタンをクリックして、タブ記号「→」を表示させると編集しやすくなります。

2.5.7　ルーラーの設定

　段落の位置合わせの方法として、ルーラーを利用する方法もあります。

　リボン「表示」において、「ルーラー」の表示チェックボックスにチェックを入れて、ルーラーが表示されるようにしてください。上部にルーラーが左上灰色のところから「…３２１」と白い「１２３…」と右端まで数字が並びます。この左側の白と灰色の境界部に「下三角」「上三角」「四角」、右側の境界側に「上三角」の白いものがあります。それを左クリックで押しながら移動させることにより、ルーラーの位置を変更できます。

　図 2.34 ではルーラーが移動していないので、文の左端が左側にありますが、図 2.35 ではルーラーが少し移動していますので、本文の左端が章タイトルと比べて右側になっています。

　なお、Word が（ある条件に従って）勝手にルーラーを移動させることもあり、段落毎にルーラーの位置が変化する文書になることもあります。書式が定められている文書を作成するときには、ルーラーの位置がどうなっているか、常に気をつけてください。

図 2.34　ルーラー（端）

図 2.35　ルーラー（左側やや移動）

2.6 テキストエディタ（メモ帳、notepad++）の利用法

テキストエディタは、「テキスト情報のみでデータが表現されているファイル」を編集するアプリケーションです。Microsoft Word のように、文字の大きさや画像などの情報を保存できませんが、テキストのみのファイル（テキストファイル）を素早く編集することができます。

なお、テキストファイルは文字の情報しか持たないため、Word や Excel だけではなく、さまざまなアプリケーションなどに読み込みが可能であり、また、計算結果などの出力形式として用いられます。その上、異なる PC 間や OS 間、インターネットでのデータのやり取りなどにも利用されています。

Windows 標準の「メモ帳」以外にも、「vim」「notepad++」「VisualStudio Code」など数多くのテキストエディタがあります。OS 標準ではないので、アプリストアやホームページなどから各自でインストールしてください。

2.6.1 メモ帳

起動

［スタートメニュー］から「Windows アクセサリ>メモ帳」で起動します（図 2.36）。

図 2.36　スタートメニューからの起動

図 2.37　メモ帳が起動した画面

メモ帳を起動すると、図 2.37 で示すようなシンプルな画面が出てきます。キーボードから文字入力すると、入力したものがそのまま表示されます。

ファイルを開く

メモ帳に対応づけられたファイル（例えば、拡張子 txt のファイル）は、左ダブルクリックすることで、メモ帳で開くことができます。しかし、他のアプリケーションに対応づけられているファイル、例えば、拡張子が html である HTML ファイルは、通常は Web ブラウザに対応づけられていますので、左ダブルクリックすると Web ブラウザで開かれ、メモ帳で開くことはできません。

対応づけられていないファイルは、次のような方法で開く必要があります。

- あらかじめ「メモ帳」を起動し、メニューの（ファイルを）［開く］からファイルを指定し、開く
- ファイルを右クリックし表示されたコンテキストメニューの［プログラムを開く］から「メモ帳」を選んで、開く

保存

　メニューバーの［ファイル］メニューから、［名前を付けて保存］を選択（図 2.38）すると、「名前を付けて保存」ダイアログボックスが開きます（図 2.39）。ここで、保存する場所を指定し、適切なファイル名を入力して保存してください。

　なお、HTML 文書の場合、「ファイルの種類」は「すべてのファイル」を指定し、ファイル名には、拡張子（.html）も付けたものを入力してください。また、文字コード[*1]は、このダイアログボックスの「文字コード」で指定します（図 2.40）。

図 2.38　名前を付けて保存

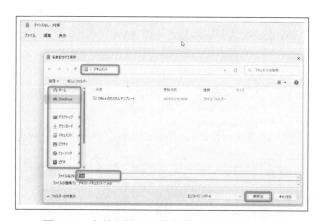

図 2.39　名前を付けて保存ダイアログボックス

図 2.40　メモ帳で文字コードを指定して保存

検索、置換

　「検索」と「置換」は、エディタでテキストやデータを編集する際によく使う機能です。［編集］メニューから［検索］を選択して（図 2.41）、検索ポップアップウィンドウを表示（図 2.42）させて実行します。［置換］も同様（図 2.43）に、置換ポップアップウィンドウ（図 2.44）から作業することができます。

[*1] 文字コードについては、第 10 章「コラム 文字コード」を参照してください。

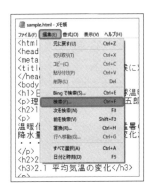

図 2.41 メモ帳での検索

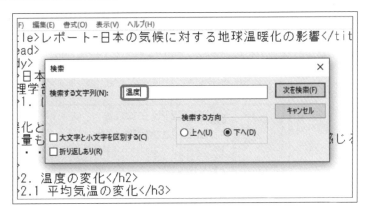

図 2.42 検索ダイアログボックス

図 2.43 メモ帳での置換

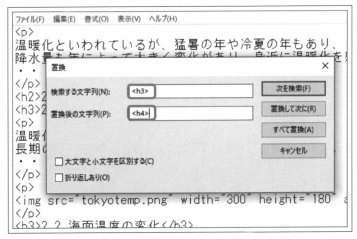

図 2.44 置換ダイアログボックス

2.6.2 notepad++

テキストエディタ「notepad++」（ノートパッドプラスプラス）は、次のようなメモ帳にはない便利な機能があります。

- プログラム言語のキーワードなどを色付けする機能、ブロック分けする機能（図 2.45）
- 複数のファイルをタグ表示する機能
- さまざまな文字コードに対応
- ファイルの自動バックアップ（自動保存）機能

起動

普通にインストールされていればスタートメニューに出てくる「notepad++」を左クリックして起動してください。

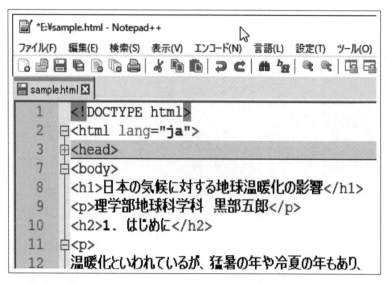

図 2.45　タグに色付けやブロック分けされた例

ファイルを開く

　ファイルの開き方については、2.6.1「メモ帳」の「ファイルを開く」を参照してください。

保存

　メニューバーの［ファイル］メニューから、［名前を付けて保存］を選択すると、「名前を付けて保存」ダイアログボックスが開きます。ここで、保存する場所を指定し、適切なファイル名を入力して保存してください。

　なお、HTML 文書の場合、「ファイルの種類」は「All types」を指定し、ファイル名には、拡張子（.html）も付けたものを入力してください（図 2.46）。

図 2.46　ファイルの種類：All types

文字コードの確認・変換

　開いているファイルの文字コードは、編集画面右下の表示で確認することができます（図 2.47）。

　文字コードが Shift-JIS であった場合、それを UTF-8 に変更するには、メニューバーの［エンコード］メニューから［UTF-8 に変換］を選択してください（図 2.48）。

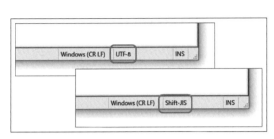

図 2.47 文字コードの確認

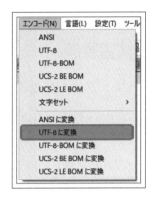

図 2.48 文字コード UTF-8 に変換

終了

　画面右上の［×］を左クリック、または［ファイル］メニューにある［終了］を選択します。

　notepad++ には、自動バックアップの機能があり、これを有効にしておけば、内容変更して保存していないファイルがあった場合、ファイル名が付けられていれば自動で保存します。自動バックアップについては、メニュー［設定］の［環境設定］にある［自動バックアップ］の画面で、それが有効になっているかどうかが確認できます。

検索、置換

　文字列を検索・置換することができます。

　［検索］メニューから［検索］や［置換］を選択して、ポップアップウィンドウにて検索したい文字や置換したい文字を指定します。

　「検索モード」として、拡張（改行 [¥r, ¥n] やタブ [¥t] なども指定可能）や正規表現を用いた高度な検索も可能です（図 2.49）。

図 2.49 notepad++ での置換　改行文字 (CR, LF) も指定しての置換

2.7   演習課題

2.7.1   サンプル Word 文書の作成

30 ページ図 2.15 の Word ファイルを作成してみましょう。

2.7.2   Word 文書の作成

以下の文書を、自分が出す立場として作成して、ファイルに保存してみましょう。

1. 高校時代の恩師へ大学合格の報告の手紙
2. サークルのイベント開催の案内

2.7.3   テキストファイルの作成

メモ帳や notepad++ を起動して、操作に慣れましょう。

1. よく見る Web ページの文章をたくさんコピーして貼り付けてみる
2. ファイル名を付けて保存する
3. 再度、そのファイルを開いて、キーワード検索を行い、検索できるか見てみる

2.7.4   Office 文書の作成

Excel や PowerPoint を起動して、操作やファイルの保存を試してみましょう。

1. Excel でここ 1 カ月の出費状況
2. PowerPoint で自己紹介

2.7.5   さまざまなアプリケーション

さまざまなアプリケーションの起動と、そのファイルの保存を試してみましょう。

1. ペイントでチューリップの絵を描いて保存する
2. Web ブラウザで、見ている Web ページを保存する

第3章　ネットワーク入門

この章の目標

　ネットワークは現在の生活になくてはならないものとなっています。この章では、WWW (World Wide Web) の動きを通して基本的なネットワークの仕組みを学びます。また、ネットワークを利用したアプリケーションの実例として、電子メール (E-Mail) を学びます。電子メールは、私たちの生活の中で最も利用されるネットワークのツールの一つです。さらに、ネットワークを通じて必要な情報を探し出す方法として、検索エンジン (Search Engine) を利用した情報検索を行います。

　この章の目標は、次のとおりです。

1. ネットワークの仕組みを理解すること。
2. 電子メールを利用するときの基本知識を習得すること。
3. 検索エンジンを利用して目的の情報を検索する方法を習得すること。

3.1　ネットワークとは

3.1.1　WWW の仕組みと Web ブラウザの役割

　身近なネットワークの例として、富山大学の Web ページを見てみましょう。図 3.1 は、富山大学のトップページです。Web ページは、WWW やインターネットと呼ばれる場合もありますが、正確には、WWW は仕組みを表し、インターネットは、WWW や電子メールなどを行う通信ネットワークを指すものです。Web ページは、表示されているコンテンツを指します。

　WWW は、HTML (Hyper Text Markup Language) 形式のファイルとして提供されるコンテンツ (contents) を、世界的規模 (World Wide) でクモの巣 (Web) のように結合し繋いでいく情報検索・提供システムのことです。提供される WWW 情報には、HTML ファイルはもちろん、画像や音声、映像を含めることができます。また、その Web コンテンツを見るための閲覧ソフトウェアが Web ブラウザ (Web Browser) です。

　HTML ファイルが置いてあるコンピュータを Web サーバ（あるいは WWW サーバ）と呼びます。Web サーバは世界中に無数にあり、それを一つ一つ同定 (Identify) するために住所が付けられています。それを URL (Uniform Resource Locator) と呼びます。

　このホームページから、実際に発信したい情報へジャンプできるように、各コンテンツ間に呼び出し経路が張られていて、クモの糸を手繰るようにさまざまな情報へ到達できる仕組みになっています。これを称して「リンク (Link) を張る」と言います（図 3.2）。リンク先は、同じサーバの別の内容だけでなく、別のサーバの内容へリンクすることも可能です。

　Web サーバ上で公開されている先頭の Web ページをトップページと言い、このトップペー

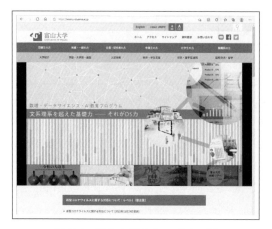

図 3.1　富山大学のトップページ

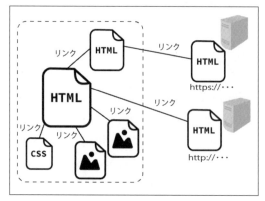

図 3.2　HTML ファイルと別の情報（ファ
イル）を関連付けるリンク

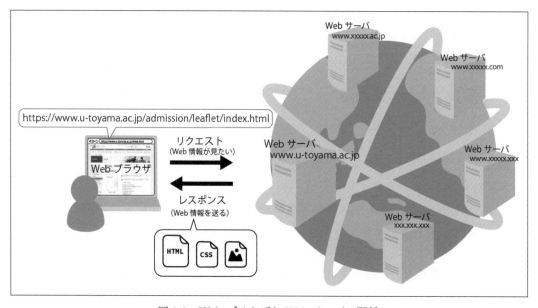

図 3.3　Web ブラウザと Web サーバの関係

ジを含む全体を、現在では通称その企業や学校などの「ホームページ *」と呼んでいます
（* 本来「ホームページ」は Web ブラウザのホーム・ボタンを左クリックしたときに表示され
る Web ページのことでした）。

3.1.2　URL とは

　URL は「統一的情報資源の存在場所指示子」という意味です。例えばある富山大学の
Web ページを示す URL= `https://www.u-toyama.ac.jp/admission/leaflet/index.`
`html` では、通信の種類は「`https`」であり、Web サーバの名前が「`www.u-toyama.ac.jp`」

と FQDN (Fully Qualified Domain Name) で記述され、サーバ内の情報の保存場所が
「/admission/leaflet/」、コンテンツが「index.html」であることを示しています。こ
の URL を指定することによって、目的とする Web サーバ上の入手したいテキスト、画像、音
響、映像、リアルタイム映像などの Web コンテンツへアクセスすることができます（図 3.3）。

3.1.3　FQDN と IP アドレス

　実際の通信を行うとき、FQDN は IP アドレス（IPv4 では 32bit の数で表される）に変換さ
れます。IP アドレスは、ネットワーク上の実際の所在地に当たるものであり、インターネット
上の全てのコンピュータや通信機器・プリンタなど、それぞれに固有の番号として割り当てら
れます。ブラウザは、FQDN を IP アドレスに変換するために、OS の機能を利用して、DNS
と呼ばれるサーバに問い合わせを行います。DNS は FQDN の情報を世界中のサーバに問い
合わせして、通信すべき IP アドレスをブラウザに返答します。この返答された IP アドレス
に対してブラウザは、通信を行います。

3.2　電子メール

3.2.1　電子メールとは

　電子メール (E-Mail) は、インターネットで利用される最も基本的なコミュニケーション
ツールです。インターネットの普及によって、これまでの、はがきや手紙・電話という通信手
段に代わり、私たちの生活の中で最も利用されるものになっています。電子メールは PC やス
マートフォンのメールソフトや、Web 上でメールを閲覧する Webmail を利用して、だれでも
簡単に利用することができます。

3.2.2　電子メールの利用法

メールの例

　図 3.4 は、PC での電子メールの例です。メールには、メールの本文だけでなく、件名
(Subject)、送信者 (From)、宛先 (To) 等が記されています。

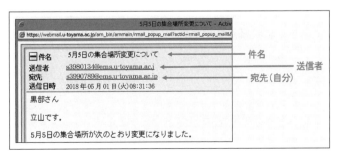

図 3.4　電子メールの例

　図 3.5 は、スマートフォンでの電子メールの例です。これも PC での電子メールと同様に、送信者 (From)、宛先 (To)、件名 (Subject) に続いて本文が表示されています。

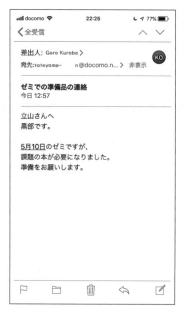

図 3.5　スマートフォンメールの例

　日常的に利用されているメールは、電話や手紙とは異なるメディア特性があります。例えば、電話とは異なり相手の状況によらずにメッセージを残せるという点や、文字だけでなく写真等のデジタル情報を瞬時に相手に送ることができます。

　PC で利用されているメールも、スマートフォンの電子メールも、同じ仕組みで動いています。ただし、PC とスマートフォンでは、環境（具体的には、画面のサイズや機器の利用タイミング、電子メールが利用されてきた歴史的な経緯）が異なるため、書き方のマナーやルールなど異なっている部分があります。

メール利用に必要なもの

　メールを利用するには、次のものが必要になります。

1. インターネット環境

    インターネットに接続している端末（PC やスマートフォン）

2. メールアドレス（メールアカウント）／パスワード

    メールを送信する先となるメールアドレスとそれを読み書きするときのパスワード

3. メールソフト

    メールを読み書きするためのソフトウェアとしてメールソフト（メーラーとも呼ばれる）

メールアドレス

メールアドレスは、自宅ではインターネット環境を提供しているインターネットサービスプロバイダ (ISP) から、スマートフォンでは通信キャリアから、会社や団体では所属先から提供されます。大学では、大学から提供されます。メールアドレスは、その発行元がわかる形式になっています。例えば、富山大学のある学生のメールアドレスは、

s0123456@ems.u-toyama.ac.jp

という形式で表現されます。

メールアドレスは、1 個の「@（アットマーク）」といくつかの「.（ドット）」で区切られた文字列で構成されます。

一般に@の右側は、一番後ろ側から、「国」、「機関種別」、「個別組織」、「組織内の分類」を示しています。「組織内の分類」はある場合とない場合があります。

上記の例では、後ろから順に、日本「jp」の、学術機関「ac」の、富山大学「u-toyama」の、「ems」（Educational Mail Server) のメールサーバであることを示しています。@の左側はアカウントと呼ばれメールサーバ上でのユーザ名を示しています。宛先のユーザ名が s0123456 さんという意味です。

また、携帯通信キャリア docomo のユーザのメールアドレスは、xxx@docomo.ne.jp です。

ただし、国がアメリカ合衆国の場合には、「国」の表記がありません。この場合は、@「個別組織」.「機関種別」（例えば、hoge@google.com) となります。また、「機関種別」がない場合もあり、この場合には、@「個別組織」.「国」（例えば、hoge@jprs.jp) という表記となります。

メールアドレスに関しては、この他に、フリーメールと呼ばれるものがあります。有名なものとしては、@yahoo.co.jp や@gmail.com, @icloud.com が挙げられます。フリーメールは、必要事項（希望のメールアカウントや連絡先等）を登録することにより利用できます。フリーメールは、ISP や携帯通信キャリアを変更した場合や大学を卒業した後でも継続して利用できるため、所属に関係なく永続的に利用することができます。しかし、簡単に取得でき、使い捨てすることもできるため、「捨てアド：その時にだけ利用する目的のメールアドレス」とも呼ばれ、大学等から発行されるメールと比べて、利用者の身元の信用がされない場合があります。目的に応じてメールアドレスを選択して利用することが必要です。

メールソフト

メールを読み書きするには、大きく分けて以下の 2 つの方法があります。

1. PC やスマートフォンにメールを読み書きするメールソフトをインストールする。
   （OS 付属のメールソフトや Thunderbird など）
2. Web 上でメールの読み書きができるページ (Webmail) にアクセスして利用する。
   （Gmail、Yahoo!メールなど）

1 のメールソフトを利用した場合には、インターネットに接続していない状態でも PC やス

マートフォンにデータがあるためメールを読むことや、メールを書いておいて次にインターネットに接続したときに送信することが可能となります。また、保存できるメール数は、PC やスマートフォンの保存容量となるため、過去の大量のメールを取っておくことが可能です。また、メールソフトの設定によっては、メールをサーバに残しておくことも可能です。

2 の Webmail を利用した場合には、複数の端末からメールの読み書きができ、自宅や旅行先からでもメールを利用することが可能となります。この場合、保存できるメール数は、メールボックスの保存容量が上限となります。

あらかじめ設定されたメールサーバのメール保存領域（メールボックスという）の容量を超過した場合 （QuotaOver：割り当て超過）には、新たなメールを受信することができなくなります。定期的にメールボックスの使用量をチェックし、必要がないメールはこまめに消すことや、古いメール等は USB メモリなどに保存し、メールボックスの空き容量を確保してください。

メールの利用には、1 と 2 を併用することも可能ですが、メールをどのように保存するかを意識する必要があるため、はじめのうちはどちらか一方の方式を選択して利用しましょう。

メールソフトの設定

1 のメールソフトを利用するときには、初回にメールの送受信に関する設定が必要になります。また 1 のメールソフトや 2 の Webmail の両方ともにメール本文に関する設定が必要となります。

具体的には、メールの送受信に関する設定は、

- メールを受信するサーバに関する設定 (サーバ名、受信する方式、ユーザ名、パスワード)
- メールを送信するサーバに関する設定 （サーバ名、送信するポート、ユーザ名、パスワード）

の受信と送信に関して、それぞれ設定する必要があります。

メール本文に関する設定に関しては、

- 署名に関する設定
- メールサーバにメールを保存する期間の設定
- メールの送信形式の設定（メールソフトによって）

が必要になります。

メールソフトおよびメール本文に関する設定は、メールアドレスの提供元がマニュアルを用意しています。自分が利用する環境に合わせて、マニュアルを参考に設定を行ってください。また、設定が完了したら、必ず下記の手順でメールが正しく動作しているかの確認を行ってください。

1. 送信：自分のメールアドレスにメールを出してみる。

2. 受信：メールを受信して、自分の書いたメールを確認する。このときに、署名や送信元
   が正しく設定されているかを確認する。

3. 返信：自分のメールに返信を行う。メールの送受信を行って、正しく返信できているこ
   とを確認する。

3.2.3 電子メールの作法

ここでは、実際にメールの送受信の例として、Active!mail と呼ばれる Webmail を使用した
場合のメールのやり取りを説明します。

Active!mail の起動・終了

Webmail を利用する場合には、Web ブラウザ（Edge, Chrome, Firefox, Safari など）で、
メールアドレスの提供元が指定する URL にアクセスしてください。多くの場合、提供元の
TOP ページにバナーやリンク集にリンクがあります。

富山大学の場合では、Web ブラウザ（Edge など）を起動し、アドレス欄に `https://`
`webmail.u-toyama.ac.jp/` を入力してください（図 3.6）。

図 3.6　Webmail URL

富山大学の TOP ページから、「在校生・教職員の方」のバナーをクリックし、リンク集から
「富山大学 Webmail (Active!mail) 」をクリックでもアクセスできます。

指定された URL をアクセスすると、図 3.7 の画面が表示されます。富山大学ではセキュリ
ティのため、2 段階認証（2 つの異なるパスワードで認証を行うこと）を実施しています。

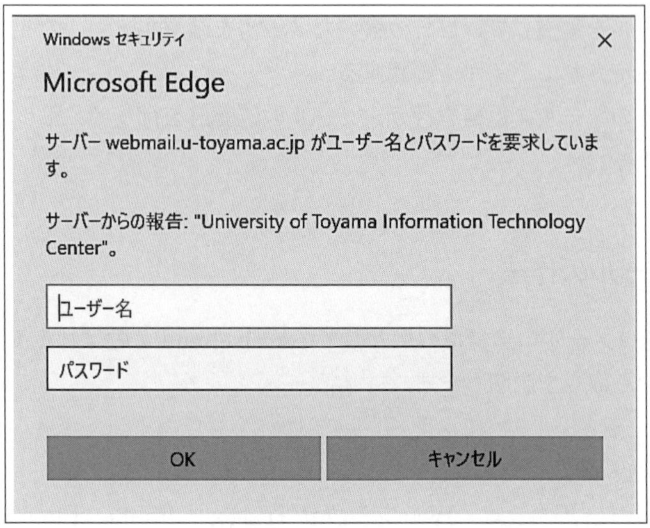

図 3.7　Active!mail アクセス認証画面

　1 段階目の認証画面で入力する情報は、富山大学総合情報基盤センターのホームページの
「ウェブメール利用（Active!mail）」ページで確認してください。この認証が成功した場合に
は、2 段階目の Active!mail の画面 （図 3.8）が表示されます。この画面にユーザ名とパス
ワードを入力し、ドメインとして ［ems］ を選択し、［ログイン］ ボタンをクリックします。

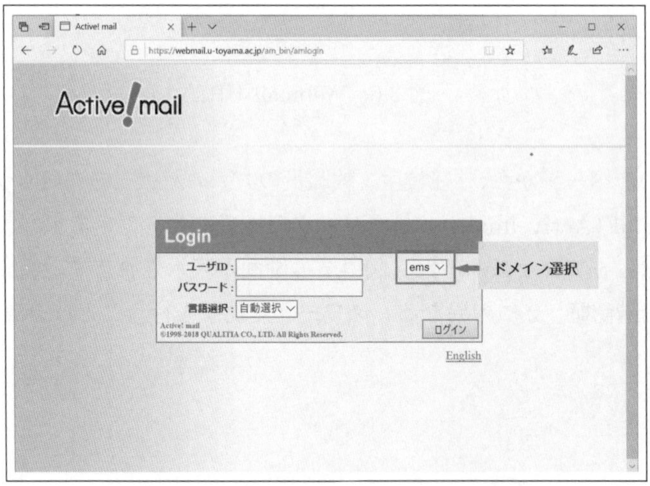

図 3.8　Active!mail のログイン画面

　Active!mail へのログインが完了すると、メールホーム画面 （図 3.9） が表示され、［メー
ルホーム］ メニュー・タブの下に利用者のメールアドレス「s0123456@ems.u-toyama.ac.jp」
が表示され、左側ボックスに「管理者からのお知らせ」が表示され、右側上部ボックスに ［ロ
グイン・ログアウト情報］、右側下部に ［メールボックス使用量 (%)］ が表示されます。
　メールホーム画面には、メイン・メニューとして、［メール受信］［メール作成］［アドレス

帳］［ツール］の各操作を行うためのメニュー・タブと ［▼］ プルダウンメニューを表示し、サ
ブメニュー一覧またはサブメニューから選択した画面へ直接移動する機能があります。

　また、画面右上には、システム情報ビューアーの起動ボタン ［i］、ヘルプ・ボタン ［?］ および
び ［ログアウト］ ボタンが用意されています。使用法の詳細情報をヘルプ画面で入手すること
ができます。

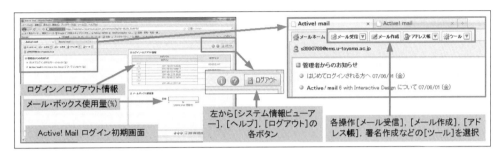

図 3.9　Active!mail の初期画面

　Active!mail の終了は、メイン・メニューにある ［ログアウト］ ボタンをクリックします
（図 3.9 中央）。ログイン画面が再度表示されたら、Web ブラウザを閉じます。必ず ［ログアウ
ト］ ボタンを左クリックして終了させてから、ブラウザを閉じるようにしてください。また、
学外からの利用では、インターネット・カフェなど、不特定多数の人が使う環境で使用した場
合、Web ブラウザの 「オート・コンプリート機能」 や 「キャッシュ」 に個人情報が残る可能
性があります。このような環境下では、終了時に必ず、これらの個人情報の削除（Edge では
ウィンドウ右上にある ［…］ を選択して、［設定］ を選び、［プライバシーとセキュリティ（鍵
マーク）］ から ［クリアするデータの選択］ をして ［クリア]）を実行してください。

署名

　電子メールの最後には、署名と呼ばれる情報を載せることがマナーとして定着しています。
これは、差出人 (From) の情報だけでは、だれからのメールかを確認することが難しいため
です。

　署名には、所属（会社名や部署、大学名や学部など）、名前、メールアドレスを記載するこ
とが一般的です。また、会社や大学の住所や電話番号を記載する場合もありますが、自宅の住
所や電話番号を掲載することは情報保護の観点からやめたほうが良いです。学生の場合には、
大学名・学部、名前、メールアドレス、必要に応じて研究室の名前、住所・部屋番号を記載す
れば良いでしょう。

　署名に関して、スマートフォンの電子メールでは、普通付けていないと思います。これは、
スマートフォンの電子メールでは、当初送信情報に電話番号が利用されていました。そのた
め、電話番号から相手を特定できたため、署名を付けるマナーが発展しませんでした。ただ、
スマートフォンから大学や企業にメールを送信する場合には、受け取った相手は、差出人がだ
れかを確認することが難しいです。そのため、友達以外、特に企業の方や教員に電子メールを

送信する場合にはスマートフォンからのメールでも署名を付けるようにしましょう。

　Active!mail で署名を設定するには、最初にメイン・メニューの［ツール］ボタンの（プルダウン）メニューから［署名管理］をクリックすると、署名リスト画面が表示されますので、日本語署名や英文署名を登録してください（図 3.10）。

図 3.10　署名登録画面

メールの作成・送信

　新規メールの作成は、メイン・メニューの［メール作成］ボタンをクリックすると、メールの作成画面が表示されます（図 3.11）。

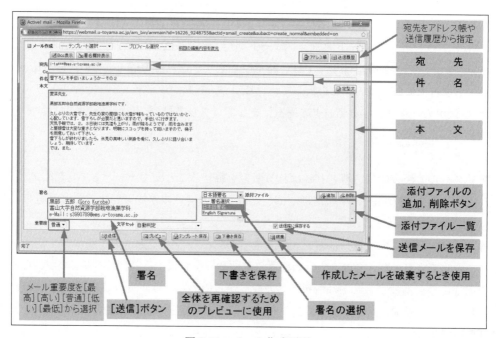

図 3.11　メール作成画面

　メールの作成は、以下の手順で行います。

1. 宛先 (To)：宛先のメールアドレスを直接入力するか、アドレス帳または送信履歴から選択します。宛先が複数あるときは、カンマで区切って並べて入力します。

2. 件名 (Subject)：メッセージの内容を簡潔に伝えるように書きます。逆に件名のない
   メールは怪しい SPAM メールとして扱われます。時々忘れる人がいますので、注意し
   ましょう。

3. 本文 (Body)：要領よく簡潔に書きます。
   書き方の注意点は、本文の書き方で説明します。

4. 署名 (Signature)：あらかじめ登録した署名の設定名を選択します。設定名がない場合
   でも、直接署名ボックスに署名を書き込んだり、現在の署名を編集して短くしたりする
   ことも、字句を追加することもできます。

5. 送信：作成したメールを送信するボタンです。

このほかにも、

- 添付ファイル：電子メールにメール本文だけでなく、別のファイルを付けて送信する
  ことができます。

［追加］ボタンでローカル・ファイルを選択し、［開く］ボタンを左クリックします。添付
ファイルのアップロードダイアログボックスが表示されるので、［参照］ボタンをクリックし
て、ローカル・ファイルを選択し、［開く］ボタンを左クリックします（図 3.12）。なお、間
違ったファイルを指定した場合は、それを選択して［削除］ボタンをクリックします。添付
ファイルは、動画など大きいサイズのファイルは送信することができません。添付できるファ
イルサイズは、環境により異なりますが、10MB 未満のサイズに抑えるのが一般的です。

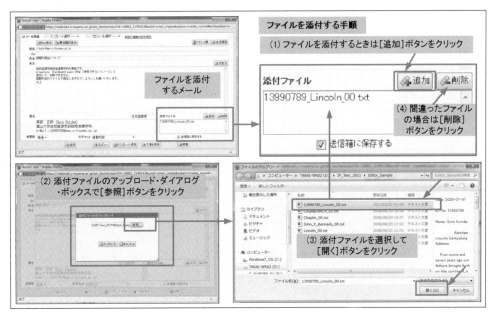

図 3.12　添付ファイル追加手順

- 下書き保存：書きかけのメールを下書きとして保存し、あとで書き直してから送信し

ます。

- 重要度 ：メールの重要度を設定できます。省略時設定は［普通］ですが、上から［最高］、［高い］、［普通］、［低い］、［最低］の 5 段階設定ができます。受け取った側のメールソフトが対応していた場合には、相手側に重要度が表示されます。

Active!mail では、全体を再確認するために、［プレビュー］ボタン（図 3.11 下中央）があります。このボタンをクリックすると、宛先、件名、本文、署名等をまとめて送信する内容を確認することができます。重要なメールでは、この［プレビュー］機能を利用して、宛先や内容、添付ファイルをよく確認した上で、画面最下部の［送信］ボタンをクリックしましょう。「宛先の間違い」や「添付ファイルの付け間違い」などのミスをしないよう注意しましょう。一度送信してしまったメールは、取り消すことができません。

メールの受信・返信

メールを受信するときは、メイン・メニューの［メール受信］ボタンをクリックします。受信メール一覧画面が表示されるので、読みたいメールの件名をクリックすると画面の下側に内容が表示されます。また、一覧上の件名を左ダブルクリックすると、メール・メッセージが別ウィンドウで表示されます（図 3.13）。

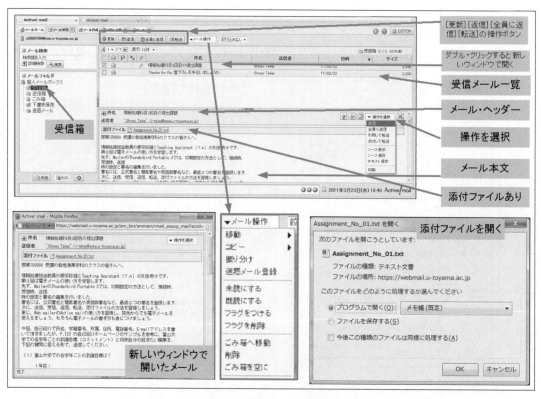

図 3.13　受信メール画面

　メールの内容が表示された受信箱画面の上には、4 つの操作ボタンと 11 種類の［メール操作］プルダウンメニューボタンが用意されています。

　4 つの操作ボタンの機能は、表 3.1 の通りです。

表 3.1　受信画面操作ボタン機能

操作ボタン	機能の説明
更新	新たなメールが来ていないか、一覧画面を強制的に更新します。
返信	差出人に返信するためのメール作成の画面が表示されます。
全員に返信	自分以外に受け取った全ての人に返信するためのメール作成画面が表示されます。「宛先」および「Cc」の欄にメールアドレスが自動的に入力されます。
転送	他の人に転送するためのメール作成の画面が表示されます。元のメールを添付して送信するか、引用して表示するかはオプション画面より設定が可能です。

　メールを選択した上でメール操作プルダウンメニューを選択するとメールをごみ箱などに移動することができます。また、ごみ箱に移動させたメールは、プルダウンメニューの「ごみ箱を空に」を実行するまではごみ箱に残ったままとなります。

　受信したメールに添付ファイルがある場合は、メール・ヘッダー下の添付ファイル名をクリックすると、そのファイルを開くダイアログボックスが開き、［プログラムで開く］か、［ファイルを保存する］かの操作を聞いてきます（図 3.13 右下）。添付ファイルをプログラムで開く場合において、添付ファイルに対応したプログラムがない場合は［ファイルを保存する］をチェックして保存しましょう。なお、添付ファイルがコンピュータウィルスの場合もあるので、そのメールの送信者や添付ファイルを開く必要性をよく考え、開くようにしてください。

　受信メールへの返信では、引用マーク　「>」がつけられて本文中に取り込まれています。あとからでも内容がわかるように、

- 最低限の引用以外は削除し、それぞれの内容に回答を追加する
- 前半に回答を記載し、後に届いた内容を引用で記載する

のどちらかの形式が良いでしょう（図 3.14）。

3.2.4　電子メールの注意点

　電子メールは、「文字」によって情報のやり取りを行うので、以前からある「手紙」の延長上にある手段であるといえます。しかし、インターネットが日常で利用される今日、郵便で何日もかかる手紙やはがきに比べ、短時間でやり取りができるという点で、便利な通信手段になりました。

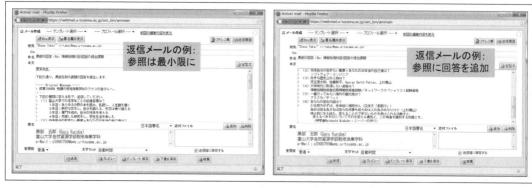

図 3.14　返信メールの例

　手紙や電話では、相手と付き合う上での基本的な礼儀作法は尊重しなければなりません。電子メールを使用する上でも礼儀作法は同じです。電子メールは画面上に表示される文字を介してやり取りを行うものですから、身振りや声の調子、手で書かれた文字の調子などから伝わる情報がありません。ゆえに、不用意な記述が誤解やすれ違いを生みやすく、これを防ぐためにも、最低限のルールとマナーを守ることが重要です。

宛先について

- 複数人へのメール

  メールを複数の人に同時に送信する場合には、宛先にメールアドレスを「,」で区切って入力することで実現できます。また、メールの内容によっては、宛先にメールアドレスに複数記載するのではなく、以下を利用してください。

    - Cc：直接送りたい相手ではなく、別の人にメールのコピーを送りたいときは、Cc (Carbon Copy) にメールアドレスを入力します。

    - Bcc：メールのコピーを記録として残す場合は、Bcc (Blind Carbon Copy) に自分のメールアドレスを入力します。Bcc に入力したメールアドレスは、相手には表示されません。また、メールを複数人同時に送信するとき、他の人のメールアドレスがわからないように送る場合にも使います。Bcc 欄を表示するときは、宛先欄すぐ上の［Bcc 表示］ボタンを左クリックしてください。

- 間違いメール

  宛先のメールアドレスを正しく書くことは絶対です。メールアドレスを選択する場合には、間違いがないか必ず確認しましょう。また、印刷や手書きのメールアドレスを入力する場合は、間違いやすい文字に注意しましょう。特に、“,”（半角）と「,」（全角）の間違い、“.”（半角）と「.」（全角）の間違い、アルファベットの“l”（エル）と“i”（アイ）、“com”と“con”などの違いに注意してください。メールアドレスは必ず半角文字を用いなければなりません。間違った宛先は重要な情報を他人に送ることとなります。

- no-replay

メールの宛先に、no-reply や noreply を含んだものがあります。このアドレスにはメールを返信してはいけません。no-replay を含むアドレスは、システムからの送信されたメールなどに利用され、メールに返信しても返事されないアドレスを示しています。

件名について

メールの件名 (Subject) を書くことを省略してはいけません。受け取った人はメールの件名を見て読む優先順序を決めるため、件名のないメールは SPAM メールとして排除の対象になり、読んですらもらえない可能性があります。件名は、そのメールの内容を簡潔に表現した要約を書きましょう。そのメールを送る相手にメールの内容を推測できない件名を付けるのは相手に手間をかけることになります。

【わかりやすい件名の例】
　情報処理 6/5 の課題提出について
　［日程変更］1/23 スキー旅行の件

【わかりにくい件名の例】
　こんにちは：　本文を読まないと何について書いているのか分からない。
　田中です　：　田中さんから来たメールということ以上の内容が不明。
　上田さんへ：　メールは本人しか受け取れないし、内容も分からない。
　課題　　　：　何の課題なのか、また課題を提出したい旨なのか、不明。
　写真です　：　何の写真なのか、また写真をどうしてほしいのか、不明。

また、件名に関して、文字が付加される場合があります。

【件名に付加される文字】
　Re: メールの返信に付加される。
　　ラテン語の「res」という語が語源で「について」という意味。
　FW: メールを転送する場合に付加される。
　　転送を意味する「forward」が語源で、転送されたメールであることを示す。

3.2.5　本文の書き方

手紙と違って、メール本文の書き方には決まった形式はありません。しかし、目上の人に送るメールをくだけた雰囲気で書くのは失礼ですし、かといって、友達に形式張った書き方をするのも不自然です。メールを送る相手に合わせて、相手に失礼にならないような本文を書きましょう。しかし、どのようなメールでも、以下に示す項目はメールを書くときの共通の約束になっています。

具体的なメールの本文の例（図 3.15）を示します。

相手の名前を書く　本文の最初に相手の名前を書きます。
自分の名前を書く　自分の名前を名乗ります。特に、はじめて送る相手に対しては、所属や

件名: ［依頼］富山e-book新サービスの打ち合わせ　日時: Mon, 22 Jan 2024 23:55:20 +0900

立山大学　黒部先生

お世話になっております。
富山イーブック・サービスの石川太郎です。

新サービスの打ち合わせにお伺いしたく、
候補日を送りますので、黒部先生のご都合を
お聞かせいただけたら幸いです。

＜候補日時＞
5月15日（水）15:00-16:00
5月16日（木）10:00-11:00
5月17日（金）13:00-14:00

1時間ほどを予定しております。
もし、ご都合が悪い場合には調整いたしますので、
候補日を複数お知らせください。
お手数をおかけしますが、よろしくお願いいたします。

富山エーブック・サービス　技術部
　黒部五郎（Kurobe Gorou）
E-Mail: kurobe-g@ebook-toyama.AAA
　Tel: 076-445-ZZZZ

件名: 旋盤機器　ご入金の連絡　日時: Mon, 22 Jan 2024 23:56:19 +0900

株式会社　日本つるぎ産業
上市隆司様

お世話になっております。
世界あゆみ工業の山田花子です。

このたびは精密加工ＮＣ旋盤をご注文いただき
誠にありがとうございます。

昨日付けで、3,500,000円のご入金を
確認いたしました。
明日、機械を発送したしますので、
御社への到着は明後日の予定です。

引き続き、よろしくお願いいたします。

世界あゆみ工業　営業部
山田　花子
Tel:076-255-JJJJ
Mail:y-hana@w-ayumi.TTT

図 3.15　メール本文の例

簡単な自己紹介も書いて、誰から送られてきたメールかを明らかにしなければなりません。

改行 1 行 35 文字程度で改行する。半角文字ならば 70 文字程度、全角文字ならば 35 文字程度で、必ず改行を挿入します。メールソフトによっては、改行が入っていないメールを表示する際に、横に長い 1 行で表示することがあり、非常に読みにくくなるためです。

内容 内容を簡潔にまとめて書く。電子メールを日常的に使うようになると、たくさんのメールに短時間で目を通さなければならなくなります。そのため、冒頭の挨拶はなるべく短くし、すぐに内容が把握できるように簡潔な文章でまとめることが良いとされています。

文字種類 半角カナ・機種依存文字を使わない。メールソフトによっては、半角カナ文字や機種依存文字を表示できない場合があります。このようなとき、「文字化け」と呼ばれる、全く違う文字が表示される現象が起こり、内容が正確に伝わらないことがあります。機種依存文字には、以下のようなものがありますので、使用しないようにしましょう。

    1.　丸数字：　　①　　②　　③…

    2.　ローマ数字：　　Ⅰ　Ⅱ　Ⅲ…、i　ii　iii…

    3.　単位などの特殊記号：　　㈱　㏋　㍉　㌢

    4.　半角カナ：　　ｱｲｳｴｵ

署名 長すぎる署名を付けない。署名は本文の終わりを示すものなのでなるべく付けた方が良

いですが、本文よりも長いような、長すぎる署名は適切ではありません。通常は 4 行以内で記述するのが良いとされています。

3.2.6 エラーメール

メールアドレスを間違ってメールを送ったとき、2 つのことが考えられます。1 つは、そのアドレスが存在しており、そのアドレスの所有者に届く場合です。もう 1 つは、メール管理者からエラーメールというメールとともに返される場合です。

アドレスの所有者に届いた場合、メールの内容は、その相手に読まれてしまいます。一度送付したメールを取り消すことはできません。届いたメールは相手にお願いして内容を他言しないように依頼し、メールを消してもらうしか方法はありません。

もう 1 つのメール管理者からエラーメールが返る場合の例として、実際に間違ったメール（図 3.16）とその間違ったメールへのシステムからのエラーメール（図 3.17）を示します。

この例では、間違ったメールでは宛先として、ems.u-toyama.ac.jp と入力しなければならないところを ems.u-toyama.acac.jp と ac を間違えて 2 回入力しています。そのため、MAILER-DAEMON（メール配送デーモン：デーモンとはシステム上プログラムのこと）から件名が Undelivered Mail Returned to Sender（送り主への配達できなかったメールの返送）として、メールが届いています。

このような MAILER-DAEMON からのエラーメールが届いた場合は、アドレスの間違いなどでメールの配送が失敗しているときですから、もう一度、宛先を確認してみましょう。また、ホスト名の間違いなど間違っている箇所によっては、サーバはそのサイトを探し続けたり、再度配送を試みようとして、エラーメールが返ってくるまで 1 週間程度かかる場合もあります。

図 3.16　間違ったメール

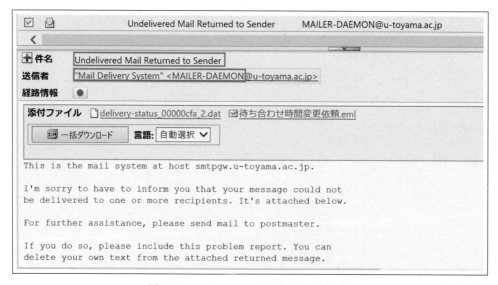

図 3.17　システムからのエラーメール例

3.3　検索エンジン (Google Search) の使い方

3.3.1　検索エンジンとは

　天文学的な数の Web サイトの中から、目的の情報を検索するためのプログラムを「検索エンジン (Search Engine)」と言います。検索エンジンを使いこなすことで目的の情報を的確に探し出すことができます。

　検索エンジンの中で有名なものに Google Search があります。Google Search は、1998 年、当時 Stanford 大学 Computer Science 学科の大学院生だったセルゲイ・ブリン (Sergey Brin) とラリー・ページ (Larry Page) が、Page Rank Technology をベースとした Index 技術を実装し、Google Search を開発しました。Google Search は、それまでの検索エンジンを凌駕し、検索エンジンにおける事実上の業界標準 (de facto standard) の地位を確立しました。「グーグル (Google)」の名前の由来は 10 の 100 乗を意味する数学用語 Googol からとったと言われています。Google はその後、Pay Per Click 広告 Adwords を投入し、それまでオマケに過ぎなかった検索エンジンの世界に、ビジネス・モデルを持ち込み、収益を上げるようになりました。

図 3.18　Google Search

　Page Rank Technology の原理は、人気のあるサイトからリンクが張られているサイトは良いサイト、というもので、ページ A からページ B へのリンクをページ A によるページ B への支持投票とみなし、Google はこの投票数によりそのページの重要性を判断するとしています。しかし Google は単に票数、つまりリンク数を見るだけではなく、票を投じたページについても分析し、「重要度」の高いページによって投じられた票はより高く評価されて、それを受け取ったページを「重要なもの」にしていくというアルゴリズムを採用しています。

　インターネットの爆発的なトラフィックは検索エンジンに集中し、検索エンジンをベースにしてインターネット上をサーフィンするユーザが増えていきました。口コミで Google は人気が広まり、ファンが Google の驚異的な機能を取り上げ、その輪がますます広がっていったのです。

3.3.2　検索方法

　Google を使用してキーワード検索するには、検索ボックスに検索したい Web ページに該当するキーワードを空白で区切って入力し、［Enter］キーを押すか、［Google 検索］ボタンを押します（図 3.18）。

　これだけで Google は、キーワード同士が近くに並んでいるページを優先し、他のページからの評価を分析する洗練されたテキスト・マッチ技術を使って、検索に対し重要で、かつ、的確なページを検索します。

　例えば、「デジタル一眼レフ・カメラ」を検索したければ、キーワードに「デジタル　カメラ　一眼レフ」（図 3.19）または「一眼レフ　デジタル　カメラ」と入力して検索します（図 3.20）。

図 3.19　検索「デジタル　カメラ　一眼レフ」

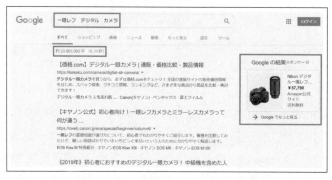

図 3.20　検索「一眼レフ　デジタル　カメラ」

　省略形の「一眼レフ」と正式な「一眼レフレックス」やキーワードの順序で、検索結果は多少違いますが、【キーワードを全て含んだ】「デジタル　AND　カメラ　AND　一眼レフ」という AND 検索の結果となります。キーワードは最大 32 個まで指定できます。AND は明示しなくても、自動的に AND 検索とみなされます。

　図中の太く囲ったところに、当該キーワードの検索結果の件数と検索に要した時間が表示されます。ここでは約 21,400,000 件ヒットし、検索に要した時間が 0.40 秒であったことを表しています。また、右側の囲ったところは、スポンサー提供の Adwords 広告のリンクです（図 3.19）。

　ちなみに、検索キーワードの順を「一眼レフ　デジタル　カメラ」とした場合の検索結果を比較してください。その結果、検索件数が約 20,800,000 件で、検索に要した時間が 0.38 秒であったことを表しています（図 3.20）。

　次に検索結果ページの最下部を見てみましょう。「Goooo…ooogle」のように表示されていますので（図 3.21）、次の 10 件を見るときは、[2] または [次へ] をクリックします。件数が多すぎて絞り込みたいときは「検索オプション」を選択し、「高解像度」などの追加キーワードを入力していきます。なお、関連する検索キーワードの中に、探しているキーワードがあれば、そのキーワードをクリックします。

図 3.21　検索結果の最下部

3.3.3　OR 検索

　複数のキーワードの【いずれかを含む】Web ページを検索するには、キーワードを半角 "OR" で区切ります。例えば「野球　OR　サッカー」と入力すれば、野球またはサッカーのキーワードを最低 1 つ含む全ての Web ページが表示されます。

3.3.4　文章検索

　現在の Google では、文章を入力することで検索することも可能です。言葉の意味を調べたい場合、単にキーワードを入力して検索すると、他の情報も表示されます。この場合、意味を調べたい言葉に続けて「とは」と入力して検索します。そのほかにも、「google の由来を教えてください」と入力すると、Goolge と名づけられた理由を調べられます。文章で入力することで、単語だけの検索と比べ、目的の動作を加えるが可能になり、より目的に近い情報を得ることができます。

3.3.5　完全一致検索

　通常の日本語キーワードは自動的に分かち書きされ、複数のキーワードに分解されます。例えば「富山大学総合情報基盤センター」は「富山／大学／総合／情報／基盤／センター」の 6 つのキーワードに分解されますので、これを【完全一致】で検索するにはキーワードを「"（ダブルクォーテーション）」で囲みます。具体的には「"富山大学総合情報基盤センター"」と入力して検索します。

3.3.6　プラス検索

　「バイオリン」や「ヴァイオリン」などのように、同じ言葉で表記に "ゆれ" があるキーワードでは、複数の検索語に対する検索結果が混じって表示されます。これを「ヴァイオリン」の表記に限定したい場合はキーワードの前に半角 "+" を付けて「+ヴァイオリン」と入力します。

3.3.7　マイナス検索

　検索結果から除きたいキーワードがある場合は、直前にマイナス記号 "-" を使用します。"-" の前には必ずスペースを挿入します。例えば、「釣り□-海」（□はスペースを示します）とすれば、海釣りに関する Web ページは除かれます。

3.3.8　Google Hacks

　より良く Google Search を利用するための小技を Google Hacks と言います。ここではいくつのか Hack を紹介します。

ドメイン制約検索

　特定のドメイン、あるいは、あるサイト内の情報がどこにあるか確かでないときには、特定のドメインのみを指定して検索することができます。ドメイン制約検索には、"site:" 演算子を使用します。例えば、www.asahi.com サイト内のニュースに関する情報を検索したいときは、「ニュース　site:www.asahi.com」のように入力します。

その他の検索対象を限定した検索

　Google では、演算子を付けて検索対象を限定した検索が、表 3.2 のとおり可能です。

　例えば、次のように検索演算子を使います。

1. タイトルに「電気自動車」を含むページを検索するときは「intitle: 電気自動車」と入力します。
2. 本文に赤シャツを含むページを検索するときは「intext: 赤シャツ」と入力します。

3. PDF ファイルで「C 言語」のマニュアルなどを探したいときは「filetype:PDF　　C 言語」と入力します。

表 3.2　Google の演算子と機能

演算子	機能
filetype:	指定した拡張子のファイル・タイプのファイルを検索
intitle:	指定したキーワードをタイトルだけから検索
inurl:	指定したキーワードを URL アドレスだけから検索
allintitle:	全てのキーワードをタイトルだけから検索
allinurl:	全てのキーワードを URL アドレスだけから検索
related:	指定したアドレスの関連ページを検索
link:	指定したアドレスへリンクしているページを検索
site:	指定したサイト内だけを検索したいとき

特殊検索

Google の検索キーワード入力欄にはさまざまな情報に直接アクセス可能な仕組みがあり、「特殊検索 Special Search」と呼ばれています（表 3.3）。

表 3.3　Google の特殊検索で検索可能な情報

特殊検索	機能
経路検索	富山駅から金沢駅など 2 駅間の経路と所要時間を検索 例「乗り換え　富山　福岡」「富山から東京」
辞書検索	指定した英語／日本語を英和／和英辞書で調べる 例「英和 Google」「和英　確定申告」
通貨換算	日本円とドルなどの通貨の為替レートを調べる 例「1 USD in JPY」「1 台湾ドル」→『1 台湾ドル＝3.51 円』（2019.01）
電卓機能	(15+37)*7-28 などの計算、+、-、*、/、^（べき乗 2^31）、%（剰余）、!（階乗）、関数 sqrt、sin、cos、atan、ln、log、…、atan(1.0)*4、ルート (2) など
単位変換	摂氏と華氏、Mile や km などの単位変換 例「1 ヤード」「1 ポンド」→『1 ポンド＝453.59237 グラム』
天気	指定した地方の天気を調べる 例「天気　富山」

3.4 演習課題

3.4.1 テストメールの送受信

1. 自分自身にテストメールを送信しましょう。
2. 届いたメールに返信しましょう。

メールを送る際には、件名、本文、署名を入力するのを忘れないようにしましょう。

3.4.2 スマートフォンメールとの送受信

1. 自分のスマートフォンのメールアドレスにメールを送信しましょう。
2. スマートフォンから大学のメールアドレスにメールを送ってみましょう。
3. 表示されたメールを見て、どのように書いたら見やすいかを考えてみましょう。

3.4.3 教員へのメール送信

下記の設問に対する回答を、指定されたメールアドレスに送信しましょう。回答は本文中に記載し、適切な件名、署名を付けるのを忘れないようにしてください。

1. PC の操作に対して自信はありますか？
2. 自宅や下宿先に PC はありますか？
3. どのような授業を望みますか？

3.4.4 インターネットを利用した検索

下記のテーマについて、インターネットを利用して検索を行ってみましょう。

1. 地域色がある大根を利用した料理を 3 種類以上調べましょう。
2. 富山から東京までの交通手段（所要時間と金額も含め）を調べましょう。
3. 富山県の市町村統合の歴史を調べましょう。

第 4 章　自分の意見を伝えるために

　大学では、自分で調べ・考え・まとめたことを自分の意見として相手に伝えることが必要です。この章では、自分の意見を伝えるときに必要なことを考えます。

　この章の目標は、次のとおりです。

1. 自分の意見のまとめ方を知ること。
2. 意見をまとめる手順を知ること。
3. 文章作成時に必要なことを知ること。
4. プレゼンテーションの構成を知ること。
5. 自分の意見をまとめるときに必要な倫理観を持つこと。

4.1　自分の意見を伝えるとは

意見とは

　大学の授業では、多様な形で意見を述べる機会がありますが、共通して求められるものとして、

1. 何が問題なのか
2. それを議論するためにどのような情報を用意できたか
3. 自分はどのように考えるか or どういう答えが確かなのか

を意識する必要があります。問題を明確化して、その問題に対する自分なりの回答が意見となります。また、意見を裏付ける客観的な資料が必要となります。このとき注意することは、感想と意見は異なるということです。感想とは自分の感興（感じたこと）を素直に述べることですが、意見の場合は、「事実に基づく報告」が基本となります。

適切な意見を表明するために

　適切な意見を表明するためには、その問題に対して適切な知識を有していることが必要です。大学で求められるレポートなどはその最たるものとなります。高校までは、先生などから、読む本や資料を指定される場合が多いですが、大学では、授業で指定されるものだけでなく、自分から読むべき本や資料を探す必要があります。このように自ら適切なデータを収集し情報処理することから、意見を考えることが始まります。

　また、書籍や Web 中の意見を、そのまま自分の意見とすることは 2 つの大きな問題があります。

　1 つ目は、自分で意見を考えるという能力が育たないという問題です。世の中には、簡単に調べて答えが見つかる場合だけではありません。このようなとき、自分で意見を考える訓練を

繰り返していないと、意見を創造することができません。

　2 つ目は、世の中に流れている情報や意見が、必ずしも正しいとは限らないという問題です。具体的には、入手した意見が誤った情報や偏った知識から導き出されている場合や、その意見で用いられている前提が、時代の変化や研究の進展により異なっている場合です。

　さらに、意見を表明するときに気を付けなければならない注意点もあります。これについては 4.5 節で述べます。

感想とデータと情報の違い

　あなたが体験したことに対する個人的な感興（感じたこと）だけで意見を構成すると、自分の感想という実例を示したことにはなりますが、その一例がその問題の代表例として適切なものかという問題が発生します。もちろん、一つの例としては良いのですが、一つの例だけで全体を正しく理解・判断したものとして意見を述べることは、問題を含む可能性があります。

　この感想をデータとして利用するためには、どうすればいいのでしょうか。同じ体験をした人を集め、アンケートを実施し、その結果を示すことで、1 人の感興ではなく、全体の傾向を知ることができます。

　この場合、1 人 1 人の意見は、1 つ 1 つのデータとなり、それを複数集め、情報処理することで、どのくらいの人がどのように感じているかを示すことが可能になります。

　自分の意見をまとめるとき、個人的な体験・経験から脱却し、

1. 自分はどのように考えるか
2. どのような情報を示すとその意見の裏付けとなるか
3. 他の人はどのような意見を述べているか
4. 他の人は意見の裏付けとしてどのようなデータを用いているか
5. 必要となるデータの取得と情報処理

を考えましょう。

　このようにして、集めたデータを情報として加工し、自分の意見をまとめます。また、ここで利用した情報は、自分の意見を裏付ける客観性・妥当性・正確性などを示すものとなります。

意見の表明方法

　意見を表明する方法としては、

- レポート
- プレゼンテーション
- ポスター発表
- 討論形式

などが挙げられます。

　また、実際に、意見を表明する場合には、その表現方法だけでなく、その情報を受け取る人

を想定する必要があります。具体的には、受け取る人が持っていると想定される情報やその情報を受け取る状況を考えなければなりません。

　どの場合にしても、具体的な根拠（事実や資料）に基づいて自分の考えを述べ、それを受け取る人に対して説明することになります。つまり、自分で納得できるだけではなく、想定されているだれが読んで・聞いても納得できることを目指す客観的な内容であり、論理的で明快な構成が求められます。

4.2　意見をまとめる手順

　ここでは、意見のまとめ方の流れを説明します。具体的な情報の収集方法については、5 章で説明します。

事前調査

　課題などで指定や参考とされている資料や書籍などを確認します。また、指定されていない場合は、必要な知識を獲得するために、新書などを確認します。

　新書とは、新書判（105 × 173 mm）で出版されている本で、岩波新書やちくま新書、講談社現代新書など多くの出版社がシリーズ化しています。さまざまな専門分野の入門書として刊行されており、比較的安価（1000 円前後）で、知りたい分野の知識を広く得ることができます。

意見の表明手順

　自分の意見を主張する場合、以下の項目を意識する必要があります。

1. 背景・目的：　なぜこのテーマを論じるのか（問題提起）。これまでどのように論じられてきたのか（これまでの流れ）。何を明らかにしたいのか（目的）。
2. データ・考察：　どのような調査・実験を行ったのか。問題点を明らかにするための根拠・データの提示。調査・実験を行った結果、何が得られたのかに関する考察。
3. まとめ：　具体的にどのような結論が導かれたのか。

　これらの項目の順番は、起・承・結の流れとなっており、レポートやプレゼンテーションでの一般的な情報の提示順番となります。

テーマの設定

　大学の課題では自分の意見を表明することが求められます。意見を表明する場合、あらかじめテーマが与えられていることが多いのですが、学生自身でテーマを設定しなければならない場合もあります。どちらの場合でも、どのようなテーマでどのような主張をしたいのか、自分の頭で考えて整理しておく必要があります。自分でも納得できない主張を他人に納得させることはできません。

情報収集・調査

　テーマと主張する内容を決めたら、論じるための材料を情報収集・調査します。まずは、どのような方法で調査を行うのが適切か、考える必要があります。具体的な方法として、図書館などで文献を調べたり、インターネット検索を活用したりと、さまざまな方法があります。テーマの内容によっては、実験や観測を行ったり、アンケートなどの調査を行う必要も出てきます。

資料の整理と分析

　資料が集まったら、それらを見やすい形に整理したり、分析を行ったりします。その際には、可視化するために、表やグラフを作成し、説明に必要な写真や図などを用意します。

4.2.1　文章の種類

　自分の意見を相手に伝える場合、文章で表現することが基本となります。文章は、その目的で大きく 3 つに分けられます。

　1 つ目は、説明的文章で、主として、読み手の理解を目指すための文章となります。2 つ目は、文学的文章で、主として、読み手の感情を揺さぶるための文章となります。3 つ目は、私的な文章で、メモや手紙など、自分や限られた相手とのやり取りのための文章となります。

　意見を表明するためには、説明的文章と文学的文章のどちらでも可能ですが、アカデミックの世界では、説明的文章で書くこととなります。ここでは、いくつかの説明的文章の例から、読み手が理解するのに必要な情報を考えます。

ビジネス文章

　ビジネス文章は、社会生活において情報の伝達や意思確認のために公的な役割をもって作成される文章のことです。文章化することで、相手に正しい情報を伝達し、記録として無用なトラブルを避けることができます。具体例として、学校や行政などからのお知らせなどがあたります。ビジネス文章には、組織内で利用する社内文章と、組織外に送付する社外文章に分けることができます。どちらのビジネス文章においても、相手に間違いなく情報を伝達するために、いくつかの原則があります。

- フォーマットは統一
- 重要な情報は箇条書き
- 文体や言葉遣いは統一
- 原則、一つの文章に一つの要件
- A4 サイズ 1 枚に収める

　ここでは、フォーマットの統一について詳しく説明します。ビジネス文章では、前付（日付、

宛先、差出人）、件名、本文（前文、主文、末文）、記書き（箇条書き）、「以上」（内容の終結を示すため）、連絡先（差出人とは別の担当がいる場合）の順で書かれます。社内文章の場合には、本文中の前文や末文が省略されます。

　このように、決められたフォーマットを利用することで、文章中に記載してある情報を、正確に素早く伝えることができます。

レポート

　授業などで提出が求められる文章の形式がレポートです。レポートでは、自分の意見を相手に伝えることが必要です。そのため、与えられたテーマについてデータを収集し、情報処理を行い、得られた情報に基づいて、自分の意見を述べることが必要となります。このとき、自分だけが理解可能な文章では、その文章を読んだ人に対して意見を伝えることができません。そのため、客観的に納得できる根拠に基づいて、決まった形式で書くことが必要です。

論文

　論文も、根拠を示しながら自分の主張を述べることを目的とする文章です。しかし、論文はレポートよりさらに、これまでに明らかにされていなかった事実『新規性』や、これまでに知られていたことでも情報を集め比較する『有用性』などを研究し、明らかにした結果を基に、わかりやすく説明することが求められます。このため、レポートよりも計画的で緻密な論考が必要になります。そのため、文字数も多く、図や写真・グラフ・表など、その内容を理解・説明するのに必要な情報を本文中で示す、または、参考文献を記載する必要があります。また、論文では、特にその内容（実験結果や検討結果）などが正確であること『信頼性』が求められます。これは、現在の英知は、先人たちの積み重ねであり、巨神の肩の上で成り立っているからです。自分が獲得した正確な知識を論文として残すことは、その一旦を担うことであり、そのためには、自分が書く内容に責任を持つ必要があります。

4.3　レポートの基本

4.3.1　レポートの章立て

　資料の分析を通じて明らかになった事実に基づき、レポートの文章を書きます。このとき、物語や随筆などのような文章ではなく、次に述べるような構成で論理的な文章を書きます。また、手書きの指定がない限りは、ワープロソフトを利用して書くことが一般的です。手書きの場合には、万年筆やボールペンなどの修正できない筆記用具を利用します。文書を作成したら、十分に推敲を行うことが大切です。多くの場合、レポートの本文は次のような構成で書かれます。

　意見の構成として、

　1. 背景・目的：　なぜこのテーマを論じるのか（問題提起）。これまでにどのように論じられ

てきたのか（これまでの流れ）。この文書では何を明らかにしたいのか（目的）。

　2. データ・考察：　どのような調査・実験を行ったのか。問題点を明らかにするための根
　　　拠・データの提示。調査・実験を行った結果、何が得られたのかに関する考察。

　3. まとめ：　具体的にどのような結論が導かれたのか。

として、進めてきたかと思います。これをレポートとして「章立て」て記載していきます。

　章の順番として、ある程度形式化された流れに沿って記述してあったほうが、読み手も理解
しやすくなります。また、その際に、「章」だけではなく「節（2.1、2.2 など）」を複数設定す
るなどして、読み手を意識した読みやすいレポートを作成するようにしてください。

　以下は一例です。

---

1. はじめに
2. ほげほげの要因とは
　　（レポートで注目する事柄やなぜそれに注目するかを述べる）
3. 気象庁データによる分析
　　（どんなデータや手法で、その内容を説明するかを述べる。その 1）
3.1 気温の長期変化
3.2 気象衛星画像による解析
4. 災害状況の変化から
　　（どんなデータや手法で、その内容を説明するかを述べる。その 2）
4.1 富山における災害調査
4.2 災害における被害額の変化
5. 考察
6. まとめ
参考文献

　章・節のタイトルなど、このとおりにする必要はありませんが、以下の 3 つは必ず記載して
ください。

　1.「はじめに」で背景および本レポートでの目的・手法と結論を簡潔に 3～10 行程度で記
　　　述します。

　2.「まとめ」では、「目的」の内容に対応する結論を 5～10 行程度で記述します。

　3.「参考文献」で文献番号付きで列挙を行います（参考文献関係は 5.5 参照）。

　他の章・節は、その段落の内容を的確に表すタイトルをつけることや、また構成（章・節の
数）も工夫して作成してみてください。

　ただし、レポートの構成は内容や学問分野によって違いがあり、具体的に「どのような構成
で書くか」を指示されることもあります。また、文字数や枚数の制限が課されることも多いは
ずです。実際に大学の課題などでレポートを作成する際には、出題する教員の指示に従ってく

ださい。

4.3.2 「地球温暖化」についてのレポート章立てと内容

　それでは、実際にレポートを作成する手順として、「地球温暖化の影響が日本に及んでいるのかどうか」という内容のレポートを作成することを考えてみます。ここでは、書籍・インターネット検索から得られた情報や、データ分析からは以下のことが明らかとします。

　次章以降で、ここで述べている温暖化に関する情報収集の仕方を説明します。

- 書籍より得た「異常気象と地球温暖化」に関する情報
  - 温暖化は、長期の平均温度や海面温度で評価される。
  - 都市部の気象データは、ヒートアイランドの影響があるため、地方の情報での評価も必要。
  - 降雨や台風（熱帯性低気圧）に影響している。
- インターネット検索によって得た情報
  - 過去の気象のデータに関しては、気象庁から入手できる。
  - 海面温度の変化に関しては、気象庁が可視化して表示している。
  - 2018 年 7 月には、豪雨による広域な災害が発生した。
- データ処理から得た情報
  - 東京の平均気温は 147 年間におよそ 2.7 ℃上昇している。

これらの事実や他のデータに基づいて、以下の主旨のレポート例を作成してみましょう。

1. （背景・目的）地球が温暖化しているといわれている。温暖化による影響として、過去とは異なる災害が発生しているといわれている。これらの言説が妥当かどうかを検討する。
2. （データ・考察）温暖化の検証。
   - （仮説）2018 年 7 月には、豪雨による広域な災害が発生した。過去と比べて大きな気象災害の発生が増えている。
   - （検討方法 1）もし温暖化が実際に進行しているならば、その影響が及んでいるかを調べる。気象庁のデータに基づき、東京と伏木を例にとって、過去の気温変化を調べた。
     - （考察 1）東京では、147 年間で年平均気温は約 2.7 ℃上昇していた。伏木では、137 年で年平均気温では約 1 ℃程度上昇していた。気温は温暖化していると考えられるが、都市部では、温暖化以上に気温が上昇していることも考えられる。
   - （検討方法 2）気象庁の資料で 100 年間の日本近海の海面温度資料を調べた。
   - （考察 2）日本近海では、平均 1 ℃海面温度が上がっており、温暖化していると考えられる。海面温度上昇によって、雲のもとになる海水の蒸発が盛んになり、その結

果、日本に流れ込む雨雲が増えることが考えられる。

3.（まとめ）少なくとも東京・伏木においては気温が上昇している。海面温度の上昇は、日本上空に暖かく湿った空気が流れ込む原因となるため、これが雨を降らせる要因である。内陸の平均気温の変化は一律ではなく、都市化など他の要因を検討する必要もあるが、100年間の気象データの変化を見ると、内陸も海上も気温が1℃程度上昇しており、地球温暖化は発生していると考えられる。海面温度の変化は、大気の水蒸気量に影響するため、今後も日本では大雨が増えることが予想される。災害対策として温暖化対策を行う必要があると考えられる。

4.3.3 「地球温暖化」についてのレポート例

ここでは、大学で主に作成されるレポートを例にとって、レポート文書作成の基礎を演習します。図4.1にレポートの例を載せます。

タイトルと著者名が指定された形式で書き始められ、「1. はじめに」のように、『番号付き』で「各章のタイトル」が記載された段落が続き、「グラフや図」が『キャプション』付きで見やすいように配置され、最後に「参考文献」の列挙があります。

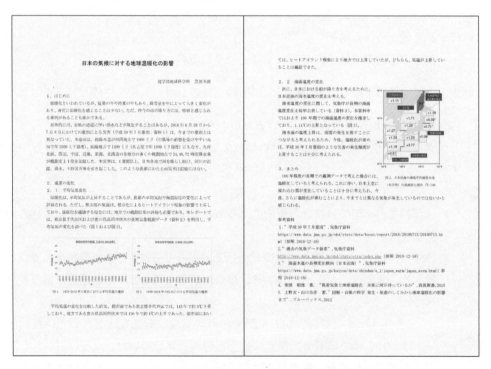

図4.1　完成レポートの例

ビジネス文書と同様に、用紙サイズ、余白、フォントの種類・サイズなど、書式を定めた「レポート書式規定」や「様式」「要項」などが公開されていますので、それを入手して、中身

をよく確認し、指定された書式に設定して書き始めてください。書式が指定されていない場合には、ワープロソフトなどで一般的な設定（10.5 pt 基準、40 字 35 行程度）を利用してください。

4.3.4 文章表現上の注意

感想文とレポートの違い

例えば、「東京の平均気温は 147 年間でおよそ 2.7 ℃上昇した」ということは、実際の観測データを見れば明らかな事実です。あるいは、「夏目漱石は日本の作家である」ということも事実です。このように、【だれの目から見ても「正しい／正しくない」が明確である判断】を【客観的】判断といいます。

一方、例えば「ミカンは美味しい」「夏目漱石の小説は面白くない」などは、そのことを判断する人によって「正しい／正しくない」が分かれます。ミカンが嫌いな人にとっては「ミカンは美味しい」は正しくないし、夏目漱石が好きな人にとっては「夏目漱石の小説は面白くない」は正しくないという判断になるでしょう。このように、【人によって「正しい／正しくない」が分かれる判断】を【主観的】判断と呼びます。

感想文は、その文書を書いた人の主観的な判断（感想）に基づいて書く文書です。しかし、レポートは「自分の意見を、根拠に基づいて、簡潔な表現で説明する」文書です。だれが読んでも納得できるような客観的判断に基づいた内容にする必要があります。レポートを書く際には、主観的な判断が入り込まないように、十分に気をつけて書くようにしましょう。

小論文とレポートの違い

大学入試などでの小論文とレポートの違いは、小論文では、明確に示された問いに対し、課題中に示されたデータを理解したうえで、あなたの意見を書くこととなります。しかし、レポートでは、問いに対する意見を示すことは、同じですが、自分の意見を主張するために、客観的な証拠を自分で集め整理し、論理的な推論を本文中で示す必要があります。

そのため、小論文では、主観的な意見を書くことが多く、「私」という主語を利用しますが、レポートでは、客観的な事実を述べる必要があるため、主語は、「本レポートでは」や「温暖化が」など、示すものを明確に書きます。

文体「だ・である」調（常体）

レポートでは自分の主張を客観的に説明するため、可能な限り簡潔に表現することが望まれます。そのため「です・ます」調（敬体）の文を用いず、「だ・である」調（常体）で書きます。

また、事実や具体的な根拠に基づいて主張を行うのですから、「～と言われている」や「～だそうだ」のような伝聞の表現、「～と思う」や「～と感じられる」のような主観的な判断に基づく表現も可能な限り使わないようにします。

- 常体で書く： 「～である」・「～だ」

- 根拠を明確に示す： ×「〜と言われている」・×「〜だそうだ」
- 主観的な表現を使わない： ×「〜と思う」

よくあるレポートの例

　以下は、初学者の「はじめに」の章でよくある記述例です。

> 　最近、大型台風が多く上陸し、大きな災害が多発しています。これは地球温暖化と関係があると考えれるので、調査することにしました。

> 　少子高齢化が大きな問題と言われていますが、少子高齢化がなぜ大きな問題だとみられているのか、よく知らなかったので、この機会に勉強したいと思った。また、少子高齢化という問題を改善するのに、自分になにができるのかを調べたいと思いました。

　「です・ます」調や「ら」抜き言葉、「主観的な表現」が使われています。

　大学におけるレポートは「自分が頑張った成果を（先生に）報告する」ものではなく、「自分の発見・主張を他人に客観的に説明する」ものです。

　「レポートの書き方」については各種書籍や Web ページなどがたくさんありますので、それらを少し見るだけでも理解が進みます。主観的な表現、あいまいな表現を避け、ふさわしい文体で適切な文章が書けるよう、学修を進めてください。

4.4　プレゼンテーションの基本

　プレゼンテーションは、一度で多くの聞き手に情報を発信し、意見交換できる重要な情報発信手段です。また、聞き手に合わせて話し方を変え、質問を受けて伝えたい点を強調する双方向のコミュニケーションです。コミュニケーションをするためには、まず聞き手に情報を理解してもらう必要があり、わかりやすく正確に伝わる説明を行うことが重要になります。図・表・イラスト・写真などのさまざまな情報を統合し、ホワイトボードやプロジェクタなどを用いて説明に合わせて提示することで、わかりやすく印象に残るプレゼンテーションが可能になります。

4.4.1　準備の流れ

　情報を単に羅列して説明するだけでは、聞き手の理解を得ることはできません。わかりやすいプレゼンテーションを行うためには、プレゼンテーションの目的に沿った情報を収集し、聞き手にとって理解しやすい順で提示して説明する必要があります。このためには、発表本番までの準備が重要です。次の流れで準備や発表を進めると良いでしょう。次節から各項目について説明します。

1. 内容の確認
2. 情報の収集と整理
3. 構成
4. 視覚資料の作成
5. リハーサル
6. 発表本番
7. 評価・反省

4.4.2 内容の確認

プレゼンテーションは与えられた条件のもとで行われ、条件が変われば説明内容や準備するものが異なります。まずは、「目的」、「聞き手」、「主張」、「時間」、「環境」について確認します。確認した内容に合わせて準備を行います。

目的

プレゼンテーションの目的は、大きく分けて「報告」、「説明」、「説得」の 3 種類があります。「報告」のプレゼンテーションは、聞き手に情報を伝達することが目的であり、事実を正確に伝えることが求められます。「説明」のプレゼンテーションは、聞き手に情報を理解した上で納得してもらうことが目的であり、情報を正確に伝えるだけではなく納得させるための説得力が求められます。「説得」のプレゼンテーションは、聞き手に情報を理解した上で納得してもらい、聞き手の態度や行動に何らかの変化が起きることを目的とします。そのため、説明のプレゼンテーションよりも強い説得力が求められます。

例えば、第 8 章で作成する地球温暖化に関するレポートをプレゼンテーションする場合に、地球温暖化によって気温が何度上昇しているかを単に「報告」するのか、地球温暖化の要因を「説明」するのか、地球温暖化を防ぐための行動をしてもらうために「説得」するのかによって、聞き手に提示するデータや説明内容は異なります。

聞き手

プレゼンテーションは話し手と聞き手の双方向コミュニケーションであり、聞き手を分析することはプレゼンテーションを準備する上で非常に重要になります。聞き手の年齢、性別、人数などを確認し、聞き手に合わせた説明内容や資料を準備します。また、聞き手が少なければ、聞き手の反応から説明を追加するなど双方向コミュニケーションで説明できますが、聞き手が多くなると反応をとらえにくくなり、一方的な説明になりやすいので注意が必要です。

さらに、同じ情報でも聞き手の知識レベルなどが異なれば説明の仕方を変える必要があります。聞き手が大人なのか、子ども（中学生、高校生でも違う）を含むのかなど、聞き手の知識レベルや関心についても確認しておくと良いでしょう。

主張

　プレゼンテーションの目的を達成するために強調したい点や特に伝えたい内容を決めます。つまり、聞き手に何を伝えるのか「主張」を明確にします。この主張がプレゼンテーションの骨組みになります。主張とその根拠となるデータを使って論理展開を構成します。

　例えば、地球温暖化に関するレポートであれば、「地球温暖化は進行しており、日本近海の海面水温が上昇し大雨が増える」ことが主張になります。その根拠は、東京と伏木の年平均気温のデータと日本近海の海面水温資料です。

時間

　自分の持ち時間を確認します。質疑応答の時間が設けられている場合、発表時間に質疑応答の時間が含まれるのか確認します。収集した情報を聞き手に全て伝えることはできません。発表時間に合わせて、どれくらいの視覚資料を提示できるか考えましょう。発表時間が短くなれば提示できる資料も少なくなります。プレゼンテーションの目的や主張を論理的に伝えるために最低限必要な資料や情報は何か考えましょう。

　発表時間以外に確認すべき時間的制約には締め切り日時があります。事前に視覚資料や配布資料の提出を求められる場合があるので、事前提出資料の有無と締め切り日時を確認しておきます。また、発表会場の開場時間を確認し、準備が必要であれば何時に会場へ到着すればよいか検討します。

環境

　プレゼンテーション実施に影響する環境としては、会場の大きさや使用可能な機材があります。会場の大きさや使用可能な機材（プロジェクタなど）を確認し、与えられた環境に合わせたプレゼンテーション手法を検討します。

　プレゼンテーションで使用される主な機材は以下が挙げられます。

- ノート PC
- プロジェクタ
- スクリーン
- 指し棒
- レーザーポインタ
- マイク
- スピーカー

　ノート PC は、持ち込み可否について確認します。ライトニングトークのような 3~5 分程度の短い発表時間の場合には、リレー式に発表者が入れ替わって発表することがあります。この場合、発表者の交代時間をできる限り短くするため、発表前に会場で準備されている 1 台のPC に発表者全員の視覚資料を入れておきます。そのため、発表に自分の PC を使用できませ

ん。会場の PC にインストールされているソフトウェアやそのバージョンなどを確認した上で視覚資料を準備する必要があります。

　プロジェクタとスクリーンについては、特に縦横比について確認します。近年、プロジェクタとスクリーンの縦横比は 16：9 が主流になっていますが、会場によっては 4：3 のプロジェクタとスクリーンが設置されています。作成したスライドの縦横比と異なるプロジェクタで投影した場合、図 4.2、図 4.3 のように上下もしくは左右に黒帯が入ったように投影されます。特に、ワイド画面用に作成したスライドを 4：3 のプロジェクタでスクリーンに投影すると、想定していたよりも小さく表示されることがあります。

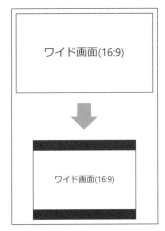

図 4.2　ワイド画面（16：9）で作成したスライドを 4：3 のスクリーンに投影した場合

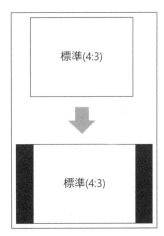

図 4.3　標準（4：3）で作成したスライドを 16：9 のスクリーンに投影した場合

4.4.3　プレゼンテーションの論理構成

　収集して整理した情報を正確に伝え、説得力のあるプレゼンテーションをするためには構成が重要です。プレゼンテーションの場合には、話し手は限られた時間の中で聞き手に伝える必要があります。

　本章では文書作成における論理構成を学びましたが、プレゼンテーションの構成についても、いくつかの型があります。ここでは、基本形と、プレゼンテーションの代表的な SDS 法と PREP 法を説明します。

基本形
　基本形は、レポートなどと同様に、以下の流れで構成する方法です。

1. 背景・目的：　なぜこのテーマを論じるのか（問題提起）。これまでどのように論じられてきたのか（これまでの流れ）。何を明らかにしたいのか（目的）。
2. データ・考察：　どのような調査・実験を行ったのか。問題点を明らかにするための根

　拠・データの提示。調査・実験を行った結果、何が得られたのかに関する考察。

　3. まとめ：具体的にどのような結論が導かれたのか。

　本章で示した地球温暖化のレポートについてプレゼンテーションの論理構成を、基本形で構成すると以下のようになります。

1. （背景・目的）地球が温暖化しているといわれている。温暖化による影響として、過去とは異なる災害が発生しているといわれている。今後の気象がどのように変化していくかを考える。

2. （データ・考察）気象庁のデータによると、東京では、147 年で年平均気温は約 3 ℃上昇していた。伏木では、137 年で年平均気温では約 1 ℃上昇していた。また、気象庁の資料によると、日本近海では平均 1 ℃の海面温度が上がっており、温暖化していると考えられる。海面水温の上昇によって、雲のもとになる海水の蒸発が盛んになり、その結果、日本に流れ込む雨雲が増えることが考えられる。海面温度の上昇は、日本上空に暖かく湿った空気が流れ込む原因となるため、これより大雨が増えると予想される。

3. （まとめ）内陸の平均気温の変化は一律ではなく、都市化など他の要因を検討する必要もあるが、100 年間の気象データの変化を見ると、内陸も海上も気温が 1 ℃程度上昇しており、地球温暖化は進行していると考えられる。海面温度の変化は、大気の水蒸気量に影響するため、今後も日本では大雨が増えることが予想される。災害対策として温暖化対策を行う必要があると考えられる。

SDS 法

　SDS (Summary Detail Summary) 法は、Summary（要約）、Details（詳細）、Summary（まとめ）という流れで構成します。最初の Summary（要約）で、プレゼンテーションの概要や目的を要約して短く伝えます。Details（詳細）で、要約した内容をより詳しく伝えます。最後の Summary（まとめ）で、まとめを伝えます。

　本章で示した地球温暖化のレポートについてプレゼンテーションの論理構成を、SDS 法で構成すると以下のようになります。

1. （要約）地球が温暖化しているといわれている。温暖化による影響として、過去とは異なる災害が発生しているといわれている。気温と日本近海の海面水温の上昇から地球温暖化は進行しており、日本では大雨が増えると予測されることを示す。

2. （詳細）気象庁のデータによると、東京では、147 年で年平均気温は約 3 ℃上昇していた。伏木では、137 年で年平均気温では約 1 ℃上昇していた。また、気象庁の資料によると、日本近海では平均 1 ℃の海面温度が上がっており、温暖化していると考えられる。海面水温の上昇によって、雲のもとになる海水の蒸発が盛んになり、その結果、日本に流れ込む雨雲が増えることが考えられる。

3. （まとめ）少なくとも東京・伏木においては気温が上昇している。海面温度の上昇は、

日本上空に暖かく湿った空気が流れ込む原因となるため、これが雨を降らせる要因である。内陸の平均気温の変化は一律ではなく、都市化など他の要因を検討する必要もあるが、100 年間の気象データの変化を見ると、内陸も海上も気温が 1 ℃程度上昇しており、地球温暖化は進行していると考えられる。海面温度の変化は、大気の水蒸気量に影響するため、今後も日本では大雨が増えることが予想される。災害対策として温暖化対策を行う必要があると考えられる。

PREP 法

PREP (Point Reason Example Point) 法は、Point（結論）、Reason（理由）、Example（具体例）、Point（再び結論）という流れで構成します。Point（結論）で、プレゼンテーションの結論を伝えます。Reason（理由）で、結論に至った理由を伝えます。Example（具体例）で、理由を裏付ける具体例を伝えます。Point（再び結論）で、最後にもう一度結論を伝えます。

本章で示した地球温暖化のレポートについてプレゼンテーションの論理構成を、PREP 法で構成すると以下のようになります。

1. （結論）地球温暖化は進行しており、温暖化によって日本では大雨が増えると予想される。
2. （理由）地球温暖化することで日本近海の海面水温が上昇する。海面水温の上昇によって、雲のもとになる海水の蒸発が盛んになり、その結果、日本に流れ込む雨雲が増えることが考えられる。
3. （具体例）気象庁のデータによると、東京では、147 年で年平均気温は約 3 ℃上昇していた。伏木では、137 年で年平均気温では約 1 ℃上昇していた。また、気象庁の資料によると、日本近海では平均 1 ℃の海面温度が上がっていた。
4. （再び結論）少なくとも東京・伏木においては気温が上昇している。海面温度の上昇は、日本上空に暖かく湿った空気が流れ込む原因となるため、これが雨を降らせる要因である。内陸の平均気温の変化は一律ではなく、都市化など他の要因を検討する必要もあるが、100 年間の気象データの変化を見ると、内陸も海上も気温が 1 ℃程度上昇しており、地球温暖化は進行していると考えられる。海面温度の変化は、大気の水蒸気量に影響するため、今後も日本では大雨が増えることが予想される。災害対策として温暖化対策を行う必要があると考えられる。

4.5　倫理について

　自分の意見を述べる場合、良心にしたがい嘘や偽りのない客観的事実に基づくことが必要です。また、事実だからと言っても他人を傷つけるような情報を公開することは問題があります。

　ここでは、倫理的な観点から、自分の意見を述べる場合に注意することを挙げます。

引用と盗用

　自分が意見を述べるとき、他人が導いた結果や考えを紹介するのは、とても重要なことです。他人が導いた結果や考えを紹介するには、「引用」という形を用い、文章中のどの部分が引用であるかを、自分の意見と明確に区別して、示すことが必要です。

　一方、他人の結果や考えなどを引用とせずに無断で、あたかも自分で考えたことや結果として利用することは、「盗用」です。「盗用」は、恥ずべき行為であり、アカデミックの世界においては、絶対に許されない行為です。インターネットなどから簡単に文章やグラフをコピーできますが、正しく引用しない場合は、盗用となります。

ねつ造と改ざん

　自分の意見を正しく見せるなどの目的で、自分に都合の良いデータを意図的に作ることを「ねつ造」と言います。

　データを自分に都合の良い値などに変更することを「改ざん」と言います。さらに、データから自分の意見と合致しない部分を削除することも「改ざん」に含まれます。

　また、データに関して、最新のデータがある場合に、古いものを利用することは、ねつ造や改ざんとまではなりませんが、正しい姿勢とは言えません。自分の意見を述べる場合には、最新の情報を入手する必要があります。

孫引き

　孫引きとは、「他の文献などで引用されている文章を、原典を調べることなく、他の文献で引用された文章をそのまま用いること」を言います。自分の意見を述べるとき、孫引きは、可能の限り避けることで必要です。これは、引用から引用した場合、原典で示されていることと異なる可能性があることや、そもそも参照している引用が正しく引用していないことも考えらます。引用を行う場合には、原典を自分で確認し、原典を引用するようにしましょう。

　また、他の Web サイトなどで公開されているグラフを、そのまま利用することも孫引きになります。グラフの元となっているデータを確認し、更新されたデータがあるのならば更新されたデータを利用し、自分でグラフを作成するようにしましょう。

情報の取り扱い

　データや情報の中には、個人が特定できる情報やプライバシーを侵害する情報などを含むことがあります。さらに他人に知られることが前提とされていない情報（機密情報）などもあります。自分が意見を述べる場合の大原則として、これらの情報が他人に知られてはいけません。

　これらのデータや情報を扱う場合には、電子ファイルや印刷されている紙などを含め、他人に漏れることがないように管理する必要があります。

　また、自分がアンケートなどで、これらの情報を収集するときは、

- 教員に、具体的な内容や方法を相談する
- 対象者に、収集の目的や情報の取り扱いについて説明し、協力の同意を得る
- 収集した情報は、適切に管理し、目的以外には利用しない
- 目的が完了後、責任をもって破棄する

などを行う必要があります。

4.6　演習課題

4.6.1　テーマの選択

以下のテーマでレポートを作成するため、以下の準備を行いましょう。

- テーマを選択しよう。
- レポートの条件を確認しよう（ページ数や文字数、提出期限など)。
- 図書館や書店に行き、事前学習に利用できる、新書を入手しよう。

テーマ

1. 少子高齢化社会を迎えた日本の人口の今後
2. 自動運転技術と交通事故
3. 自然エネルギー利用の今後の展開
4. 大学在学中に習得すべきこと
5. 世界における日本の役割
6. 情報化時代の教育課題
7. スマホ利用の問題とその解決
8. AI の発達による新しい時代とその問題点

第 5 章　情報収集

この章の目標

　大学では、自分の意見を表現するために、レポートや発表などが求められます。ただ、単に自分の意見を述べるだけではレポートや発表にはなりません。レポートや発表時には、自分の意見が正しいという理由を示した上で、論理的に考察する必要があります。この章では、レポートや発表などで利用できる情報を収集する方法を学びます。

　この章の目標は、次のとおりです。

1. 図書館やインターネットを利用して、目的の情報を収集する技能を習得すること。
2. レポートや発表などで必要なキーワードを見つけること。
3. オープンデータを取得できること。

5.1　情報収集の必要性

　大学での成績評価では、レポート課題がよく出題されます。例えば、

- 温暖化の現状と今後の予測について

という課題があった場合、どのように情報を集めればよいでしょうか。

　最初に思いつく手段は、検索エンジンを利用して、「温暖化」や「今後の予測」などと入力することだと思います。でも、考えてみてください。同じ内容で検索して、検索で表示された Web ページを切り貼りして、とにかく文字数を埋めようとしたらどうなるか。この結果、提出されたレポートは、内容が同じ、客観的データのグラフはコピペ（コピー&ペーストの略語）で同一、同じ文章の出現順が変わるぐらいのレポートばかりの、ほとんどがコピペによるレポートとなってしまいます。これでは、レポートの評価としては、不可や最低の評価にしかなりません。

　レポートを書くとき、検索エンジンを利用して情報収集を開始する人が多いと思います。しかし、検索エンジンで検索した結果のみでレポートを書くことには問題があります。これは、インターネット上の情報は、正しいものだけでなく、フェイクニュースのように嘘の情報や間違っている情報があるからです。さらに、レポート課題によっては、立場や考え方によって答えが異なる課題もあります。

5.1.1　ネタの収集

　自分の意見をまとめるために検索エンジンを利用することは否定しませんが、表示された内容をそのまま利用することはやめましょう。また、概略をつかむために Wikipedia は参考になりますが、Wikipedia の情報をそのまま利用することには問題があります。問題の全体像がつかめないうちは、インターネットから得られる情報は参考程度にしましょう。検索エンジン

が表示した情報が正しいかどうかは、受け手側が判断するしかありません。しかし、情報の真偽を判断するためには、その問題の全体像を理解していることが必要であり、多くの情報を知っている必要があるからです。

　意見をまとめるためのまとまった情報を得るためには、書籍を活用することが効率的です。平均的な書籍の厚さは、200 ページ程度です。調べたい事柄に対して適切な書籍を入手することは、ページ分の情報を入手したことになります。これは、検索より効率的な情報収集となります。さらに、書籍を出版するときには編集者が付きます。編集者が著者の書いた文章や構成を編集することにより、よりわかりやすい内容となっています。さらに目次を見ると、課題となっている事柄の構成要素を確認できます。

　資料として書籍を選ぶ場合は、指定がないときは、新書、入門書・解説書と呼ばれる書籍を探してください。新書は、題材となっている内容をコンパクトかつ俯瞰的にまとめてあり、全体像を把握するには一番適切な書籍です。入門書や解説書は、題材となっている分野における基本的な用語や概念を伝えることを目的に編集されていて、体系的な情報収集ができます。また、図解などと書かれている本やグラフが多く掲載されている本もデータを分析する際の参考になります。

　書籍を探すときには、著者、出版社、改訂版数、発行年を確認してください。著者を調べることで、その著者の専門分野や経歴、他にどのような本を出しているかがわかります。出版社には、それぞれ "色" があり、まんべんなく多くの分野を出している社もあれば、得意な分野に特化している社もあります。出版社の色を知れば、題材に対して適切な本を選ぶことにつながります。改訂版数や発行年は、情報の品質と鮮度を表します。改訂されている本は、変化に対応して内容の更新や修正が行われており、版を重ねている図書は、その分野で広く利用されているということです。発行年で、その情報が今レポートを書くときの参考にできる鮮度があるかを確認します。

　書籍を読むときには、特にまとめるときに利用できそうなトレンドやネタとなるキーワードを意識して読むと良いでしょう。さらに詳しく情報を得るために、検索エンジンを利用して情報を収集しましょう。レポートの課題からだけでなく、トレンドやキーワードを組み合わせて検索することで、レポート内容に沿った情報に到達できます。さらに、先に書籍を通して知識を有していると明らかに間違った情報や偏った意見を見極めることもできます。

5.1.2　ネタの整理

　書籍や検索を通じて得た情報を元に、意見をまとめるため、集まった情報を整理します。このときに面白そうなネタ（レポートやプレゼンテーションの導入として利用できるもの）や疑問点になるネタ（意見展開に利用できるもの）を意識して見ます。ダメなレポートやプレゼンテーションとして、ただ単に調べた内容をつらつらと書いてあるものがありますが、先に、内容を整理し項目（目次）を考えてから、レポートやプレゼンテーションを作成することで、相手に伝わりやすいものができます。

このとき、構成として、"背景・目的"、"データ・考察"、"まとめ" を意識します。"背景・目的" には、テーマの問いを明確化するための、例えば、関連する新聞記事で面白そうなネタを1つ、"データ・考察" にはネタ（着目点）を2つ、最後に "まとめ" として、それぞれを300文字程度でまとめると1200文字のレポートとなり、それぞれを1枚にまとめ、それに表紙を併せると5枚のプレゼンテーションとなります。

ネタとしては、疑問点の整理、比較（代表的な意見を複数集めて、どちらが良いか）や変化（前提条件、適応場所や環境、時代などのパラメータの変化）、再検証（過去の意見に利用されているデータを最新のデータで再検証）などは、独自の着眼点を探しやすく、自分の意見としてまとめやすいです。

5.1.3　情報の種類

先の節では、書籍と検索エンジンを出しましたが、ここでは、検索エンジンから得られる情報の評価と図書以外の文字情報（新聞・論文・専門雑誌）について考えてみます。

検索エンジンの検索結果は、必ずしも正しい情報ということはありません。たくさんの検索結果からより正確な情報を入手するためには、下記のことを確認します。

- 政府や自治体の公式サイトや関係団体等が管理しているサイト
- 新聞社等の情報発信元が確実なサイト
- 運営団体が明確なサイト
- 個人サイトからの情報は、原則、レポートでは利用しない。サイト内情報の元情報を確認し利用する

書籍以外の出版物としては、新聞・雑誌・学術雑誌・公的資料がありますが、情報量や時間的な経過が違っています。

新聞は、速報性があり、そのときに話題となっていることを知ることができます。記事内容は、記者が調べた上で書かれており、署名付きの記事では、その分野に精通した記者が書いています。情報量としては見出し付き記事の場合には800文字程度になります。また、過去記事は、発行日が明確であり、時系列で追うことができるため、その当時の判断背景等を調べることもできます。

雑誌の場合には、特集記事があり、一定の取材の上で、出来事の背景や経緯、問題の構造などが詳しく説明されています。情報量は、書籍には劣りますが、その代わりある程度の速報性があり、話題性があるときに一定のまとまった情報を得ることができます。

学術雑誌は、専門の研究者が書いた論文が掲載されている雑誌であり、一定の査読（専門家による相互のレビュー）を経た上で掲載されており、一定の信頼を持つことができます。

公的資料は、裁判記録や白書などの公的機関から発行されている資料です。公的資料はレポートを作成するときには、信頼のある一次情報として利用できます。

Webページの情報や出版物の情報であっても、

- だれが書いている情報なのか
- 本文内の引用元や出典を確認すること
- いつの情報なのか

は必ず確認してください。出版物であっても間違いや勘違いを含むことがあります。

5.2 図書館の活用

5.2.1 図書館の利用方法

　図書館は、図書や雑誌、新聞、DVD などの情報資料を収蔵・保管し、利用者に対して閲覧や貸し出しのサービスを行っています。図書館には、市町村が運営する公立図書館や小中高の学校図書館、国として資料の収蔵・保管・調査を行うための国会図書館などがあります。それぞれ、対象利用者を想定し、適切な資料収集を行っています。

　大学には、大学が運営する大学図書館があります。大学図書館では、学生や教職員のために、大学の教育・研究に必要な専門的書籍を中心に情報資料を収蔵しています。

　図書館を利用するには、検索エンジンに利用したい図書館を入力し、利用条件を確認してください。手に入れたい資料に合わせて、適切な図書館を選択してください。どのような本を収蔵しているかは、図書検索を行うことで確認することができます。

　また、よくわからない場合には、まずは近くの図書館で相談すると良いでしょう。図書館には、司書と呼ばれる図書の専門家がいます。司書に相談することで、適切な資料を教えてくれたり、他の図書館を紹介してくれたりします。

5.2.2 図書検索

　多くの図書館は、インターネットから、収蔵している書籍を検索できる OPAC (Online Public Access Catalog) サービスを行っています。検索エンジンに利用したい図書館を入力し、OPAC サービスを利用しましょう。

　ここでは、富山大学附属図書館の OPAC サービスを例に説明します。検索対象は、富山大学所蔵の図書・雑誌・視聴覚資料と、学内ネットワークから利用可能な電子ブック・電子ジャーナルです。

　富山大学附属図書館 Web ページ (http://www.lib.u-toyama.ac.jp/) (図 5.1) 中央の [詳細検索はこちら] のリンクをクリックすると、富山大学附属図書館蔵書検索 OPAC オンライン検索の画面が表示されます (図 5.2)。

　図書の検索についてはキーワード検索または詳細検索を使います。新着図書は専用のメニューから表示させることができます。

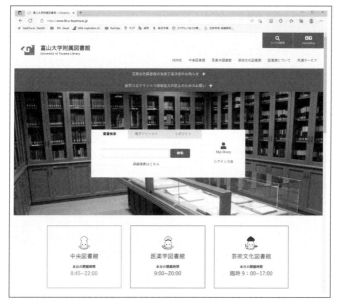

図 5.1 大学図書館 Web ページ

図 5.2 大学 OPAC ページ

　蔵書を検索するには、図 5.2 のように、検索画面のキーワード欄に検索語を入力し［検索］
ボタンをクリックします。ここでは検索語に「富山　薬」を入力して検索しています。検索結
果の画面には、ヒットした資料の一覧が数ページにわたって表示されます（図 5.3）。

図 5.3　OPAC 検索結果

5.2.3　図書分類法

　図書館では、利用者が目的の情報にアクセスしやすいように、内容ごとにまとめて本が整理
されています。この整理のために、本を分類する体系が作られました。これを図書分類法と言
います。図書分類法の体系を知っておくと、他の図書館に行ったとしても、目的の本に素早く
アクセスすることが可能です。

　図書分類法にはいくつかの種類がありますが、日本のほとんどの図書館では、NDC（日本十
進分類法）（表 5.1）が採用されています。この分類法は、3 桁の数字を利用し、書籍をテーマ
ごとに分類しています。1 桁目が大きな分類、2 桁目が大きな分類の中でさらに分類し、3 桁
目で細かく分けられます。

表 5.1　日本十進分類法

0	総記	5	技術、工学
1	哲学、宗教	6	産業
2	歴史、地理	7	芸術
3	社会科学	8	言語
4	自然科学	9	文学

　例えば、425 は、400 が自然科学、420 が物理学、425 は光学を示します。場合により、3 桁
の数字の後に小数点をつけて、さらに細分類を行うこともあります。本には、管理用のシール
が貼ってあり、シールの一番上にコードが示してあります。

　OPAC の検索時にも、請求番号の一番上に記載してあります。複数の本を検索し、関係あり
そうな NDC を調べます。図書館で、その番号が配置されている周辺の本を見ることで、新た
な視点を見つけることができるかもしれません。

5.2.4　論文検索

最新の研究情報を調べるためには、論文検索があります。論文検索サイトとしては、

CiNii Research　https://cir.nii.ac.jp/
Web of Science　http://apps.webofknowledge.com/
PubMed　https://www.ncbi.nlm.nih.gov/pubmed/

や Google が提供している、

Google Scholar　https://scholar.google.co.jp/

などがあり、学術雑誌等に掲載された論文や記事が検索できます。

ここでは、CiNii Research（図 5.4）を例に、論文の検索方法を説明します。

図 5.4　CiNii Research ページ

キーワードを検索ボックスに入力して、検索ボタンをクリックしてください。また、詳細検索から人物を入力すると、著者名からも検索することが可能です。検索例として、「売薬」を検索した結果が、図 5.5 になります。リストに表示された上部には検索結果の件数が表示されます。この中から参考になりそうな論文を探すことになります。論文名をクリックすると論文の詳細画面へ遷移します。

論文自体を読むには、レポジトリなどで公開されているものならば、リンクをクリックすることで読むことができます。無料で公開されていない場合には、図書館のカウンターで相談してください。大学内に雑誌が存在するかを調べ、大学内にない場合には、必要に応じて他の図書館から有料で取り寄せてくれます。

図 5.5　CiNii 検索結果

5.3　その他情報の利用

5.3.1　書籍情報 (Amazon) の検索

　書籍情報を調べるときに、OPAC を利用するだけでなく、Amazon の書籍検索も有用です。
`https://www.amazon.co.jp/`
　Amazon で書籍を検索した場合には、売れ筋や最新のものを提示してくれます。さらに、その本を検索した人が、購入している別の本も表示してくれます。この情報をうまく利用することで、OPAC よりも最新の情報や売れ筋情報、関係書籍も調べることができます。

5.3.2　Google Maps の利用

　情報分析の要素として地理情報は一つの切り口として利用できます。現在は、いくつもの地図サイトがありますが、ここでは、Google の地図サービス Google Maps を紹介します。
`https://map.google.com/`
　調べたい場所を入力するだけで、地図上に場所を示してくれます。さらに、2 カ所の場所を入力することで距離や経路を調べることも可能です。

5.3.3　白書・理科年表の利用

　レポートを作成するときに、自分の意見の裏付けとしてデータをグラフ化して利用することがあります。このとき、グラフで利用する情報は、基本的に一次情報（公式な機関等が作成しており、第三者により容易に確認可能な情報）を利用します。インターネット等から取得した他人が作成したグラフは利用しないことが原則ですが、引用により利用する場合には、必ず引用元を明示して利用します。これは、データの正確さを確認するためや間違いを防ぐために必

要なことです。

　正確な一次情報としてよく利用されているのは、白書と呼ばれる政府や公共団体等が編集している冊子です。白書では、発行団体に関係ある統計情報を記載してあり、現状の分析等の情報が記載してあります。白書は、多数ありますが、代表的なものでは、『経済財政白書』『警察白書』『情報通信白書』などが挙げられます。

　また、レポート作成時の基本情報として利用できるデータを多数収録している書籍として、基礎的な日本や世界の社会・経済情勢に関する統計データをまとめたものとして、『日本国勢図会』や『世界国勢図会』（共に矢野恒太記念会 編集・発行）、『データブック　オブ・ザ・ワールド』（二宮書店 編集・発行）、気象や化学・地学などの科学的なデータをまとめたものとして『理科年表』（国立天文台編・丸善出版発行）があります。

5.3.4　オープンデータの利用

　政府が、白書等で利用している統計データを、まとめて公開しているデータベースサイト"e-Stat"(https://www.e-stat.go.jp/) があります（図 5.6）。

図 5.6　e-Stat

　"e-Stat" では、政府が収集している情報が電子ファイルの形式でダウンロード (Download) することが可能です。ただし、注意書き等もそのまま記載してあるため、ダウンロードして、自分で必要な形に加工する必要があります。必要なデータをキーワードや分野等から検索することも可能ですので、ぜひ、レポート作成の一次情報として利用しましょう。

5.3.5　文献情報や Web データの保存

　レポートを作成するにあたり、参考とした情報源について管理しておくことも必要です。これは、後から振り返る場合や確認のため、再度情報を見るためです。また、レポート中で、参考文献を記載するためにも必要となります。見直しや証拠のため、自分が参照した情報の次に挙げる項目は必ずメモしておきましょう。

書籍　著者名，出版社，発行年
論文・雑誌　雑誌等のタイトル，題目，巻・号，ページ
Web　ページの名称，Web サイト名 (URL)，ページ閲覧日

　Web ページに関しては、消えることもありますので、印刷やデータを保存しておくことも必要です。

5.4　情報収集例

　ここでは、「温暖化の現状と今後の予測について」というレポート課題を例に考えてみましょう。

5.4.1　図書からの情報

OPAC による検索
　まず、OPAC を利用して、どのような本があるかを検索します。「温暖化」というキーワードで検索した結果、全部で 324 件の検索結果が表示されました（図 5.7）。

図 5.7　OPAC 「温暖化」　検索結果

　そのままでは、参考にするには少し冊数が多いですし、レポートに利用できるものを判断できません。さらに、検索キーワードを考えて、「気象　温暖化」として検索してみます。41 件の検索に絞られました（図 5.8）。この 41 件を見て、数冊を選び、図書館に行って、本の中身を確認してみましょう。

図 5.8 OPAC 「気象 温暖化」 検索結果

図 5.9 入手した本

図書館での情報

図書館では、OPAC で検索した本のうち、新書と呼ばれるものから探します。図書館によっては、新書は集められている場合がありますので、まずは、図書館の新書コーナーに向かいます。

今回は、鬼頭昭雄『異常気象と地球温暖化：未来に何が待っているか』 (2015) と上野充，山口宗彦，鈴木哲『図解 台風の科学 発生・発達のしくみから地球温暖化の影響まで』 (2012) を選びました（図 5.9）。

次にこの 2 つの本の図書分類番号に注目します。それぞれ 451.85 と 451.5 となっています。今回のテーマは、451 の分類コード「気象学」に情報がありそうです。

図書館では、図書分類コードで本が整理されているので、451（図 5.11）の棚に向かいます。

大学図書館の中には、学生資料用と大学資料用に分けて本棚を整備している所もありますので、棚の位置をよく確認しましょう。また OPAC にも書籍がある場所が示されているので、この情報も利用しましょう。

また、レポートの切り口として、OPAC で検索された本の題目や本棚にある本から、組み合わせて利用できそうなキーワード（台風、IPCC、パリ協定、食料生産）を見つけることができます。本棚では、気象庁がまとめている『IPCC 地球温暖化第三次レポート：気候変化 2001 気候変動監視レポート』 (2001) も見つかりましたが、少し古そうに見えます。

図書館では、新書を 1 から 2 冊、またデータやグラフが書かれている図解本などを組み合わせて借りましょう。

ちなみに、同じキーワードを Google で検索してみると、「温暖化」は 94,300,000 件（図 5.12）、

図 5.10　分類コードの表示

図 5.11　分類コード 451 の棚

「温暖化　気象」では 5,180,000 件（図 5.13）となります。

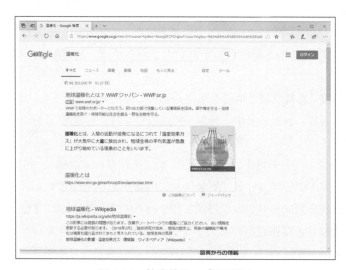

図 5.12　検索結果　「温暖化」

図書からの情報

　2 冊の本を読んでみると、温暖化を考えるには、

- 温暖化は、長期の平均温度や海面温度で評価される
- ヒートアイランドの影響があるため、都市部の気象データだけでなく、地方の情報での評価も必要

図 5.13　検索結果　「温暖化　気象」

- 降雨や台風（熱帯性低気圧）に影響している
- 水蒸気量の変化によって熱帯性低気圧の数は減る可能性がある

ことがわかりました。これを情報に、次にレポートに利用できそうなデータを探してみましょう。

5.4.2　検索の利用

データの入手

「東京　平均気温　推移」で検索してみましょう（図 5.14）。気象庁に長期のデータ（気温や降水量）が公開されていることがわかりました。同様に地方として富山県高岡市伏木の情報を入手できました。

図 5.14　検索結果　「東京　平均気温　推移」

「海面温度　温暖化」と検索すると、これも気象庁が解析した結果を公開していました（図 5.15）。

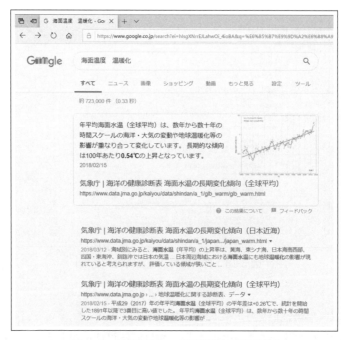

図 5.15　検索結果　「海面温度　温暖化」

記事の入手

　レポートのネタとして利用できそうな記事を探してみます。まずは、「温暖化」と「台風」で検索してみましょう（図 5.16）。公的な機関が、温暖化により台風が巨大化する可能性を示していることがわかりました。ただ、まだ研究途中であり、台風が巨大化している結果は現実に示されていないこともわかりました。

図 5.16　検索結果　　「温暖化　台風」

　降水に関して調べるために、「大雨　災害」で検索してみましょう（図 5.17）。2018 年 6 月 28 日から 7 月 8 日にかけて、日本の広域で豪雨により災害（平成 30 年 7 月豪雨）があったことがわかりました。これは、今までとは異なり広域に影響した災害でした。

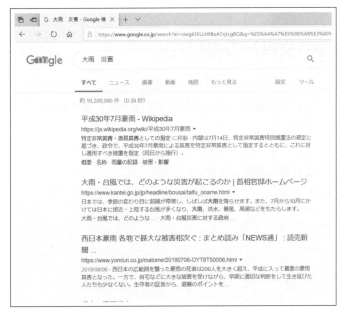

図 5.17　検索結果　　「大雨　災害」

　過去の災害を調べてみましょう。これは「災害　気象　事例」で検索すると気象庁が災害をもたらした気象事例として情報を公開していました（図 5.18）。実際に、水害の発生が平成に

なってから増えているようです。

図 5.18　検索結果　「災害　気象　事例」

　これらの情報収集を通して、かなりの情報が集まりました。さらに必要ならば、「IPCC、パリ協定、食料生産」の検索を追加します。

5.5　出典（参考文献）の表記方法

　レポートを書くときには、【情報源（出典）を明確にし、どの情報を参考にしたかを示す】必要があります。参考にした情報は、作成した書類の末尾に、参考資料の一覧として示し、資料に関する情報を記します。

　また、本文中で情報を引用した場合には、利用した写真や文章などのすぐ側で引用であることを示すとともに、文献番号を記します。

　参考文献の記載例として、

参考文献

1. 桜井茂男 (1997).　学習意欲の心理学―自ら学ぶ子どもを育てる―　誠信書房
2. 道城裕貴 (2010).　認知行動療法を用いた段階的な学級支援　児童心理，64 (16), 106–111.
3. 気象庁．「平成 30 年 7 月豪雨」，`https://www.data.jma.go.jp/obd/stats/data/bosai/report/2018/20180713/20180713.html`（2021 年 5 月 18 日時点）
4. 気象庁．最新の気象データ，`https://www.data.jma.go.jp/stats/data/mdrr/index.html`（2021 年 5 月 18 日時点）
5. 独立行政法人日本学生支援機構「平成 26 年度外国人留学生在籍状況調査結果」，(`https://www.studyinjapan.go.jp/ja/statistics/zaiseki/data/2014.html`)（2021 年 5 月 1 日時点）

のように、著書、雑誌・論文誌、Web ページなどを示します。それぞれの項目には、

- 著者名（出版年）．　著書名 出版社
- 著者名（出版年）．　論文タイトル 掲載雑誌名，巻（号），ページ（最初–最後）．
- 情報提供者　ページの名称（情報の名前）　Web サイト名 (URL)（ページ閲覧日＋「時点」）

の形式で書かれており、必ず必要な情報として、「だれ（著者名）」「何（タイトル）」「どこで（出版社、雑誌名、ページ番号、URL 等）」「いつ（年、年月日）」が記載されます。また、インターネットからの場合も、著者（情報提供者・組織）、タイトル、そのページへのアクセス情報（正確な URL、ページにアクセスした閲覧日）を記載してください。1 つの書類においては、統一された記述方法で列挙し、1 から昇順に「文献番号」を付けて列挙します。

　論文の場合、参考文献の形式は、学問分野によってルールや書式が異なりますので、対象分野の専門書などを参考にしてください。

　なお、この「参考文献」という章立てのタイトルには章番号は付けません。例えば「5. まとめ」「6. 参考文献」ではなく、「5. まとめ」「参考文献」となります。

5.5.1　文章中での引用文献記述方法

　自分が書いた文章の論旨を補強したり、説明を行う上での参考にするため、他の人が書いた文章を文中で引用した方が良い場合があります。もちろん、他人が書いた文章を勝手に自分の文章として利用することは、著作権の観点から絶対に行ってはなりません。しかし、適切な手続きを踏むことで、他人が書いた内容を利用できます。具体的には、情報源（出典）を示し、読者に引用していることがわかることが必要です。

　引用を行うには、

小川・大島・萩中 (2011) は 4 年生と 5 年生の 1 クラスにおいて …

2018 年 6 月 28 日から 7 月 8 日にかけての豪雨による災害 [3] は、…

のように、出典を

- 「著者名（年号）」による表記
- 「説明文 [参考文献番号]」による表記　（末尾の文献リストでの番号を用いる）

として示す必要があります。

5.5.2　グラフの参照データ記述方法

　レポートやプレゼンテーション用資料のグラフで利用しているデータのうち、自分で取得した以外のデータは、必ず、そのデータの出典を記載する必要があります。

　レポートの場合、データの出典を示す方法として、

2018 年 8 月および 9 月の富山気象観測地点における降水量（気象庁）[4] を図 1 に示す。

と本文中にデータ出典元の参考文献番号と図番号を示し、挿入するグラフには、本文中のどの

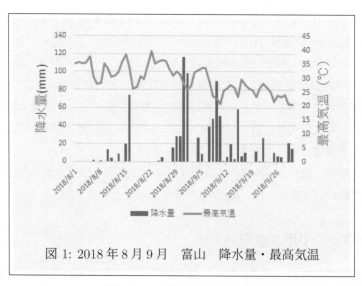

図 1: 2018 年 8 月 9 月　富山　降水量・最高気温

図 5.19　レポートのグラフ例

グラフかを明確に示すために、図番号を附番し、キャプションを付与します（図 5.19）。

　利用するグラフは、

- 画像データにキャプションを入れない

- 軸ラベル、目盛、単位を入れる
- 凡例を記載する
- 背景色は白が基本

を意識してください。

　画像データには、図番号やキャプションを入れません。図番号はレポート内で示される順番で割り当てし、キャプションもレポート内の取り上げ方により表現の修正が必要となります。さらに、図を拡大・縮小した場合には、文字が見にくくなることを防ぐ必要があります。このため、図番号やキャプションは、画像データ内ではなく、別に記載します。

　論文などの場合のグラフデータの出典記載方法は、分野や論文誌ごとに異なっています。自分が発表しようとする場所の慣例にしたがってください。

　プレゼンテーションの場合には、グラフの下にその出典を示します（図 5.20）。

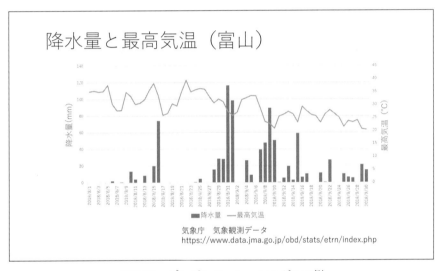

図 5.20　プレゼンテーションのグラフ例

5.6　演習課題

5.6.1　OPAC を利用した検索

富山大学附属図書館の OPAC を利用して、以下の検索を行ってみましょう。

1. 著者名による検索
   富山大学が所蔵する「宮沢賢治」の著作に関して調べましょう。
2. 項目に関する検索
   富山大学が所蔵する「三島由紀夫」に関する本について調べましょう。
3. タイトルによる検索
   富山大学が所蔵する「ライ麦畑でつかまえて」に関して、原書があるかを調べましょう。
   また、翻訳者が異なるものがあるかを調べましょう。

5.6.2　情報の収集

前章で決めたテーマに関して次のことを行いましょう。

- テーマについて考察する上で参考となる本をさらに 1 冊以上探しましょう。
- 入手した本の図書分類コードを調べ、図書館の棚にどのような本があるか調べましょう。
- レポート作成時に利用できるデータや記事を探しましょう。
- レポート構成シートを作成しましょう（図 5.21）。

テーマ

1. 少子高齢化社会を迎えた日本の人口の今後
2. 自動運転技術と交通事故
3. 自然エネルギー利用の今後の展開
4. 大学在学中に習得すべきこと
5. 世界における日本の役割
6. 情報化時代の教育課題
7. スマホ利用の問題とその解決
8. AI の発達による新しい時代とその問題点

レポート構成シート

所属：
作成日：
学籍番号：
氏名：

1st レポートテーマの決定
選択テーマ：

レポート条件（ページ数や文字数）：

2nd 情報の収集
関連する書籍：

検索キーワード：

関連するWebページ：

3rd 内容の整理
収集した情報の中では、1. どのようなデータをベースに、2. 何を議論し、3. どのような結論を述べていたかを3つ以上、整理しなさい。

議論1
　データ：
　内容：
　結論：
議論2
　データ：
　内容：
　結論：
議論3
　データ：
　内容：
　結論：

4th 自分で考える内容
レポート中で示す以下の内容について複数個まとめなさい。
1. レポート内で取り上げるデータ　2. 何を議論するか
3. どのような意見・考え方を述べるか

ネタ1
　データ：
　内容：
　意見/考え方：
ネタ2
　データ：
　内容：
　意見/考え方：
ネタ3
　データ：
　内容：
　意見/考え方：

5th レポートの内容
レポート全体を通してまとめる次の内容について書きなさい。
・序論（はじめに／背景）でとりあげるテーマの背景や扱う問題
・結論（まとめ）で、序論に示した問題への回答
この部分は、レポートで記述すること

図 5.21　レポート構成シート

コラム 相手のことを考えた情報提供

　レポートやプレゼンテーションの中で、情報を示す場合、詳細な情報を示すことだけが正しいわけではありません。

　見ている人に理解してほしいことを考える必要があります。以下に富山駅から富山大学五福キャンパスまでの地図を示します。2 つの画像を見て、どのような時に利用すると良いと思いますか?

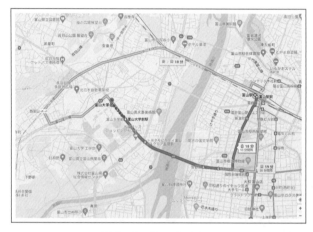

図 5.22　Google Map

図 5.23　単純化した画像

　相手に見せる状況、相手が知っているとして良い前提は何か、何を伝えたいのかなどを考えましょう。資料を作成するときには、詳細な情報を見せることが必ずしも正解ではありません。

第6章　情報処理とデータサイエンス

　現代の社会には大量の情報があふれており、それらの中には正しいもの、役立つものもあれば誤ったもの、無用のものも含まれています。情報に流されるのではなく、多量の情報の中から有用なものを上手に収集・整理・分析して活用することが、日々の生活や仕事の上で重要になります。情報を取り扱う技術、分析結果の利用法、それらの理論的裏付けなどを総合的に扱うアプローチとして、データサイエンスというキーワードが注目を集めています。今後の社会を担う人材にとっては、それぞれの立場に応じたデータサイエンスの素養を持っていることが求められています。

　ここでは情報処理の授業で扱う内容とデータサイエンスとの関連を取り上げます。中学、高校で習った事柄も含まれていますが復習しながら学んでください。PC で具体的にデータを処理するための技術は第7章「データ処理」で紹介されます。この章ではデータや情報を取り扱う上で心がけておくことを中心に解説します。

　この章の目標は、次のとおりです。

1. データサイエンスの重要性を認識すること。
2. データの入手から分析までの流れを把握すること。
3. データの信頼性や分析方法の正当性を検証する必要性を理解すること。
4. データ活用の応用例を知ること。

6.1　データサイエンスの第一歩

6.1.1　データサイエンスとその重要性

　文系・理系を問わず、どのような分野の学問でも研究テーマに関連する情報を集め、それを基に考察を行って新しい知見を得ることが研究の基本となります。研究活動を項目ごとに書き出してみると次のようになるでしょう。

- 参考となる資料・文献の収集
- 他者との意見・情報の交換
- 具体的な研究手法の検討と準備
- 実験、観察、フィールドワーク、数値計算などによるデータ収集
- 集めたデータの整理・分析
- 分析結果を基とした考察
- 研究発表（レポート、論文、特許、学会発表、Web での公開、etc.）
- 評価を踏まえて、改善すべき点の検討

　順序は必ずしもこのとおりとは限りません。実験や観察は何度も繰り返すことが珍しくありません。他者との意見・情報の交換は研究の途中でも発表後でも機会があるごとに行われます。アカデミックな研究活動に限らず、実社会での仕事でも同様に情報の収集と整理・分析を行った上で仕事内容を検討・実行し、結果の評価を知って改善につなげることが重要です。これらの項目のうち、情報の収集、整理、分析とその利用においてはデータを吟味した上で有効活用するための技術が必要となります。ここでは、その技術と理論的裏付けをデータサイエンスと呼ぶことにします[*1]。

　最近ではコンピュータの進化とネットワークの発展が大きく進み、扱える情報の量が非常に多くなりました。それに伴い、情報を効率的かつ有効に活用する手法への需要が増えデータサイエンスへの期待が高まっています。一部では、データサイエンスを身につけることを統計学や人工知能 (AI) のエキスパートになることと狭い意味で捉える向きもありますが、全てのデータサイエンティストがそうではありません。データサイエンスの心得があるというのは、現代社会でコンピュータとネットワークを用いて情報を能動的に活用できる力を身につけていることと考えてください。

6.1.2　データの種類

数値以外のデータ

　データと聞くと数値を思い浮かべることが多いかもしれませんが、データは数値に限りません。文字情報、画像、音声などもデータです。数値以外の情報をコンピュータで処理する際には何らかの処方で数値化していますが、人が考察の対象とする際には当然ながら数値ではなく元の形で扱います。数学をよく理解していないとデータを活用できないということはありません（理解しているに越したことはありませんが……）。数値以外の情報でも、分類や分析の際にはコンピュータの力を借りた方が効率的な場合が多くなっていますし、そのための技術も日々進化しています。データサイエンスの心得があれば、そういった技術を使うことに早く慣れて使いこなせるようになります。

オリジナルと引用

　論文やレポートには、筆者自らが実験・観察等によって得たデータと自身の考察というオリジナルな情報、および他者が発表した結果や考えを引用した情報とが含まれます。オリジナルな部分に盗用があってはいけません。また、自分に都合がいいように改ざんしたり、存在しないデータをねつ造してもいけません。他者による情報を引用する場合は引用元を正しく示してください。引用する情報に十分な信頼性があることを確認してください。いい加減な情報を元に発表を行うと発表者自身の信頼性も失われます。これは授業で課されるレポートでも同じで、不正行為を行うと厳しいペナルティが課されます。情報は複製が可能であり、特にデジタル化された情報は最近の技術で容易にコピーをつくることができます。そのため、他者の結果

[*1] データサイエンスという言葉の定義はさまざまで、確立したものはまだありません。

をまるごとコピーしたり、レポートの大部分がネット上にある情報のコピー＆ペーストで占められるケースが見受けられます。大学での学びとは自律した学習者として問題解決能力を得ることです。他人の結果をそのままコピーするだけでは自らの工夫や考察が入らず、本質的な問題解決能力が身につきません。論文やレポートのどれだけの部分が他からのコピー＆ペーストかを判定するシステムもあり、必要以上の引用は容易にわかります。

6.2　データ活用の流れ

6.2.1　目的の確認

　仕事や研究のためにデータを取り扱う際には、何のためにそのデータを用いるのか、そのデータを用いることが適切かをよく確認してください。データを処理することは目的を達成するための手段であって、処理することそのものが目的ではありません。実験・観察等でデータを収集し、統計的な操作を行って何らかの結果が得られたらそれで終わりではありません。得られた結果を基に考察して課題を解決することが目的です。目的達成のために適切な手法を選んでいるかもよく検討してください。

6.2.2　入手データの検査と確認

　データを収集した際には以下の点を確認しましょう。

- どうやって得たデータか
  実験、観察、フィールドワーク、聞き取り調査、文献等の資料収集、インターネット検索などデータの出処を記録しておきます。
- データの出処は信頼できるか
  他者による情報を引用する場合は情報の信頼性を確認しましょう。情報が事実かどうかを複数の独立した情報源を調べた上で裏付けをとる作業を怠らないでください。
- 実験、観察、調査などは適切に行われたか
  前提となっている条件が満たされているか、ルール違反を犯していないか、倫理を守っているか、個人情報は保護されているか等々、それぞれの研究や仕事の分野で守るべき点に留意してください。
- 不正なデータは入っていないか
  データのねつ造・改ざんは許されません。ねつ造・改ざんではなくとも、前提とは異なる条件の下で得られたデータを断りなく混入させてはいけません。
- 欠けているデータはないか
  課題解決に必要と思われるデータがそろっているか、データのとり忘れがないか確認しましょう。やむを得ない理由でデータが不十分な場合はその旨を報告に記します。
- 想定外のデータを理由なく落としていないか

自分にとって都合の良いデータだけを用いて、悪いデータを恣意的に排除するようなことはしないでください。環境条件の変化や統計的なバラつきで想定外のデータが出ることはあります。あるデータを採用しない場合はその根拠を報告中に説明してください。

- データの Time（時間）、Place（場所）、Occasion（場合） は目的に整合しているか
  明日の富山市の天気を予想するのに、数年前の東京での地震のデータを用いても無意味です。ここまで極端でなくとも、目的に応じてよりふさわしいデータがないかを調べてください。

6.2.3　データの整理・加工

収集したデータはそのままでは十分活用できるとは限りません。後の分析がしやすいように整理・加工します。

単位、形式、有効数字の統一

長さや重さ、通貨などで単位が異なるデータが混在している場合は統一します。例えば、ある商品の日本での価格が円で、アメリカでの価格がドルで記されている場合、1 ドル何円という為替レートを用いてどちらかに統一します。ただし、為替レートは日々変動するため、いつの時点でのレートを用いたかは明記しておきます。

数値データの一部が 12.3、別の一部が 45.6789 のように記されていると、数値のどこまでを用いて計算すべきか、正確さはどの位であるか混乱します。何も考えずにそのままコンピュータに入力して計算させてはいけません。多くの測定値には誤差が存在します。誤差の影響がどこまであるのかをよく考えてください。中学や高校で習った有効数字という考え方を思い出しましょう。

分割・統合

処理の対象とするデータの集合をデータセットといいます。データセット中のデータの全てをそのまま処理するよりも、ある程度分割してより小さなデータセットにしてから処理するほうが良い場合があります。データの総量が膨大すぎて手持ちのコンピュータでは一度に処理できない場合は処理が可能な量に分割します。また、例えば日本全国の国民の食生活に関するデータなら、データセットを都道府県別に分けて地方ごとの特徴をつかむように分析すると、全体を一括して処理する場合では見えにくい知見が得られるでしょう。分割したデータセットごとの処理ができれば、それらを統合して全体としての結果を示すことができます。

数値化

コンピュータの内部では情報はデジタル化された数値の集まりとして扱われます。文字情報や画像、音声などはそのままではコンピュータで処理できないため、何らかの処方で数値化します。例えば、一つ一つの文字には番号に相当する数値が割り振られていて、それを文字コー

ドといいます[*2]。アンケートへの回答で「よい」、「悪い」、「どちらでもない」という選択肢が
ある場合、「よい」を 1、「悪い」を 2、「どちらでもない」を 3 という数値に割り振ればコン
ピュータでの集計がしやすくなります。これも数値化の一種です。

可視化

　データをただ並べただけのものから有用な知見を得ることは人間には困難です。整理して表
にしたり、グラフ化することでデータセットがもつ特徴がよく見えてきます。その際には、ど
う分類・整理して表にするのがよいか、どのような種類のグラフにするのがよいかをよく考え
てください[*3]。

6.2.4　データの分析

代表値

　必要な数値データが準備できても、それだけではたくさんの数の集合にすぎません。数値を
一つ一つ見ていっても、意味のある情報を引き出すのは人間には困難ですし時間がかかりま
す。データの出所となったものを特徴付ける量を求めるために統計処理という操作を行いま
す。一番なじみがあるのは平均をとるという操作でしょう。例えば、生徒 5 人の国語の試験の
点数が次のようになったとします：

出席番号	3501	3502	3503	3504	3505
国語の点数	86	65	93	79	80

　この 5 人グループの国語の成績の平均は点数を合計してデータの数（この場合は 5）で割れ
ば得ることができます。

$$平均 = \frac{86 + 65 + 93 + 79 + 80}{5} = 80.6 \simeq 81$$

　こうして得られた 81 という数値が 5 人グループの特徴の一つを表しています。平均のよう
に、データの出所となった集団の特徴を表す値のことを代表値といいます。代表値には平均だ
けでなく、中央値（メディアン）、最頻値（モード）などがあります。

中央値：データの数値を大小の順に並べたときに中央の位置にくる値
最頻値：データセットから度数分布表を作ったときに最も度数が大きくなる区間での中央の値

　例として先程の国語の成績で生徒が 500 人の場合を考え、度数分布表が次のようになったと
します。それをヒストグラムで表したものが図 6.1 です。

点数	40 以下	41 ～ 50	51 ～ 60	61 ～ 70	71 ～ 80	81 ～ 90	91 ～ 100
度数	0	13	38	77	129	170	73

[*2] 文字コードについては第 10 章のコラムに説明があります。
[*3] いろいろなグラフとその用途については第 7 章に説明があります。

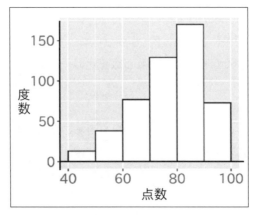

図 6.1　国語の点数のヒストグラム

　この場合、平均値: 78、中央値: 80、最頻値: 85 になっています（ヒストグラムでの各区間の中央の値を階級値といい、最も度数の多い区間の階級値を最頻値にとります）。同じデータセットを用いてもそれぞれの代表値の値は一般に異なるので、どの代表値を用いるべきかは目的に応じてよく検討する必要があります。アンケートの回答で「よい」を 1、「悪い」を 2、「どちらでもない」を 3 のように数値化したデータの場合は、平均値や中央値をとっても意味がありません。データ数が少なくて、中央値や最頻値から極端に離れたデータがあると平均値は少なからぬ影響を受けます。データ数が少なすぎると最頻値の意味がなくなったり、複数の最頻値があらわれることがあります。最頻値は度数分布表で分割する区間の幅を変更することによっても変わりやすいので注意してください。幅を狭くとりすぎると、その範囲に含まれるデータの数は 1 か 0 になってしまいヒストグラムとしての意味を失います。

データの分布

　代表値だけでデータの出所の特徴を理解できるとは限りません。代表値が同じでもデータセットの性質が全く違うことがあります。対象をよりよく理解するには、いろいろな視点から物事を考察することが重要です。そのための方法の一つとして、度数分布表やヒストグラムを作ってデータの分布を調べることが有効です。代表値という一点だけを見るのではなく、より広い視野でデータセットの性質を調べることができます。

　図 6.2 に示したヒストグラムは、いずれも平均値と中央値がほぼ同じになる独立した 3 つのデータセットから作ったものですが、分布の様子が全然異なっています。このような場合にデータセットの違いを示すには代表値とは別の指標を用います。分布の様子を知る指標としては標準偏差や四分位数がよく用いられます。

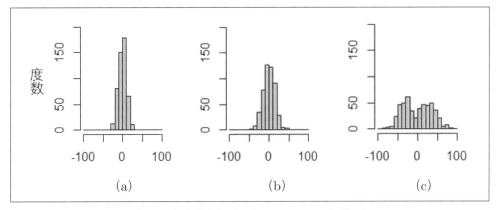

図 6.2　さまざまなデータセットのヒストグラム

標準偏差：データの分布が平均値からどれくらいずれているかを表す数値です。より正確には、平均と各データとの差の二乗を考えます。その値の平均（二乗平均値）を分散といい、分散の正の平方根を標準偏差といいます[4]。

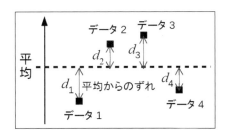

図 6.3　平均からのずれ

$$(分散) = \frac{1}{N}(d_1^2 + d_2^2 + d_3^2 + \cdots + d_N^2)$$
$$(標準偏差) = \sqrt{(分散)}$$

　図 6.2 の場合は (b) や (c) よりも (a) の標準偏差が小さくなっています。

四分位数：データの数値を大小の順に並べたとき、下から 1/4 の位置にある値を第 1 四分位数、1/2 の位置にある値を第 2 四分位数（中央値と同じ）、3/4 の位置にある値を第 3 四分位数といいます。箱ひげ図はこれらを箱と線であらわしたものです。先程用いた国語の点数のヒストグラムの上に箱ひげ図を描いたものが図 6.4 です。図 6.2(c) のような複数の山を持つ分布の場合は、四分位数では有用な情報があまり得られないので注意してください。

---

[4] 差そのものを平均すると 0 になるので、差の二乗の平均をとります。詳しくは次節を参照してください。

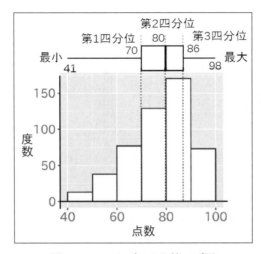

図 6.4　ヒストグラムと箱ひげ図

分類

　一般的には、一つの対象について複数の種類のデータがあります。例えば、一人の人でも年齢、性別、身長、体重、等々といくつものデータを持っています。それらのデータを基に対象をいくつかのグループに分類することもデータ分析手法の一つです。

　下の図 6.5 のようなものを雑誌などで見たことがあるでしょう。いくつかの質問毎に選択肢を選んで回答していくと何らかの結果を示してくれるものです。図 6.5 の例ではレジャーに行く場合の宿泊先の候補を示しています。この例はあくまでもサンプルとしての簡単なものです

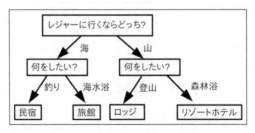

図 6.5　宿泊先を決める過程

が[*5]、より多くの質問と選択肢を加えて詳しくしたものを旅行会社が多くの顧客にアンケート依頼したとしましょう。顧客の年齢層、居住地域、職種などのデータも加えたデータを分析したものは旅行会社の仕事に役立つ情報になります。ネットショッピングでも過去の購入データから分析して各顧客ごとにお勧めの商品を Web で表示することが行われています。このようにデータを活用するにはデータが分類・整理されている必要があります。旅行会社の例で言うなら、顧客が海派か山派かそれ以外か。海派なら釣りが趣味かダイビングが趣味か、など分類

[*5] 海沿いのリゾートホテルに泊まってダイビングしたいとか、深山で渓流釣りを楽しみたいというリクエストは含まれていません。

しておくことで商品（例えばダイビングツアーの案内）の有望な売込み先を絞ることができます。

　有効な分類の手法の一つとして決定木というものがあります。先の例のようにいくつかのチェック（質問）と選択肢を準備し、その回答に従って枝分かれさせグループ分けしていきます。図 6.6 のようにツリー構造になり決定木と呼ばれます。

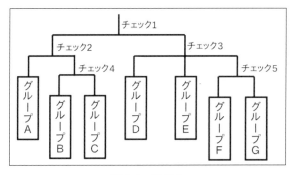

図 6.6　決定木

　都道府県の分類で具体例を考えてみましょう。

■**人口で分類**　チェックとして「人口が 100 万人以上かそれ未満か」を採用した場合、グループは 2 つに分かれます。ちなみに 2022 年 10 月 1 日現在のデータを用いると、

100 万人以上	37	100 万人未満	10

になります（富山県やあなたの出身都道府県はどちらでしょうか）。人口や面積のような数値データは、必要に応じて［人口 500 万人以上］、［人口 100 万人以上かつ 500 万人未満］、［人口 100 万人未満］の 3 つのグループに分割するような細かいチェックを設定することも容易にできます。

■**地名で分類**　チェックとして「都道府県名と県庁所在地名の読み方が（県、市といった最後の 1 文字を除いて）同じかどうか」を採用してみましょう。ただし、東京都については県庁所在地名として都庁がある『新宿』を用いることにし、埼玉県については『埼玉』と『さいたま』は同じとみなすこととします。結果は、

同じ	31	違う	16

になります。

　別のチェックとして「都道府県庁所在地の文字数（漢字表記）」を採用してみます。最後の市や区の文字は含めないものとします。富山県の場合は県庁所在地が富山市なので『富山』の 2 文字です。ただし、埼玉県は『さいたま』の 4 文字とします。結果は、

4 文字	1	3 文字	4	2 文字	41	1 文字	1

になり、4 つのグループに分かれます（3 文字の都市、1 文字の都市はどこでしょう）。

　地名以外でシンボルの植物やマスコットキャラクターといった数値ではないデータでも、文字数や「スギという語を含む」といったチェックを用いて分類に使うことができます。

■チェックの組み合わせ　1 つのチェックで 2 つまたはそれ以上のグループにデータを分類できます。複数のチェックを組み合わせれば図 6.6 のようにさらに詳細な分類が可能になります。ただし、1 つのチェックの中に複数の条件を組み合わせる場合と、複数のチェックを組み合わせる場合は一般に異なることに注意してください。例えば「人口が 100 万人以上」という条件と「面積が 5000 平方 km 以上」という条件を考えてみましょう。

　2 つの条件を組み合わせた「人口が 100 万人以上かつ面積が 5000 平方 km 以上」をチェックにすると 2 グループに分かれます。北海道はこの条件を満たしますが、富山県は面積が約 4250 平方 km なので条件を満たしません。

　一方で「人口が 100 万人以上」と「面積が 5000 平方 km 以上」それぞれを別個にチェックに用いると、次のように 4 つのグループに分類されます。先程の「人口が 100 万人以上かつ面積が 5000 平方 km 以上」を満たす都道府県はグループ I に属することになります。

	人口が 100 万人以上	人口が 100 万人未満
面積が 5000 平方 km 以上	グループ I	グループ II
面積が 5000 平方 km 未満	グループ III	グループ IV

ニューラルネット

　データをグループ別に分類する条件がはっきりしている場合は、条件を満たすかどうかを機械的に判断できます。一方で、人が手で書いた文字を判別する際、時々その文字が数字の 1 なのか 7 なのかアルファベットの l（エル）なのか見分けがつきにくい場合があります。また、動物の写真を見てそれが犬か猫かそれ以外かを判別することは、人間は容易にできますがコンピュータには易しくありません。これらのように条件が明確ではない場合や複雑すぎて条件を完全に記述しにくい場合には、ニューラルネットによる手法が有効になることがあります。ニューラルネットは人の脳細胞のはたらきをモデル化したシステムを、コンピュータ上に構築したものです。ニューラルネットを多重化して幾層ものネットワークからなるようにしたものに非常に多くの事例を学習させると、強力な分類能力をもたせることができます。これを深層学習（ディープラーニング）といいます。しかし深層学習による分類は完全に正確ではなく、人と同様に間違うこともあります。

6.2.5　分析の検証

　データの収集、整理、分析が一通りできた段階で、以下の点について再度検討しましょう。

- 見落としたデータはないか
- データの数は十分か

- 用いたデータに対して適用した分析方法は適切か
- 他から極端に値が外れたデータ（外れ値）の取扱いは適切か
- 不都合なデータを正当な理由なしに落としていないか

不十分だったり、不適切なところがあれば改善してください。

6.3 データ分析の数学的基礎

前節でも現れた平均や標準偏差のように、データ分析でよく用いられるいくつかの概念をここで説明します。統計学の基礎的な部分を紹介することになり、説明には数式を必要としますが、大部分は高校までに習った数学で理解できます。

6.3.1 平均

各データの和をデータの数で割ったものが（相加）平均で、普段でもよく用いられている代表値です。数式での定義は次の式で与えられ、ある量 x の平均は $\overline{x}$ と表されます。

$$\overline{x} = \frac{(x_1 + x_2 + \cdots + x_N)}{N} = \frac{1}{N}\sum_{k=1}^{N} x_k$$

データの和から計算する平均の定義以外にも、データの積の n 乗根で定義する相乗平均（幾何平均）もあり、逆数の（相加）平均で定義する調和平均もあります。

$$(相乗平均) = \sqrt[N]{x_1 x_2 \cdots x_N} = (x_1 x_2 \cdots x_N)^{1/N}$$
$$\frac{1}{(調和平均)} = \frac{(1/x_1) + (1/x_2) + \cdots + (1/x_N)}{N}$$

何でも相加平均で計算すればいいというものではありません。どの平均を用いるかはデータの性質をよく考えて決めましょう。

6.3.2 分散、標準偏差

平均と各データとの差の二乗を計算し、それらの（相加）平均を分散といい、分散の正の平方根を標準偏差（下の式での s_x）といいます。

$$s_x^2 = \frac{(x_1 - \overline{x})^2 + (x_2 - \overline{x})^2 + \cdots + (x_N - \overline{x})^2}{N} = \frac{1}{N}\sum_{k=1}^{N}(x_k - \overline{x})^2$$
$$= \frac{1}{N}\sum_{k=1}^{N}(x_k^2 - 2x_k\overline{x} + \overline{x}^2) = \frac{1}{N}\sum_{k=1}^{N}x_k^2 - 2\left(\frac{1}{N}\sum_{k=1}^{N}x_k\right)\overline{x} + \overline{x}^2\frac{1}{N}\sum_{k=1}^{N}1$$
$$= \frac{1}{N}\sum_{k=1}^{N}x_k^2 - 2(\overline{x})\overline{x} + \overline{x}^2 = \frac{1}{N}\sum_{k=1}^{N}x_k^2 - \overline{x}^2 = \overline{(x^2)} - \overline{x}^2$$

　最後のところは「二乗の平均」と「平均の二乗」の差になっていて、その値は一般に 0 では
ないことに注意してください。

6.3.3　正規分布

　同年齢の多数の男性（または女性）の身長データをヒストグラムで表したとします。データ
の数を多くし、分割する区間の幅を小さくしていくと図 6.7 のようになります。一番右のグラ

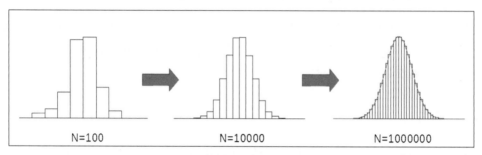

N=100　　　　　　N=10000　　　　　　N=1000000

図 6.7　データ数と正規分布（N はデータ数)

フには次の式で表される曲線が示されています。ここで m は平均値、s は標準偏差です。

$$\frac{N}{\sqrt{2\pi s^2}} \exp\left[-\frac{(x-m)^2}{2s^2}\right]$$

　この式で表される分布を正規分布（ガウス分布）といいます（図 6.8)。身長や実験での測定
誤差、サイコロを多数回投げたときに出た目の数の和など、世の中の多くの現象で得られる数
値データからヒストグラムをつくると、データ数が多くなるにつれてこの曲線に近づいていき
ます[6]。

　正規分布では全データのうち約 68.3% が平均値から $\pm s$ の範囲内（$m-s$ から $m+s$ の
間）に入ります。平均値から $\pm 2s$ の範囲内には約 95.5%、平均値から $\pm 3s$ の範囲内には約
99.7% が入ります。この事実と分布が正規分布であるという前提を基に、さまざまな知見を得
ることができます。例えば、ある仮説が誤りである確率を実験や観測のデータから求めること
ができますし、受験生にとって馴染みのある偏差値もこの性質を用いて計算されています。受
験生の数が非常に多くて、平均点が 0 点や 100 点に近くなければ、得点の分布は正規分布でよ
く近似できます。このとき、偏差値は次式で計算されます。

$$(偏差値) = 50 + 10 \times \frac{(得点) - (平均点)}{(標準偏差)}$$

平均点と同じ得点の人は偏差値が 50 になります。偏差値 70 以上の人は得点と平均点の差が
標準偏差の 2 倍以上あるので、受験生全体での上位 $(100 - 95.5)/2 \simeq 2.3\%$ に入る得点をとっ
たとわかります（上位の方の割合を求めるので 2 で割っていることに注意してください）。

---

[6] 正規分布に近づかないデータも当然あります。例えば体重のデータは正規分布ではなく対数正規分布という別
　の分布に近づきます。

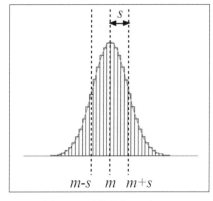

図 6.8 正規分布のグラフ

6.3.4 相関

(x_1, y_1)，(x_2, y_2)，$\cdots$，(x_n, y_n) のように 2 種類のデータの組み合わせを考えて、それを座標平面上に示したものを散布図といいます[*7]。散布図で図 6.9(a) のように右上がりに点が

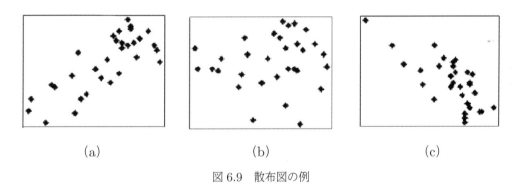

| (a) | (b) | (c) |

図 6.9 散布図の例

プロットされて「片方が増加すればもう片方も増加する」という関係がある場合、2 種類のデータの間には【正の相関】があるといいます。一方、図 6.9(c) のように右下がりに点がプロットされて「片方が増加すればもう片方が減少する」という関係がある場合、2 種類のデータの間には【負の相関】があるといいます。正の相関・負の相関のいずれの場合でも、2 種類のデータの間には何らかの関連、つまり【相関】があると考えられます。相関がない場合は、図 6.9(b) のように点は分散してプロットされます。

相関の度合いを定量的に表すには、次式で定義される相関係数 r_{xy} を計算します。

$$r_{xy} = \frac{1}{s_x s_y}\left[\frac{1}{n}\sum_{k=1}^{n}(x_k - \overline{x})(y_k - \overline{y})\right]$$

[*7] 第 7 章で表計算ソフトを用いて散布図を描く方法の説明があります。

相関係数の値が 1 に近いほど正の相関が強く、−1 に近くなると負の相関が強いことを示します。2 種類のデータが互いに独立で無関係な場合、相関係数の値は 0 に近くなります。逆は必ずしも真ではなく、相関係数がほぼ 0 でもデータの間に何らかの関係が見受けられることもあります。図 6.10(a) では相関のあるデータが複数種類混じったために全体の相関係数が 0 に近くなっており、(b) では非線形な関係があるために相関係数が小さくなっています。相関を調べる場合は相関係数だけでなく、散布図も調べるようにしてください。

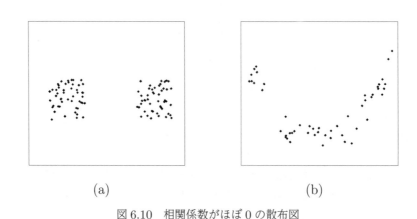

(a)　　　　　　　　　　　　　　　　　　(b)

図 6.10　相関係数がほぼ 0 の散布図

6.4　データ活用の事例

6.4.1　POS システム

　コンビニやスーパーなどのレジは買い物の金額を計算するだけでなく、いつ、どのような商品がどれだけ購入されたのかなどの情報を記録しています。チェーン店ではそれらの情報が本社に送られて大量のデータが蓄えられます。集められた情報は商品の在庫管理や今後の仕入れ計画、商品開発などを検討するのに用いられます。これを POS システムといいます。

6.4.2　ネットショッピング

　インターネット上の通販サイトを利用して、商品やサービスを購入することが当たり前の時代です。そうしたサイトを利用する際には購入した商品や日付の記録だけでなく、顧客（カスタマー）の性別、年齢層、連絡先などの個人情報も収集されます。通販サイトでは大量に集めたカスタマー情報を基に個々のカスタマーの嗜好を推測し、メールや Web でおすすめの商品を知らせる営業活動を行っています。この過程で多大な情報から顧客分析を行い需要を予測するのに、機械学習や人工知能 (AI) といったデータサイエンスのテクノロジーを活用しています（図 6.11）。

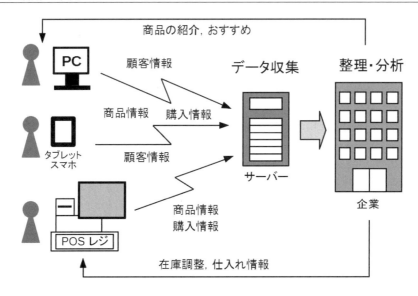

図 6.11　POS システム、ネットショッピングでの情報の流れ

6.4.3　天気予報

　天気予報は、大昔は人の経験だけで行っていたため、外れることも多くありました。事例となるデータの蓄積と、各地点の気象データが大量かつ迅速に得られるようになった今では、かなり正確な予報ができるようになりました。気象を予測する数値モデルに大量の気象データを入力し、スーパーコンピュータが計算して予測を出します。さらに予報と結果のずれを参考にして、予測がより正確になるように気象の数値予測モデルに改良を加えていきます。

6.5　演習課題

6.5.1　専門分野とデータとの関わり

　自分が所属する学部・学科での研究活動でデータがどのように利用されているのかを調べてみましょう。以下の項目についてまとめてください。

1. 所属学部・学科
2. 研究テーマ（一つの学科に研究者と研究テーマは多数存在しています。どれか一つを選んでください）
3. 利用されているデータはどのようなものか
4. 研究にどう利用されているか

6.5.2　情報の確認

　Yahoo! ニュースや Google ニュースなどのニュースサイトにアクセスし、今日のニューストピックスから何か一つを選んでください。そのニュースについて以下を調べてみましょう。

1. ニュースの見出し
2. その記事の出典（どのマスコミか）
3. 記事を発信した日時
4. 同じニュースを報道している他のマスコミ
5. マスコミによって記事の内容にどのような違いがあるか

6.5.3　データの分類

いくつかの都道府県につき、次の項目を調べてみましょう。

　人口、面積、県庁所在地、シンボルとなる花・木・鳥、マスコットキャラクター
集めたデータを用いて都道府県を分類する条件を考えてみましょう。例えば、

- 人口が ○○万人以上かそれ未満か
- マスコットキャラクターが動物か、植物か、人物か、それ以外か

などです。

6.5.4　データサイエンスの活用例の調査

　この章で挙げた事例以外で、大量のデータを利用して業務に活かしている例を調べて簡潔にまとめてみましょう。

コラム　生成 AI の利用

　生成 AI とは、大量のデータを学習して、文章、プログラムコード、画像、動画、音声などの新しいコンテンツを人間が行うように作成できる AI のことで、大きな注目を集めています。

生成 AI 利用上の注意

　生成 AI は便利なツールですが、その利用にあたっては自動車や SNS と同様に十分な注意を払わねばなりません。特に以下の点につき慎重に対応しましょう*8。

- 生成 AI が出す結果は正しいものとは限りません。古い情報に基づいたものや誤った結果を、その事を注意喚起することなく出力することがあります。結果が正しいかどうかを自分で再確認しましょう。よく確認せずに間違った結果を使用した場合、その責任は生成 AI ではなく使用者にあります。
- 生成 AI の出力には他者の著作物が含まれることがあります。出典が明記されているなら正しく引用し、明記されていない場合は同じ内容の既存の著作物がないかを確認しましょう。適切な引用をせずにその出力を使用すると著作権侵害やひょう窃とみなされる可能性があります。
- 生成 AI の利用にあたって個人情報や機密情報などを入力すると意図しない情報流出につながる可能性があります。公開すべきではない情報は生成 AI に入力しないようにしましょう。
- 授業のレポート等で自らの考えや表現、工夫などを入れることなく、生成 AI の出力をそのまま用いて成果物としてしまうと、自身の能力向上につながらず学びの意義が失われます。学修においては、生成 AI の利用は補助的な手段であることを認識しましょう。

さまざまな生成 AI

　生成 AI が注目されたのは ChatGPT を代表とする文章生成 AI からでしたが、それ以外にも画像、動画、音声を生成する AI も開発されています。発展がとても速い分野なので最新の情報はネット検索で調べてください。

文章生成　：テキストで質問や要求を入力すると、回答の文章を生成する。定型文の出力、長文の要約、外国語の翻訳、プログラムソースの出力に威力を発揮する。(ChatGPT、Microsoft Copilot、Google Bard など)

画像生成　：求める画像の有様をテキストで入力すると、それに応じた画像を生成する。(Bing

---

*8 参考：「大学・高専における生成 AI の教学面での取扱いについて」(文部科学省)
https://www.mext.go.jp/b_menu/houdou/2023/mext_01260.html

Image Creator、Stable Diffusion、Canva など）

動画生成　：テキストや静止画、動画から新しい動画を生成する。（Stable Diffusion、Synthe-sia、Vrew など）

音声生成　：テキストを入力すると、それを読み上げる音声を出力する。サンプルの音声データを入力すると新しい音声データを生成する。（VoxBox、Murf AI、Google Text-to-Speech など）

生成 AI の利用例

　生成 AI に仕事をさせるには、多くの場合でテキストで仕事の内容を指示します。この指示のことをプロンプトといい、良いプロンプトを与えることで生成 AI の出力がより適切なものになります。良いプロンプトとはどのようなものかは生成 AI の使用経験をつむことで身につけていかねばなりませんが、最近ではコンピュータの方でもプロンプト作成のアシストをしてくれるようになってきて、初心者でも生成 AI を使いやすくなっています。ここで生成 AI の使用例をいくつか紹介します。まずは自分でいろいろ試して見てください。

外国語 Web ページの和文による要約　：Copilot が使える Microsoft Edge を用いる。
1. "history UN" というキーワードでネット検索し、"History of United Nations"（国際連合の歴史）という英文の Web ページを表示させる。
2. ブラウザ右上にある Copilot のアイコンをクリックすると「ページの概要を生成する」という欄が出るので、そこをクリック。
3. 「この会話を保存しないようにしましょう」というメッセージが出るので「了解しました」をクリック。（これは生成 AI 使用での情報流出を防ぐためです。）
4. ブラウザの右側に和文の要約が出力される。

表計算ソフトの使用法　：文章生成 AI を利用。

プロンプトとして「国語、数学、英語、理科、社会の試験を行いました。各生徒の合計点、各科目毎の平均点と標準偏差を表計算ソフトで求める方法を教えてください。」と入力してみてください。得られた出力をより具体的にするには用いる表計算ソフトの名称を入力したり、用いる関数の説明を求めるなど追加で質問してみてください。

画像生成　：Copilot が使える Microsoft Edge を用いる。

プロンプトとして「机に座って勉強している学生。机の上にはコーヒーとノート PC という状況のイラストを生成してください。」と入力してみてください。4 つのイラストが生成されます。右の図は出力結果の一つです。

第7章　データ処理

この章の目標

　大学において課題や研究等を行う上で、その根拠となるデータを扱う必要があります。第6章では、データとは何か、そしてそれらのデータを扱う上で心がけるべき点について学びました。

　多くの場合、データは数値で記録されており、それだけを見ても単に数字が並んでいるだけにしか見えません。しかし、例えば平均値を計算したり順位をつけたりすることで、全体的な傾向を把握しやすくなったり、他のデータと比較を行ったりしやすくなります。また、データを使ってグラフを描くことで、数値がどのように変動しているのかが視覚的に理解しやすくなります。このように、データを人間にわかりやすい形に加工することを「データ処理」と呼びます。

　第5章では、近年によく話題に上がっている「地球温暖化」を例にとって、図書館やインターネットを利用して情報収集を行う方法を実習しました。もし、地球が温暖化しているならば、例えば明治時代から現在までの間に年平均気温が上昇しているはずです。そして、その事実を示すことができるならば、「地球が温暖化している」ことを示す一つの根拠となるでしょう。

　この章では、東京で測定された過去148年間（1876〜2023年）の気象観測データを例にとり、表計算ソフトウェア (Excel) を利用してデータ処理を行う方法を実習します。

　この章の目標は、次のとおりです。

1. 表計算ソフトウェアを利用して、データを表の状態にできること。
2. ワークシート上で計算式や関数を入力し、データの集計や分析ができること。
3. データに基づいて用途に応じたグラフを作成し、データを可視化できること。

7.1　表計算ソフトウェアで行えること

　コンピュータ上で数値データを可視化したり、データ処理を行ったりするためのソフトウェアを「表計算ソフトウェア（スプレッドシート）」と呼びます。例えば、データを利用して表やグラフなどを作成して、単なる数値の羅列であるデータを見やすく（可視化）したり、データの集計や統計などの処理を行ったりすることができます。

　表計算ソフトウェアの代表的な製品は、Microsoft 社の「Excel」という製品です。本書では、それを利用することを前提として説明します。

7.2　シートへのデータ入力とシートの書式設定

7.2.1　表計算ソフトウェアの画面構成

　Excel を起動すると、縦横に罫線が引かれた画面が現れます。表計算ソフトウェアでは、データの入る一つ一つのマス目を「セル」と呼びます。縦方向のセルの並びを列（A 列・B 列・C 列…）と呼び、横方向の並びを行（1 行・2 行・3 行…）と呼びます。特定のセルを表すときには、「A1 のセル」のように、「列行」名の「位置」で指定します。

　Excel では、セルの集まりを「シート」と呼び、起動時に最初に表示されるシートは「Sheet1」のみです。後述するように、シートは追加したり削除したりすることが可能です。また、シートの集まりを「ブック」と呼び、起動時には「Book1」という名前の「ブック」になっています。全体の画面構成は図 7.1 のとおりです。

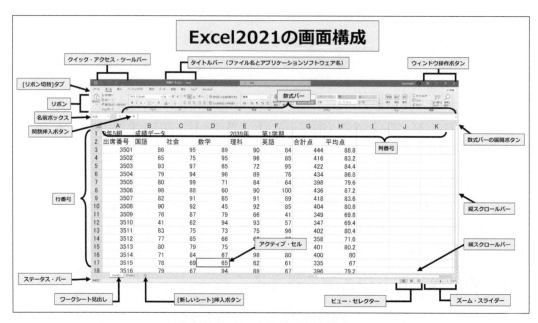

図 7.1　Excel 2021 の画面構成

7.2.2　データを入力する際に注意すべきこと

　ここでは、高校生の成績データを入力してみましょう。

　まず、セル A1 を選択します。選択されていて、データを入力できる状態になっているセルのことを【アクティブ・セル】と呼びます。セル A1 に「3 年 5 組」、セル B1 に「成績データ」、セル E1 に「2039 年」、セル F1 に「第 1 学期」を入力し、2 行目に左から「出席番号、国語、社会、数学、理科、英語」を入力します（図 7.2）。

　こうして、成績データの表の見出しの部分が入力できました。引き続き、図 7.3 にならって成績の数値も入力していきましょう。

	A	B	C	D	E	F	G
1	3年5組	成績データ			2039年	第1学期	
2	出席番号	国語	社会	数学	理科	英語	
3							
4							
5							

図 7.2　3 年 5 組成績データ 2039 年第 1 学期

	A	B	C	D	E	F	G
1	3年5組	成績データ			2039年	第1学期	
2	出席番号	国語	社会	数学	理科	英語	
3	3501	86	95	89	90	84	
4	3502	65	75	95	96	85	
5	3503	93	97	65	72	95	
6	3504	79	94	96	89	76	
7	3505	80	99	71	84	64	
8	3506	98	88	60	90	100	
9	3507	82	91	65	91	89	
10	3508	90	92	45	92	85	
11	3509	76	87	79	66	41	
12	3510	41	62	94	93	57	
13	3511	83	75	73	75	96	
14	3512	77	85	66	62	68	
15	3513	80	79	75	77	90	
16	3514	71	84	67	98	80	
17	3515	78	69	65	62	61	
18	3516	79	67	94	89	67	

図 7.3　入力する成績データ

入力する文字種

　セルには数値や文字を入力することができます。数値を入力する際には、必ず【半角数字】で入力します。全角数字で入力すると、自動的に半角数字に変換されますが、入力するごとに変換を確定する手間がかかるため非効率です。

ショートカットキーの活用

　セルに数値や文字のデータを入力したあと、キーボードの［Enter］キーを押すと、1 つ下のセルに移動することができます。また、［Tab］キーを押すと、1 つ右のセルに移動することができます。これらの操作は矢印（［→］，［←］，［↑］，［↓］）キーを使っても行うことができます。このように、なるべくマウスを使わずキーボードだけで操作を行うと、入力の効率を上げることができます。

　セルに入力したデータを削除するには、削除したいセルを選択した状態で［Delete］または［BackSpace］キーを押します。

オートフィル

　同じデータや、連番になっている数値を入力する際には、オートフィル機能を使うと便利です。オートフィルを利用するときは、セルの右下隅のフィル・ハンドルの■マーク（図 7.4）にカーソルを当てて、マウスポインタが「＋マーク」に変わったら（図 7.5）、該当セルまでドラッグします。最後のセルの右下にオートフィル・オプション・ボタン（図 7.6）が表示されるので、プルダウンメニュー表示用▼マークを左クリックして、メニューから［連続データ］を選択します。このメニューで［セルのコピー］を選択すると、全てのセルが同じデータになります。

図 7.4　フィル・ハンドルの■マーク

図 7.5　＋マークに変わったマウスポインタ

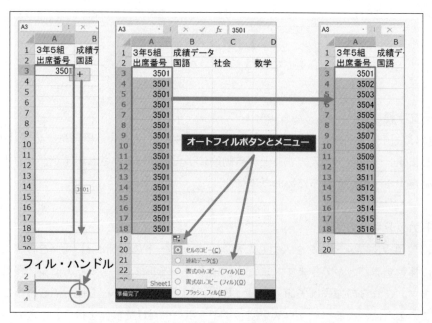

図 7.6　オートフィルを利用した連続データの入力

これらの便利な方法を活用し、成績データの入力を完成させてみましょう。

7.2.3　元データの保存

　完成させたブックは、後に出てくる演習課題でも使用するので、保存しておいてください。入力したデータは、後にさまざまな計算を行ったり、グラフを作成したりする際に利用することになります。しかし、そうした作業を行う過程で、作業のやり直しをしなければならなくなることがあります。また、新たにデータの追加や削除・訂正が行われるかもしれません。こうした場合、計算などを行う前、つまり加工前の状態である「元データ」が必要になります。このため、データを入力した直後の、「元データ」の状態のブックは【以後の作業には使わないで保存しておく】べきです。例えば、以下のような名前を付け、ファイルとして保存しておくと良いでしょう（1.5.1「ファイル名」参照）。

　　例：　2039年第1学期–3年5組成績データ–元データ.xlsx

　このデータを利用して計算やグラフ作成などを行う際には、元データのファイルをコピーし（1.6.3「ファイル、フォルダの複製（コピー）」参照）、新たに作成したファイルを用いて作業を行うようにしましょう。

7.2.4　表の編集

　ここまでの作業で、データを表の形にしましたが、さらにデータを追加したり、削除したりする場合も考えられます。また、作成した表を印刷する際には、表に罫線を引いた方が良いかもしれません。このように作成した表を編集したり、加工したりする上で知っておくと役立つ技術をいくつか紹介します。

行・列の削除と挿入

　高校生の成績データ表を作成しましたが、例えば、科目や生徒を増やしたり減らしたりする場合があるかもしれません。ここでは、表の行や列を丸ごと削除したり、追加する方法を説明します。

　1. 列番号を左クリックすると、その列全体を選択することができます（図 7.7）。さらに
　　　[Ctrl] キーを押しながら別の列を左クリックすると、複数の列を同時に選択できます
　　　（図 7.8）。隣接する列の場合は、列番号を左クリックしたままカーソルをドラッグして
　　　も、複数の列を選択できます。

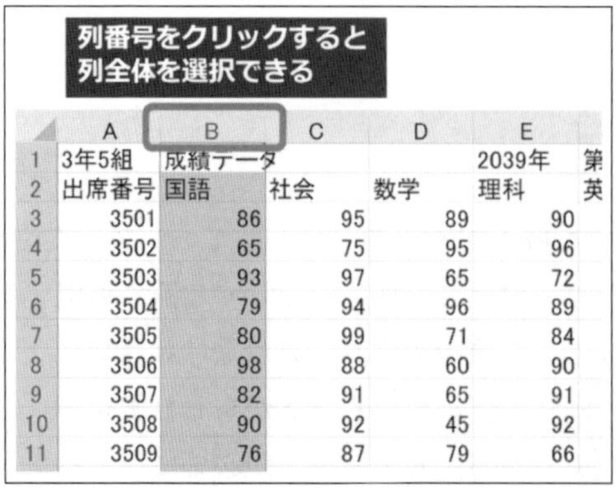

図 7.7　列全体を選択

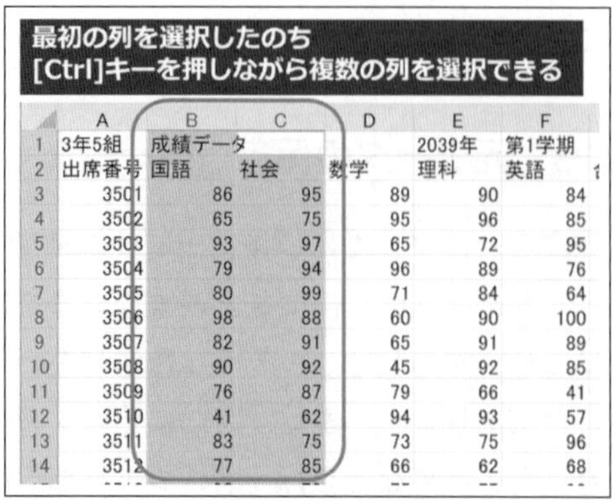

図 7.8　複数の列を同時に選択

2. 1つまたは複数の列を選択した状態で右クリックし、メニューで［削除］を選ぶと（図 7.9）、列全体を削除することができます。

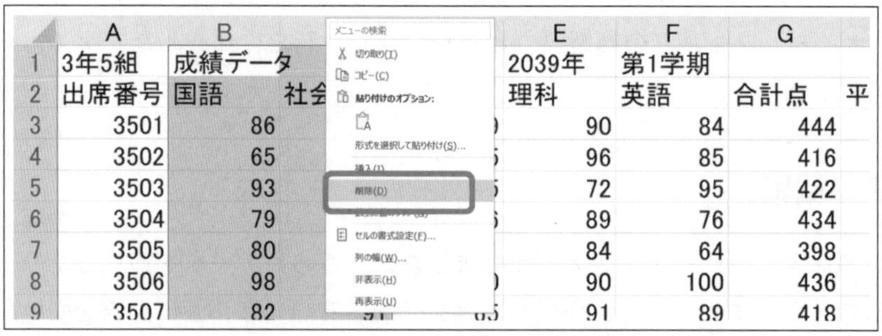

図 7.9　右クリックのメニュー［削除］で列全体を削除

3. 列の削除と同じ要領で、行の削除も行えます。

　なお、行／列番号を選択した状態で右クリックし、［挿入］を選ぶと、選んだ行／列の左側／上側に新しい行／列を挿入することができます（図 7.10）。

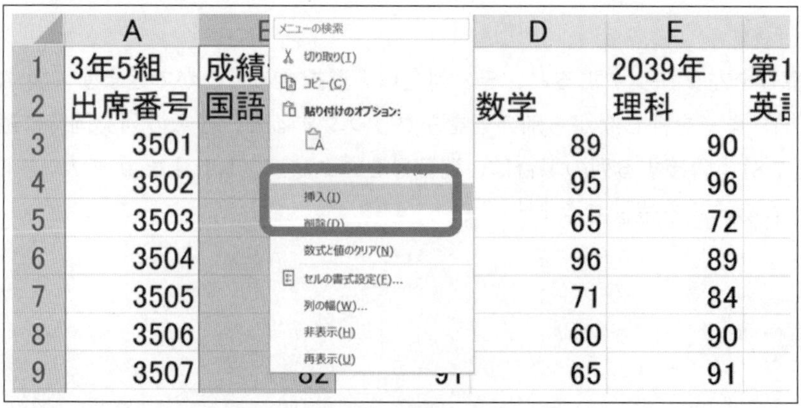

図 7.10　行／列を挿入する

行・列の間隔の調整

データの文字列の長さによっては、セルの中に入りきらずにはみ出してしまうことがあります。この場合、行の高さや列の幅を調整することでセルの中に収まるようにできます。

隣り合う行／列番号の間にカーソルを持って行くと、カーソルの形が「直線の両側に矢印」になります（図 7.11）。カーソルがこの形になっている状態で、マウスの左クリックを押したまま左右（行の場合は上下）にドラッグすると、行の高さや列の幅を調整できます。

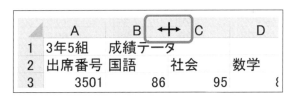

図 7.11　行の高さや列の幅の調整

罫線の引き方

Excel などの表計算ソフトウェアでは、薄い灰色の線でセルが見えるようになっていますが、これはあくまでも画面上だけで、例えば印刷した場合にはこの線は印刷されません。もし表の罫線を明示的に引きたい場合は、以下の手順で行うことができます。

1. 罫線を引きたい範囲をドラッグします。
2. ［ホーム］タブの［フォント］グループにある、［罫線］ボタン右の「∨」で表示される［罫線］メニューから、［格子］を選択します（図 7.12）。

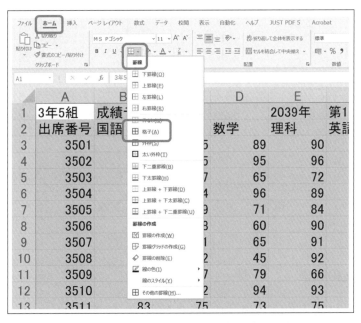

図 7.12　［罫線］メニューから［格子］を選択

3. その結果、罫線が表示されます（図 7.13）。

	A	B	C	D	E	F
1	3年5組	成績データ			2039年	第1学
2	出席番号	国語	社会	数学	理科	英語
3	3501	86	95	89	90	
4	3502	65	75	95	96	
5	3503	93	97	65	72	
6	3504	79	94	96	89	
7	3505	80	99	71	84	
8	3506	98	88	60	90	

図 7.13　罫線が表示される

　斜めの罫線など［罫線］メニューにない罫線を引く場合は、［その他の罫線］を左クリックして［セルの書式設定］ダイアログボックスの中にある［罫線］タブで設定します（図 7.14）。

図 7.14　［セルの書式設定］の［罫線］タブ

7.2.5　シートの編集

　シート上にデータを入力して表を作成しましたが、データを入力したシートに見出しを付けることで「何のデータを入力したシートなのか」をはっきりさせておいた方が良いでしょう。

また、1つのブックには複数のシートを作ることができます。ここでは、Excelのシートを取り扱う方法について紹介します。

シート見出しの変更

　Excelでは、起動時に最初に表示されるシートは「Sheet1」という名前になっています。しかし、シート上にデータを入力した場合、単に「Sheet1」では何のデータを入力したのかわかりにくいので、入力したデータに合わせて「シート見出し」を付けておくようにしましょう。変更したいシート見出しを右クリックして表示されるメニューで［名前の変更］を選び、シート見出しを入力することで、任意の名前にすることができます。（図7.15）。

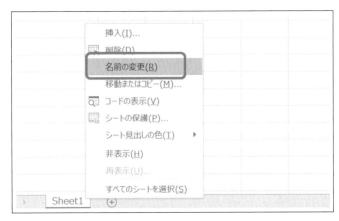

図7.15　シートの見出しを入力

シートの追加と削除

　1つのブックに複数のデータを入力する際、シートを分けておいた方が良い場合があります。新しいシートを追加するには、シート見出しの右端にある［新しいシート］挿入ボタン（○に＋）を左クリックします。追加したシートは、例えば「Sheet3」のように自動的に連番が振られます。このままだと、何のデータのシートなのかわからなくなってしまうので、シートを追加したら適切な名前に変更しておきましょう（図7.16）。

図7.16　シートを追加する

　また、シート見出しの上で右クリックして表示されるメニューで［削除］を選択すると、そのシートを削除することができます（図7.17）。

図 7.17　シートを削除する

7.3　基本的なデータの計算処理

　表計算ソフトウェアでは、データを表の形式に整理することができますが、それだけではなく、セルに計算式や関数を書き込むことによって計算を行うこともできます。また、その計算式に関係するセルのデータを変更すると、ただちに再計算をしてくれます。

7.3.1　四則演算の方法

　四則演算は、たし算・ひき算・かけ算・わり算のことです。表計算ソフトウェアでは、数式は【必ず＝（等号）から始まります】。また、四則演算はそれぞれ、＋・－・＊・/の記号を使って数式を記述します。

　例えば、前節で作成した成績データの表で、出席番号 3501 の生徒の合計点をセル G3 で計算する場合、セル G3 に次のように記述します（図 7.18）。

=B3+C3+D3+E3+F3

	A	B	C	D	E	F	G	H
1	3年5組	成績データ			2039年	第1学期		
2	出席番号	国語	社会	数学	理科	英語		
3	3501	86	95	89	90	84	=B3+C3+D3+E3+F3	
4	3502	65	75	95	96	85		

図 7.18　セル G3 に記述された "=B3+C3+D3+E3+F3"

7.3.2　基本的な関数の利用 (1)

　計算を行う対象が少ないならば、前述のような数式を用いて計算を行っても良いのですが、対象の個数が多い場合は数式を書くことが大変になってきます。そうした場合は、関数を用いると計算を簡単に行うことができるようになります。

SUM 関数

実際に関数を使って計算式を入力してみましょう。

1. セル G3 を左クリックしてアクティブ・セルにします（既にセル G3 にデータや計算式が入力されている場合はそれらを削除し、空白の状態にしてください）。

2. ［ホーム］タブのグループ「編集」から［Σ］ボタン（図 7.19）を左クリック、または［Σ］ボタン右のメニューから［Σ 合計］（図 7.20）を選択します。

図 7.19 ［ホーム］タブ「編集」グループの［Σ］ボタン

図 7.20 ［Σ］ボタン右のメニューの［Σ 合計］

3. 合計を求めたいセルの範囲（引数の範囲）が自動判定され、点滅する枠で囲まれます（図 7.21）。出席番号まで囲まれているので、ドラッグによって正しい範囲を指定します（図 7.22）。

   - 計算の対象となるデータを、関数の【引数】といいます
   - 関数の【入力をキャンセルしたい場合は、［Esc］キー】を押します。

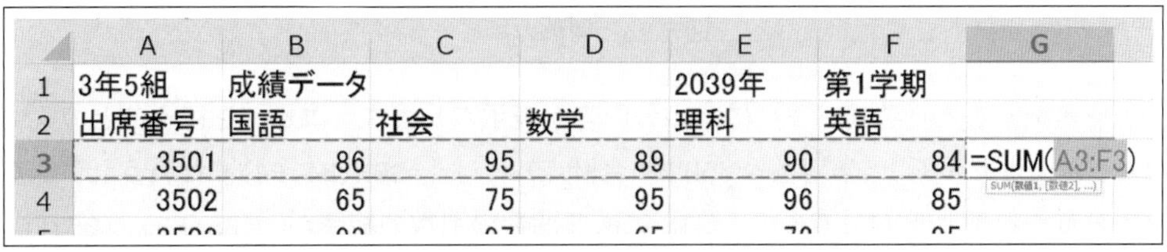

	A	B	C	D	E	F	G
1	3年5組	成績データ			2039年	第1学期	
2	出席番号	国語	社会	数学	理科	英語	
3	3501	86	95	89	90	84	=SUM(A3:F3)
4	3502	65	75	95	96	85	SUM(数値1, [数値2], ...)

図 7.21 点滅する枠で囲まれた関数の引数

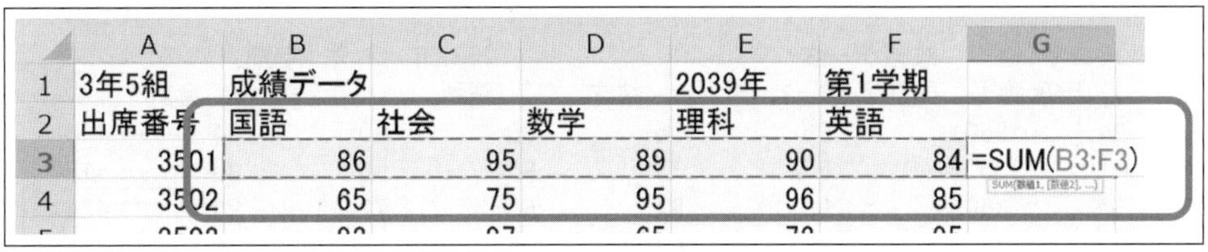

	A	B	C	D	E	F	G
1	3年5組	成績データ			2039年	第1学期	
2	出席番号	国語	社会	数学	理科	英語	
3	3501	86	95	89	90	84	=SUM(B3:F3)
4	3502	65	75	95	96	85	SUM(数値1, [数値2], ...)

図 7.22 正しい範囲を設定

4. セル G3 に「=SUM(B3:F3)」と記入されていることを確認し、［Enter］キーを押すと計
算結果が表示されます。444 になるはずです。

SUM という関数は、「引数として選択した範囲のセルのデータを全て足す」というもので、
後ろの（）内にある「B3:F3」が、合計するセルの範囲（セル B3 からセル F3）を示してい
ます。

ここでは最も基本的な関数である SUM 関数を例に挙げましたが、Excel ではこれ以外にも
300 以上の関数があります。SUM 以外の関数については、別項でそのいくつかを演習します。

関数のコピー

前述の SUM では、学籍番号 3501 の生徒の合計点を計算しました。さらに、学籍番号 3502
以下の生徒たちの合計点を計算しようとして、1 人分ずつ関数を記入していくのはかなりの手
間です。このように、同様の計算を行いたいときは、オートフィルのときと同様、セル G3 の
右下にある＋マークをセル G18（出席番号 3516 の生徒の合計点）までドラッグすることで、
一斉にコピーを行うことができます（図 7.23）。

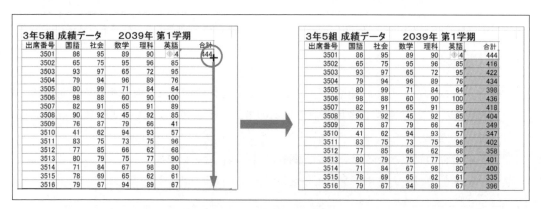

図 7.23　関数のコピー

セルを選択すると［数式バー］にセルの内容が表示されます。コピーを行うことで入力され
たセル、例えばセル G4（学籍番号 3502 の合計点）には「=SUM(B4:F4)」という計算式が入力
されており、以下セル G5, G6, …, G18 にある関数の引数の範囲が、(B5:F5), (B6:F6), …,
(B18:F18) のように、行番号が 1 つずつ増えていることがわかります（図 7.24）。

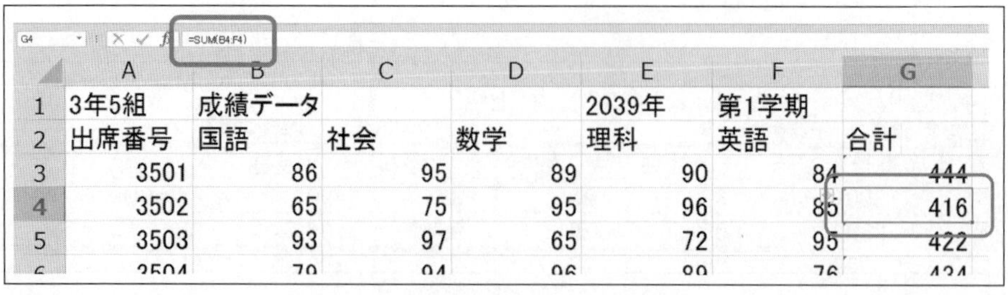

図 7.24　関数のコピーの結果

7.3.3 相対参照と絶対参照

成績表の個人ごとの得点合計で用いた SUM 関数を下位方向にコピーしたとき、引数のセル範囲が自動的に変更されていました（図 7.23，図 7.24）。Excel では、具体的な数値ではなく、セルの番号を使って表記することを「参照」と呼びますが、このように、コピーすると自動的にセルの行番号、列番号が変わるように調整される参照方法を「相対参照」と言います。通常の、単にセルの番号だけを書く書き方が「相対参照」です。

一方、参照するセルの範囲が常に固定されていた方が都合良い場合もあります。このような場合には「絶対参照」という書き方を使用します。「絶対参照」を行う場合、例えば「$A$3」のように、セルの行番号・列番号の前に「$」記号を付けて書きます。この「絶対参照」で書いた場合、このセルの番号はコピーを行っても変化せず、常に同じものになります。

また、「$A3」や「A$3」のように、行番号や列番号だけに「$」を付けると、「行だけ」または「列だけ」を固定することができます（このように、「行」または「列」の片方だけを固定する書き方は「複合参照」と呼びます）。

相対参照から絶対参照（複合参照）への変換は、行番号や列番号の前に「$」を入れるのですが、数式中の変換したいセルの番号を選択した状態で［F4］キーを押すことで、相対参照→絶対参照→複合参照となるよう、自動的に「$」記号を付けることができます。

具体的な例として、消費税の計算を行う場合を試してみましょう。図 7.25 は、Excel で作成した請求書の例で、F5 のセルに記入された消費税率は 8% になっています。

	A	B	C	D	E	F	G
1				請求書			
2							
3	黒部　五郎 様					2024年6月5日	
4							
5					消費税率：	8%	
6							
7	日付	商品	単価	数量	金額	税込み価格	
8	2024年5月17日	鉛筆	50	21	1050	1134	
9	2024年5月21日	手帳	500	5	2500		
10	2024年5月27日	はさみ	350	11	3850		
11							
12					ご請求金額：		
13							

図 7.25　消費税率を 8% として作成した請求書

例えば、セル F8 の税込価格は、図 7.26 に示すように、「セル E8 の金額」と「金額 (E8) に消費税率 8% (F5) を掛けたもの（つまり消費税額）」を足した数値です。ここで、F5 の消費税率が絶対参照を用いて「$F$5」と書かれていることに注目してください。

図 7.26　セル F8 の計算式

このように絶対参照を用いて税込価格を記入しておくと、セル F8 以下のセルに計算式をコ
ピーした場合でも、正しい値を計算することができます（図 7.27）。

	A	B	C	D	E	F	G
1			請求書				
2							
3	黒部　五郎 様					2024年6月5日	
4							
5					消費税率：	8%	
6							
7	日付	商品	単価	数量	金額	税込み価格	
8	2024年5月17日	鉛筆	50	21	1050	1134	
9	2024年5月21日	手帳	500	5	2500	2700	
10	2024年5月27日	はさみ	350	11	3850	4158	
11							
12					ご請求金額：		
13							

図 7.27　コピーによってセル F8 以下の税込価格を計算

ここで、絶対参照の書き方を行わなかった場合を考えてみましょう。もし、絶対参照を使わ
ずに F8 の計算式を記入し、セル F8 以下のセルにコピーを行った場合、図 7.28 のように、正
しい値を得ることができなかったり、エラーが表示される事になります。

	A	B	C	D	E	F	G
1			請求書				
2							
3	黒部　五郎 様					2024年6月5日	
4							
5					消費税率：	8%	
6							
7	日付	商品	単価	数量	金額	税込み価格	
8	2024年5月17日	鉛筆	50	21	1050	1134	
9	2024年5月21日	手帳	500	5	2500	2500	
10	2024年5月27日	はさみ	350	11	3850	#VALUE!	
11							
12					ご請求金額：		
13							

図 7.28　絶対参照を用いずに計算式を記入した場合

このとき、例えばセル F10 の計算式は図 7.29 のようになっており、本来はセル F5（消費
税率）であるべきところがセル F7 になってしまっています。

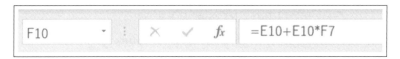

図 7.29 絶対参照を用いなかった場合の、セル F10 の計算式

このような場合に、絶対参照を利用することが必要になります。

いま、消費税率が 8% から 10% に引き上げられたとします。このとき、図 7.30 に示すように、セル F5 の数値を 8% から 10% に書き換えると、F8〜F10 のすべての品目の税込価格が自動的に、10% の消費税率で再計算されます。合計の請求金額（セル F12）を SUM 関数で計算し、請求書を完成させましょう。

	A	B	C	D	E	F	G
1				請求書			
2							
3	黒部　五郎 様					2024年6月5日	
4							
5					消費税率：	10%	
6							
7	日付	商品	単価	数量	金額	税込み価格	
8	2024年5月17日	鉛筆	50	21	1050	1155	
9	2024年5月21日	手帳	500	5	2500	2750	
10	2024年5月27日	はさみ	350	11	3850	4235	
11							
12					ご請求金額：	¥8,140	
13							

図 7.30 F5 の消費税率を 10% に書き換えた場合

7.4 データの活用法

第 5 章では、地球温暖化についてのレポートを作成することになり、インターネットを利用した検索で、気象庁の Web サイトから気象観測のデータが手に入ることがわかりました。このデータを利用して、表計算ソフトウェアを用いたデータ処理を行い、レポートを書く上で使うことのできる資料を作成してみましょう。

インターネット上で公開されているオープンデータは、Excel 形式や CSV 形式など、表計算ソフトウェアでそのまま利用できるものもあります。その一方で、表計算ソフトウェアではそのまま扱うことのできない、Web ページ上の表として公開されているデータもあります。ここでは、Web ページ上の表として公開されているデータを Excel に入力することにします。

7.4.1 オープンデータを表計算ソフトウェア上に入力する方法

気象庁の観測データベースから、東京の 1876〜2023 年（148 年間）の年平均気温・年平均湿度・年間降水量のデータを取り出してみましょう。

1. まず、Web ブラウザで以下の URL を開きます。

   https://www.data.jma.go.jp/stats/etrn/index.php

   （気象庁、過去の気象データ検索；図 7.31）

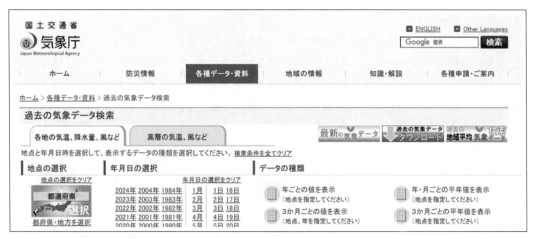

図 7.31 気象庁、過去の気象データ検索

2. 左側にある「地点の選択」で、都道府県の中から「東京」を選択し、地点として「東京」を選択します（図 7.32）。

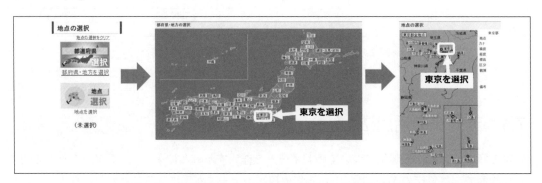

図 7.32 都道府県から「東京」、地点から［東京］を選択

3. 地点を選択したのち、右側にある「データの種類」で、「年ごとの値を表示」のリンクを開きます（図 7.33）。1875 年から 2024 年までの月ごとの主な気象観測データ（気圧・降水量・気温・湿度…など）の表が表示されます（図 7.34）。

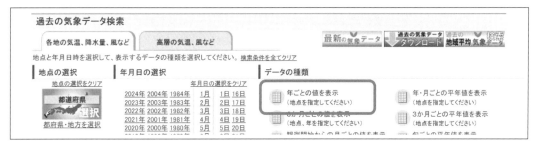

図 7.33 「年ごとの値を表示」のリンク

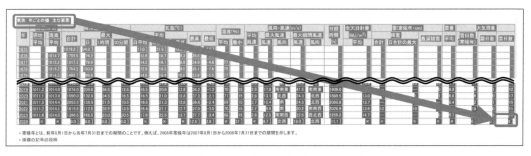

図 7.34 1875 年から 2024 年までの月ごとの主な気象観測データ

4. 表の左上外側にある「東京 年ごとの値 主な要素」と書いてあるところから、表の中にある一番右下のマス（2024 年の雷日数）までをドラッグして選択します（図 7.35）。

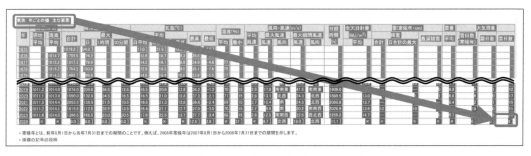

図 7.35 ドラッグによるデータの選択

5. 選択した範囲をコピーします。選択した状態の文字の上で右クリックして［コピー］を選ぶか、［Ctrl］＋［C］でコピーできます。

6. Excel を起動して新しいブックを作成し、Sheet1 のセル A1 を選択した状態で右クリックします。

7. メニューの［貼り付けのオプション］で、［貼り付け先の書式に合わせる］を選択します（図 7.36）。

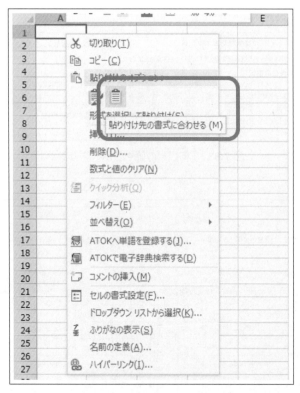

図 7.36　［貼り付け先の書式に合わせる］を選択

8. シート上にデータが入力されました（図 7.37）。

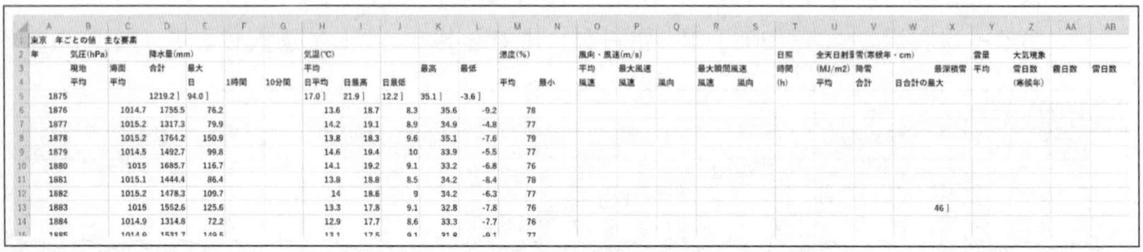

図 7.37　シート上に入力されたデータ

　以上の手順で、東京で観測された 1875～2024 年の気象データが Excel 上で表の状態になりました。同様の手順で、伏木（富山県高岡市）の気象データも表の状態にしてみましょう。

　1.「気象庁、過去の気象データ検索」の Web ページを開き、「地点の選択」で、都道府県の中から「富山」を選択し、地点として「伏木」を選択します（図 7.38）。

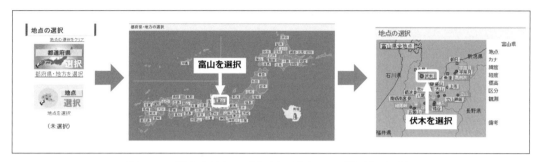

図 7.38　都道府県から「富山」、地点から［伏木］を選択

2. 伏木の気象観測データは、1883 年から取られています。以下、上述した東京の 3.～5. と同じ方法でデータをコピーします。

3. Excel に貼り付ける際には、新しくシートを追加する必要があります。［新しいシート］挿入ボタン（図 7.1 参照）を左クリックして、まだ何もデータが記入されていない「Sheet2」を作成し、そのセル A1 に［貼り付け先の書式に合わせる］で貼り付けてください。

　この後、このデータを利用して、さまざまな計算やグラフ作成を行います。しかし、そうした作業の途中でやり直しをする必要が出てくることも考えられます。7.2.3 で述べたように、必ず【元データは別に保存】しておきましょう。

7.4.2　計算処理作業用ファイルの準備

　前節では、東京と伏木の気象データを Excel のファイルとして保存しました。このデータを利用して、これから計算処理を行います。このとき、前にも書いたように【元データを直接編集することは避ける】べきです。まずは、以降の作業に用いるためのファイルを作成しておきましょう。

1. まず、保存してある元データの Excel ファイルを開きます。

2. レポートの題材は「地球温暖化」ですので、説明をする上で必要になりそうなデータは、まず「気温」のデータでしょう。それ以外に「降水量」や「湿度」のデータも使えるかもしれません。そこで、年号のデータがある A 列、降水量（合計）の D 列、気温（日平均）の H 列、湿度（平均）の M 列を選択してコピーします。選択した状態の文字の上で右クリックして［コピー］を選ぶか、［Ctrl］＋［C］でコピーできます。

3. Excel を起動して新しいブックを作成し、Sheet1 のセル A1 を選択した状態で右クリックします。

4. メニューの［貼り付けのオプション］で、［貼り付け］を選択します（図 7.39）。

図 7.39　［貼り付け］を選択

5. 作業用のファイルが準備できました（図 7.40）。

	A	B	C	D	E
1	東京（東京都）　年ごとの値　主な要素				
2	年	降水量(m|	気温(℃)	湿度(%)	
3		合計	平均		
4			日平均	平均	
5	1875	1219.2]	17.0]		
6	1876	1755.5	13.6	78	
7	1877	1317.3	14.2	77	
8	1878	1764.2	13.8	79	
9	1879	1492.7	14.6	77	
10	1880	1685.7	14.1	76	
11	1881	1444.4	13.8	78	
12	1882	1478.3	14	77	
13	1883	1552.6	13.3	76	
14	1884	1314.8	12.9	76	

図 7.40　作業用のファイル

6. 同様にして、伏木のデータもコピーし、新しいシート上に貼り付けておきましょう。

7. 以上の手順で作業用のファイルが準備できたら、【元データのファイルとは別に】わかりやすい名前を付けて保存しておきましょう。ここからは、この計算処理作業用のファイルで作業を行う前提で説明します。

7.4.3　データのクリーニング

　作業に用いるデータとして、東京と伏木それぞれの「降水量」「気温」「湿度」のデータがシート上に貼り付けられました。しかし、例えば東京のデータを見ると、1875 年の降水量の値には、「]」という注釈記号が付けられています。また、2024 年は降水量・気温・湿度のいずれにも「]」の注釈記号が付けられています。このように、データによっては数値に何らかの注釈記号が付けられている場合があります。

　気象庁の場合、この「]」という注釈記号は、「統計を行う対象資料が許容範囲を超えて欠けていて（資料不足値）、信用できない」ということを示しています。ここで用いるデータは「年間の平均値」ですが、観測の始まった年（東京の場合は 1875 年）や、今年（2024 年）は「1 年分のデータが揃っていない」ため、「年間の平均値」としては意味を成さないデータということになります。もちろん、災害や戦争など他の理由によって「観測データが 1 年分揃わなかった」という場合も起こり得るでしょう。

　こうした注釈記号は、作成者によって色々なものが使われますが、多くの場合はデータの説明として「どの記号にどのような意味があるのか」が書かれています。また、こうした説明が書かれていない場合、そもそも「信用に足らないデータ」という可能性が高いでしょう。例えば、気象庁の場合は以下の URL に「値欄の記号の説明」として、記号の一覧が載せられており、データベースの下の方にリンクが置かれています。

`https://www.data.jma.go.jp/stats/data/mdrr/man/remark.html`
（気象庁、値欄の記号の説明）

　気象庁の説明を読むと、東京の 1875 年の湿度は空欄になっていますが、ここは「観測自体が行われなかった」ことを示していることがわかります。また、伏木の 1883～1884 年の降水量と気温の欄には「×」が記入されていますが、これは「欠測、つまり（何らかの事情で）観測ができなかったため、値の計算ができなかった」ことを示しているとわかります。

　データを用いて計算処理を行う際、このように「計算を行う上で不適切な」値が混じっていることがあります。不適切な値も含めたまま計算を行うと、誤った結論に行きついたり、正しいグラフを描くことができなかったりします。

　このため、計算などの処理を行う前に、これらの値を「削除するべきか」「そのまま利用するべきか」を充分に考える必要があります。どのようにするかは場合により、一概に削除すれば良いとは限りません。このように、不適切な値の扱いを吟味することを「データのクリーニング」と呼びます。

　ここでは、「確実に 1 年間の平均値」として利用できる値だけを使って、計算処理を行うことにして、これらの値は削除しておきましょう。

1. 東京の 1 行、3～5 行、153 行を削除してください。1 行は「表の見出し」、3～4 行は「データの見出しの追加情報」ですので、ここでは不要です。

2. また、5 行（観測開始年の 1875 年）と 154 行（2024 年：今年）は 1 年分のデータがそろっていないため、ここでは削除することにします。したがって、実際に使用するデータは 1876〜2023 年の 148 年分です（図 7.41）。

	A	B	C	D	E
1	年	降水量(mm)	気温(℃)	湿度(%)	
2	1876	1755.5	13.6	78	
3	1877	1317.3	14.2	77	
4	1878	1764.2	13.8	79	
5	1879	1492.7	14.6	77	
6	1880	1685.7	14.1	76	
7	1881	1444.4	13.8	78	
8	1882	1478.3	14	77	
9	1883	1552.6	13.3	76	
10	1884	1314.8	12.9	76	
146	2020	1590	16.5	71	
147	2021	2052.5	16.6	69	
148	2022	1615.5	16.4	70	
149	2023	1396.5	17.6	68	
150					

図 7.41　クリーニングを行った東京のデータ

3. 伏木のデータの場合は、1 行（表の見出し）、3〜4 行（データの見出しの追加情報）と、1 年分のデータがそろっていない 5〜7 行（1883〜1885 年）と 146 行（2024 年：今年）を削除します。したがって、実際に使用するデータは 1886〜2023 年の 138 年分です。

　東京・伏木ともに、注釈記号が付いている値が出てくるのはデータの最初と最後だけでしたが、実際には、それ以外の場所にも混じっていることがあります。これらを目視だけで探し出すことは難しく、見落とすこともあるでしょう。Excel にも検索や置換の機能があるので、それを活用するべきです。

7.5 さまざまな関数を用いたデータの計算処理

表計算ソフトウェアにはさまざまな関数が用意されています。ここでは、前節で作成した「1876〜2023 年の東京の気象データ」の表を例にとって、Excel の関数を使ってデータの計算処理を行ってみましょう。

東京のデータの計算処理がそれぞれできたら、同様の方法で伏木のデータの計算処理も行ってみてください。

7.5.1 基本的な関数の利用 (2)

業務や研究などでよく使いそうな関数は、[ホーム] タブの [編集] グループ、または [数式] タブの [関数ライブラリ] グループにある [Σ オート SUM]（図 7.42, 図 7.43）ボタンにまとめられています。[Σ オート SUM] ボタンの右にある▼を左クリックすると表示されるメニューによく使う関数として、合計 (SUM)・平均 (AVERAGE)・数値の個数 (COUNT)・最大値 (MAX)・最小値 (MIN) の 5 つが挙げられています（図 7.44）。ここでは、それらのうちの AVERAGE と MAX・MIN を使って演習を行ってみましょう（SUM 関数は前述）。

図 7.42 ［ホーム］タブ [編集] グループの [Σ オート SUM]

図 7.43 ［数式］タブ [関数ライブラリ] グループの [Σ オート SUM]

図 7.44 ［Σ オート SUM］ボタン右の▼を左クリックすると表示されるメニュー

AVERAGE 関数

AVERAGE は、引数の平均値を計算する関数です。ここでは、直近 30 年間（1994〜2023 年）の各気象データの平均値を求めてみましょう。

なお、ここでは直近 30 年間の平均値を求めますが、これは気象学・気候学で用いられる「平年値」の考え方に基づいています。天気予報などでも「平年と較べて〜」という表現がよく使われますが、この「平年値」は、気温や降水量などの気象観測で得られた観測値の 30 年平均のことです。通常は「西暦の下 1 桁が 1 となる年（2011 年や 2021 年など）」に、その直前 30 年間の観測値から求められます。

1. セル B150（2023 年の年間降水量の 1 つ下のセル）を選択します（図 7.45）。

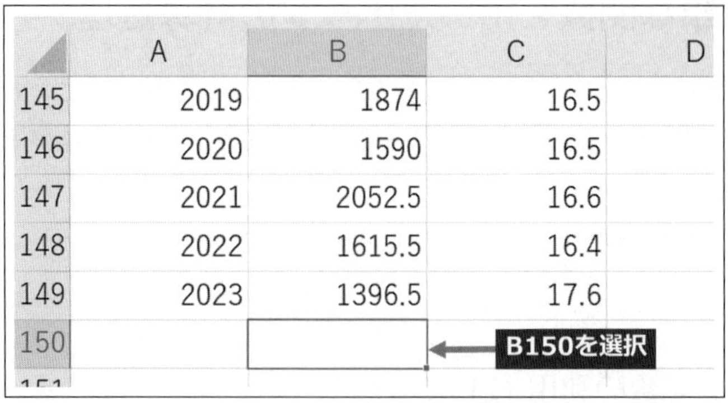

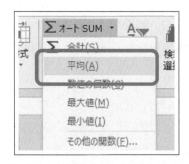

図 7.45　セル B150 を選択

2. ［Σ オート SUM］の右にある▼を左クリックし、メニューから［平均］を選択します
   （図 7.46）。

図 7.46　メニューから［平均］を選択

3. 範囲が自動的に選択され、点滅した枠で囲まれます（図 7.47）。

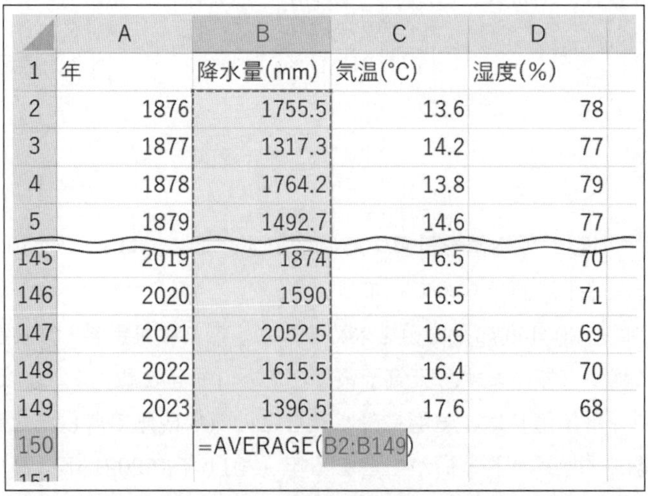

図 7.47　選択された範囲が点滅する枠で囲まれる

4. 引数としてセル B2〜B149（1876〜2023 年のデータ）が選択されます。ここでは、1994〜2023 年の平均値を求めるので、セル B120〜B149 が選択されるように修正してください。セル B120 からセル B149 にかけてドラッグすることで、範囲を選びなおすことができます（図 7.48）。

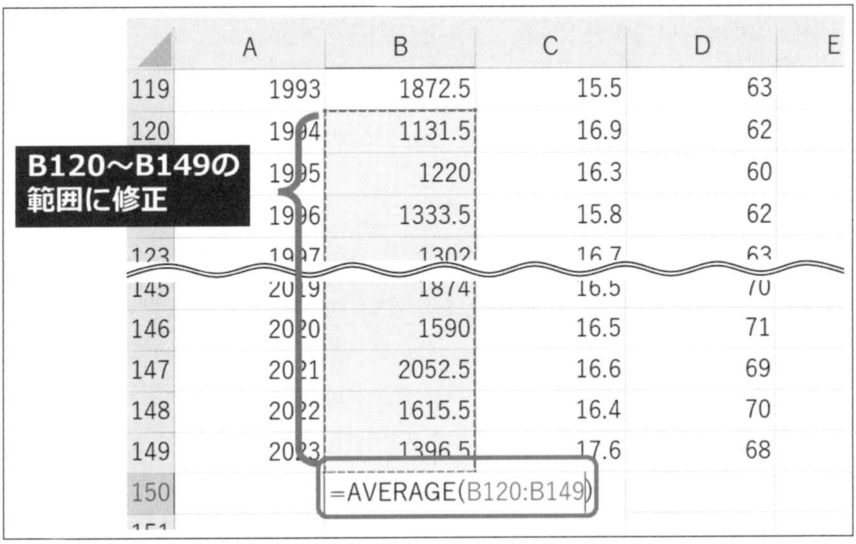

図 7.48　セル B120〜B149 が選択されるように修正

5. セル B150 に「=AVERAGE(B120:B149)」と入力（図 7.48）されていることを確認して、[Enter] キーを押すと計算結果が表示されます（図 7.49）。

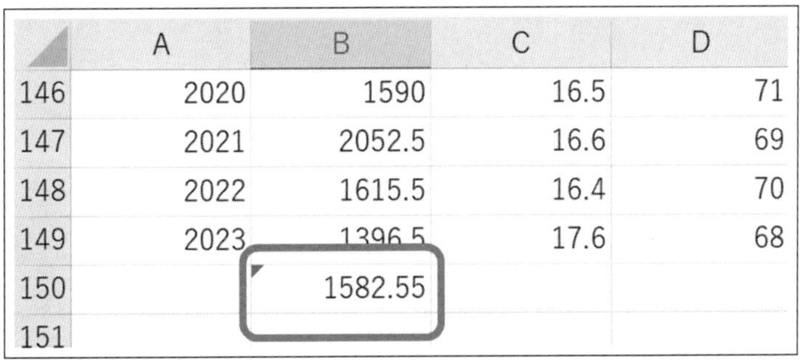

図 7.49　計算結果が表示される

6. 同様の方法で「気温」と「湿度」についても、1994〜2023 年の平均値を計算してみてください。

3 つのデータの平均値が求められたら、それらの数値が何を表しているかわかるよう、セル A150（2023 年の 1 つ下のセル）に「1994〜2023 年の平均値」と記入しておきましょう（図 7.50）。

	A	B	C	D
146	2020	1590	16.5	71
147	2021	2052.5	16.6	69
148	2022	1615.5	16.4	70
149	2023	1396.5	17.6	68
150	1994〜2023年の平均値	1582.55	16.5966667	63.2333333
151				

図 7.50　セル A150 に記入された「1994〜2023 年の平均値」と、気温（セル C150）・湿度（セル D150）の計算結果

桁数と有効数字

　平均を計算したとき、セル内の実数表示は図 7.50 の B150〜D150 で示すように、計算精度の範囲内で計算できる桁を全て表示します。しかし、計算したデータが整数の場合には平均値は小数点以下 1 桁（2 桁目を四捨五入）まで、データの値が小数点以下 1 桁の場合は小数点以下 2 桁（3 桁目を四捨五入）まで求めるなど「有効数字」を考えた表示とする必要があります。

　数値の表示を小数点以下 1 桁または 2 桁表示に変更するときは、対象セルを選択し、［ホーム］タブの［数値］グループから、［小数点以下の表示桁数を増やす］あるいは［小数点以下の表示桁数を減らす］ボタン（図 7.51）を必要回数左クリックして変更します。

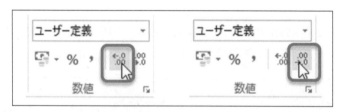

図 7.51　［小数点以下の表示桁数を増やす］ボタン（左）と［小数点以下の表示桁数を減らす］ボタン（右）

　ここでは、湿度の平均値（D150）は小数点以下 1 桁、降水量と気温の平均値（B150 と C150）は小数点以下 2 桁まで表示させるのが妥当です（図 7.52）。

	A	B	C	D
146	2020	1590	16.5	71
147	2021	2052.5	16.6	69
148	2022	1615.5	16.4	70
149	2023	1396.5	17.6	68
150	1994〜2023年の平均値	1582.55	16.60	63.2
151				

図 7.52　小数点以下の桁数を調整した平均値の計算結果

MAX 関数と MIN 関数

MAX は、引数の中で最大の値を計算する関数です。ここでは、1876～2023 年（148 年間）の各データの最大値を求めてみましょう。

1. セル B151（降水量の平均値の 1 つ下のセル）を選択します。
2. ［Σ オート SUM］の右にある▼を左クリックし、メニューから［最大値］を選択します（図 7.53）。

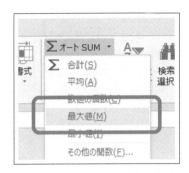

図 7.53 メニューから［最大値］を選択

3. 範囲が自動的に選択され、点滅した枠で囲まれます（図 7.54）。

	A	B	C	D
1	年	降水量(mm)	気温(℃)	湿度(%)
2	1876	1755.5	13.6	78
3	1877	1317.3	14.2	77
4	1878	1764.2	13.8	79
5	1879	1492.7	14.6	77
6	1880	1685.7	14.1	76
148	2022	1615.5	16.4	70
149	2023	1396.5	17.6	68
150	1994～2023年の平均値	1582.55	16.60	63.2
151		=MAX(B2:B150)		
152				

図 7.54 選択された範囲が点滅する枠で囲まれる

4. 引数としてセル B2～B150（1876～2023 年のデータと 1994～2023 年の平均値）が選択されるはずです。この場合、平均値のデータ（セル B150）は計算に必要ないので、引数の範囲がセル B2～B149（1876～2023 年のデータ）になるように修正してください（図 7.55）。

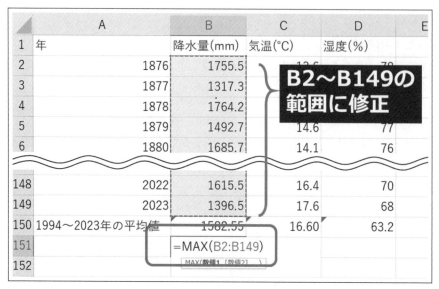

図 7.55　セル B2〜B149 が選択されるように修正

5. セル B151 に「=MAX(B2:B149)」と入力されていることを確認して、[Enter] キーを押すと計算結果が表示されます（図 7.56）。

	A	B	C	D	E
145	2019	1874	16.5	70	
146	2020	1590	16.5	71	
147	2021	2052.5	16.6	69	
148	2022	1615.5	16.4	70	
149	2023	1396.5	17.6	68	
150	1994〜2023年の平均値	1582.55	16.60	63.2	
151		2229.6			
152					

図 7.56　計算結果が表示される

6. 同様の方法で、「気温」と「湿度」の最大値も計算してみてください。

　3 つのデータの最大値が求められたら、それらの数値が何を表しているかわかるよう、セル A151（「1994〜2023 年の平均値」の 1 つ下のセル）に「1876〜2023 年の最大値」と記入しておきましょう（図 7.57）。

	A	B	C	D	E
145	2019	1874	16.5	70	
146	2020	1590	16.5	71	
147	2021	2052.5	16.6	69	
148	2022	1615.5	16.4	70	
149	2023	1396.5	17.6	68	
150	1994～2023年の平均値	1582.55	16.60	63.2	
151	1876～2023年の最大値	2229.6	17.6	79	
152					

図 7.57　セル A151 に記入された「1876～2023 年の最大値」と、気温（セル C151）・湿度（セル D151）の計算結果

　最大値を求める MAX に対して、引数の中の最小値を求めるのが MIN という関数です。MIN は、［Σ オート SUM］のメニューから［最小値］を選ぶことで入力できます。各データの最大値の 1 つ下のセル（B152～D152）に、MAX と同様の要領で 3 つのデータの最小値を計算してみましょう。また、セル A152 に「1876～2023 年の最小値」と入力しましょう（図 7.58）。

	A	B	C	D
145	2019	1874	16.5	70
146	2020	1590	16.5	71
147	2021	2052.5	16.6	69
148	2022	1615.5	16.4	70
149	2023	1396.5	17.6	68
150	1994～2023年の平均値	1582.55	16.60	63.2
151	1876～2023年の最大値	2229.6	17.6	79
152	1876～2023年の最小値	879.5	12.9	57
153				

図 7.58　1876～2023 年の「降水量」・「気温」・「湿度」の最小値

COUNT 関数（参考）

　表の中で、データの入っているセル数を数えるときは［Σ オート SUM］ボタンのメニューから［数値の個数］を選び、COUNT 関数を用います。

7.5.2　高度な関数の利用

　ここまで説明してきた、［Σ オート SUM］ボタンのメニューから直接入力できる関数は 5 種類だけです。しかし、Excel にはそれ以外のさまざまな関数が用意されています。その全てをここで説明することはできませんが、特に有用な関数を 3 つ演習します。

Excel で関数を入力する際の、より一般的な方法は次の 3 つです。

1. 数式バーの左端にある［*fx*］ボタンを左クリックする（図 7.59）。
2. ［数式］タブの［関数ライブラリ］グループにある、［関数の挿入 (*fx*)］ボタンを左クリックする（図 7.60）。
3. ［Σ オート SUM］ボタンのメニューの［その他の関数］を選択する（図 7.61）。

図 7.59　数式バーの左端の［*fx*］ボタン

図 7.60　［数式］タブ［関数ライブラリ］グループの［関数の挿入 (*fx*)］ボタン

図 7.61　［Σ オート SUM］ボタンのメニューの［その他の関数］

　上の 3 つの方法のいずれかで、［関数の挿入］ダイアログボックスを表示させることができます。自分の使いやすいと思う方法を用いるのが良いでしょう。この［関数の挿入］ダイアログボックスにある［関数の分類］メニュー（図 7.62）には、Excel で利用できる全ての関数が種類ごとにまとめられており、標準の状態では［最近使った関数］が選択されています。Excel を使い始めたばかりのうちは、どの関数がどの分類か覚えきれないので、まずは［関数の分類］の中の［すべて表示］を選ぶと良いでしょう。全ての関数がアルファベット順に並べられています（図 7.63）。

図 7.62　［関数の分類］メニュー

図 7.63　［関数の分類］の中の［すべて表示］

RANK.EQ 関数

前項では気象データの最大値と最小値を計算しましたが、これらの値は、148 年間（1876～2023 年）のデータの 1 位と 148 位ということになります。それでは、それ以外の年の順位は何位になるのでしょうか。このように、データの数値の順位を計算する関数として、Excel では RANK.EQ が用意されています。

RANK.EQ 関数は、［関数の挿入］ダイアログボックスの［関数の分類］では、［統計］に分類されています。RANK.EQ を選択して［OK］を左クリックすると（図 7.64）、［関数の引数］ダイアログボックスが表示されます（図 7.65）。RANK.EQ 関数の引数は次のとおりです。

図 7.64　RANK.EQ 関数を選択して［OK］を左クリックする

図 7.65　RANK.EQ 関数の［関数の引数］ダイアログボックス

- 数値：　順位を調べたい数値の入っているセル
- 参照：　順位を調べる範囲
- 順序：　最も数値が大きいデータを「1 位」にするか、それとも、最も数値が小さいものをデータ「1 位」にするかをここで設定します。
    - この欄に「0（ゼロ）」または何も記入しないと、数値が最も大きいデータが「1 位」になります。このような並び方を【降順】といいます。
    - この欄に「0（ゼロ）」以外の数値を指定すると、数値が最も小さいデータが「1 位」になります、このような並び方を【昇順】といいます。

それでは、降水量のデータを例にとって、実際に順位を計算してみましょう。ここでは、降順（値が一番大きいものが「1 位」）で順位をつけることにします。まず【セル F2 を選択】し、その状態で以下の操作を行ってみましょう。

1. 数式バー左端にある［fx］ボタンを左クリックし（または、前述の他の方法を使っても構いません）、［関数の挿入］ダイアログボックスを表示させ、RANK.EQ 関数を選択し

ます。

2. ［関数の引数］ダイアログボックスで［数値］の欄に「B2」と入力します（セル B2 を左
クリックしても入力できます；図 7.66）。

3. ［参照］の欄に「B2:B149」と入力します（セル B2〜B149 までの範囲をドラッグによっ
て選択しても、同様に入力できます；図 7.66）。

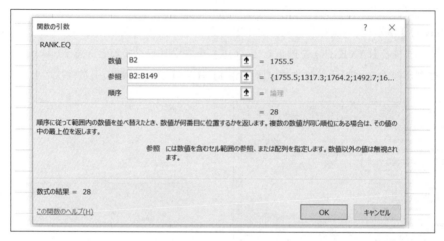

図 7.66　［数値］の欄に「B2」、［参照］の欄に「B2:B149」と入力

4. ［参照］の欄に入力した「B2:B149」の文字列を選択し、キーボードの［F4］キーを押
します。そうすることで「B2:B149」が「$B$2:$B$149」という絶対参照の表記に変わ
ります（図 7.67）。

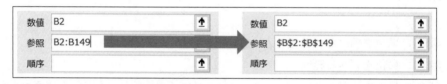

図 7.67　「B2:B149」の文字列を選択してキーボードの［F4］キーを押し、絶対参照表記にする

5. ［順序］の欄に「0」と入力します（図 7.68）。

図 7.68　［順序］の欄に「0」と入力

6. ［OK］ボタンを左クリックすると、セル F2 に計算結果が表示されます。

　セル F2 には「28」と入力されているはずです。また、セル F2 を選択したときの数式バーには、=RANK.EQ(B2,$B$2:$B$149,0) と入力されているはずです。これは、セル B2 からセル B149（つまり、1876〜2023 年の降水量のデータ）の範囲で、セル B2（1876 年）は上から28 番目に降水量が多かった年ということを意味しています。

　上の手順でセル F2 に入力した関数の参照範囲は、既に絶対参照になっているので、セル F2 に入力した関数をセル F149 までコピーして、148 年間を通した順位を計算してみましょう。1 位の年、つまり最も降水量が多かった年（1938 年）の値は 2229.6 mm で、これは MAX 関数を利用して計算した最大値と一致していることがわかります。

　降水量の順位が計算できたので、同様の方法で、気温と湿度の順位も求めてみましょう。気温の順位はセル G2〜G149 に、湿度の順位はセル H2〜H149 に、それぞれ結果が表示されるようにしてみましょう。最後に、セル F1 に「降水量の順位（降順）」、セル G1 に「気温の順位（降順）」、セル H1 に「湿度の順位（降順）」と見出しを入力し、表を完成させましょう（図 7.69）。

	F	G	H	I
1	降水量の順位（降順）	気温の順位（降順）	湿度の順位（降順）	
2	28	130	2	
3	121	97	4	
4	26	119	1	
5	86	83	4	
146	62	18	67	
147	4	16	87	
148	57	22	79	
149	106	1	90	
150				

図 7.69　気温と湿度の順位も計算し、見出しを入力して表を完成させる

IF 関数

　AVERAGE を用いて直近 30 年間の平均値を計算しましたが、この平均値と各年のデータとを比較することを考えてみましょう。例えば、1994 年の降水量（セル B120）は 1131.5 mm ですが、この値は 30 年平均値の 1582.55 mm と比較すると小さく、1994 年は例年より降水が少なかったということがわかります。同様に他の年も平均値と比較して降水量が多かったか／少なかったかを評価してみましょう。

　Excel では、このようにある条件がそろった場合に特定の値を表示させる関数として、IF 関数が用意されています。IF 関数は、Excel の関数の中でも特によく使われる関数の一つで、さまざまなデータの集計や分析などに応用することができます。ここでは、IF 関数の基本的な使い方を演習します。

　IF 関数は、［関数の挿入］ダイアログボックスの［関数の分類］では、［論理］に分類されて

います（図 7.70）。IF を選択して［OK］を左クリックすると、［関数の引数］ダイアログボックスが表示されます（図 7.71）。IF 関数の引数は次のとおりです。

図 7.70 IF 関数を選択して［OK］を左
クリックする

図 7.71 IF 関数の［関数の引数］ダイア
ログボックス

- 論理式： 例えば「A と比較して B は大きいか」のように、2 つの値の大小を比較して「真 (TRUE)」か「偽 (FALSE)」かを判定することができる計算式のことを、Excel では「論理式」と呼んでいます。Excel の論理式は、以下に挙げる「比較演算子」という記号を使って記述します。

    = （等しい）

    > （より大きい）

    < （より小さい）

    >= （より大きいかまたは等しい； ≧の意味）

    <= （より小さいかまたは等しい； ≦の意味）

- 真の場合： 論理式の結果が正しい場合に表示する値（文字列やセルなどを指定できる）
- 偽の場合： 論理式の結果が正しくない場合に表示する値（文字列やセルなどを指定できる）

　ここでは、降水量のデータを例にとって、平均値と比較して降水量が少なかった場合には「少雨」、降水量が多かった場合には「多雨」と表示させてみます。まず【セル K120 を選択】し、その状態で以下の操作を行ってみましょう。

1. 数式バー左端にある［*fx*］ボタンを左クリックし（または、前述の他の方法を使っても構いません）、［関数の挿入］ダイアログボックスを表示させ、IF 関数を選択します。
2. ［関数の引数］ダイアログボックスで［論理式］の欄に「$B$150<B120」と入力します（図 7.72）。
    - これは「セル B150 と比べてセル B120 が大きい」という意味になります。

- セル B150 は、1994〜2023 年の降水量の平均値です。
- 後に関数をコピーする関係で、「$B$150」という絶対参照の形式になっています。

図 7.72 ［論理式］の欄に「$B$150<B120」と入力

3. ［値が真の場合］の欄に「多雨」と入力します（図 7.73）。

図 7.73 ［値が真の場合］の欄に「多雨」と入力

- ［論理式］の欄に記入した論理式の結果が真（TRUE）の場合に表示する値です。
- 具体的には、セル B150 の値（平均値）と比較してセル B120 の値が大きいならば、ここに入力した値が表示されます。
- ここでは「多雨」という文字列になっていますが、セルの番号や、別の IF 関数を入力することもできます。
- 文字列を入力した場合は、自動的にダブルクォーテーション (") で囲まれます。

4. ［値が偽の場合］の欄に「少雨」と入力します（図 7.74）。

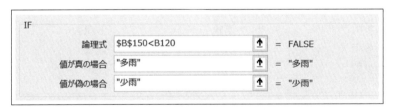

図 7.74 ［値が偽の場合］の欄に「少雨」と入力

- ［論理式］の欄に記入した論理式の結果が偽（FALSE）の場合に表示する値です。
- 具体的には、セル B150 の値（平均値）と比較してセル B120 の値が大きくないならば、ここに入力した値が表示されます。

- ここでは「少雨」という文字列になっていますが、セルの番号や、別の IF 関数を入力することもできます。
- 文字列を入力した場合は、自動的にダブルクォーテーション (") で囲まれます。

5. ［OK］ボタンを左クリックすると、セル K120 に計算結果が表示されます。

セル K120 には「少雨」と表示されているはずです。また、セル K120 を選択したときの数式バーには、=IF($B$150<B120,"多雨","少雨") と入力されているはずです。「セル B150 の値（平均値、1582.55）よりもセル B120 の値（1994 年の降水量、1131.5）が大きい」が正しくない、つまり偽 (FALSE) なので、その結果［値が偽の場合］に入力した「少雨」が表示されたということです。

セル K120 に入力した関数をセル K149 までコピーして、30 年間をとおして評価してみましょう。また、以下の要領で、気温と湿度も平均値との比較を行ってみましょう。

- 気温：平均値より温度が高い年は「温暖」、平均値より低い年は「寒冷」と、セル L120 〜L149 に結果を表示させましょう。
- 湿度：平均値より湿度が高い年は「湿潤」、平均値より低い年は「乾燥」と、セル M120 〜M149 に結果を表示させましょう。

最後に、セル K119 に「降水量の平均値との比較」、セル L119 に「気温の平均値との比較」、セル M119 に「湿度の平均値との比較」と見出しを入力し、表を完成させましょう（図 7.75）。

	K	L	M
118			
119	降水量の平均値との比較	気温の平均値との比較	湿度の平均値との比較
120	少雨	温暖	乾燥
121	少雨	寒冷	乾燥
122	少雨	寒冷	乾燥
145	多雨	寒冷	湿潤
146	多雨	寒冷	湿潤
147	多雨	温暖	湿潤
148	多雨	寒冷	湿潤
149	少雨	温暖	湿潤
150			

図 7.75　気温と湿度の評価も行い、見出しを入力して表を完成させる

COUNTIF 関数

COUNTIF 関数は、指定した条件に一致するデータの個数を求めることができる関数です。COUNTIF 関数は、［関数の挿入］ダイアログボックスの［関数の分類］では、［統計］に分

類されています（図 7.76）。COUNTIF を選択して［OK］を左クリックすると、［関数の引数］
ダイアログボックスが表示されます（図 7.77）。COUNTIF 関数の引数は次のとおりです。

図 7.76　COUNTIF 関数を選択して［OK］
を左クリックする

図 7.77　COUNTIF 関数の［関数の引数］
ダイアログボックス

- 範囲： 条件と一致するデータの個数を調べたい範囲を指定します。
- 検索条件： 数えたいデータの条件を指定します。数値・文字列・数式のいずれも使うこ
とができます。

　前節では、各年の気象データと平均値とを比較した結果を求めました。例えば降水量では、
平均値と比較して多かった年を「多雨」、少なかった年を「少雨」と評価しましたが、ここで
は、COUNTIF 関数を使って「多雨」「少雨」の個数を数えてみましょう。まず、【セル K150
を選択】し、その状態で以下の操作を行ってみてください。

1. 数式バー左端にある［*fx*］ボタンを左クリックし（または、前述の他の方法を使っても
構いません）、［関数の挿入］ダイアログボックスを表示させ、COUNTIF 関数を選択し
ます。
2. ［関数の引数］ダイアログボックスで、［範囲］の欄に「K120:K149」と入力します（セ
ル K120〜K149 までの範囲をドラッグによって選択しても、同様に入力できます；
図 7.78）。

図 7.78　［範囲］の欄に「K120:K149」と入力

3. ［検索条件］の欄に「多雨」と入力します（図 7.79）。

COUNTIF			
範囲	K120:K149	⬆	= {"少雨";"少雨";"少雨
検索条件	"多雨"	⬆	= "多雨"

図 7.79　［検索条件］の欄に「多雨」と入力

4. ［OK］ボタンを左クリックすると、セル K150 に計算結果が表示されます。
   - セル K150 には「16」と表示されているはずです。また、セル K150 を選択したときの数式バーには、=COUNTIF(K120:K149,"多雨") と入力されているはずです。これは、K120〜K149 の範囲で「多雨」と一致するセルの個数が 16 個ということです。
   - 文字列を入力した場合は、自動的にダブルクォーテーション (") で囲まれます。

5. 同様の方法で、「少雨」の個数を計算し、セル K151 に表示させてみましょう。
   - セル K151 には「14」と表示されているはずです。これは、セル K120〜K149 の範囲で「少雨」と一致するセルの個数が 14 個ということです。

6. さらに気温と湿度についても、以下の要領で個数を数えてみましょう。
   - セル L150 に「温暖」の個数
   - セル L151 に「寒冷」の個数
   - セル M150 に「湿潤」の個数
   - セル M151 に「乾燥」の個数

最後に、セル J150 に「多雨／温暖／湿潤の数」、セル J151 に「少雨／寒冷／乾燥の数」と見出しを入力し、表を完成させましょう（図 7.80）。

	J	K	L	M	N
147		多雨	温暖	湿潤	
148		多雨	寒冷	湿潤	
149		少雨	温暖	湿潤	
150	多雨/温暖/湿潤の数	16	15	10	
151	少雨/寒冷/乾燥の数	14	15	20	

図 7.80　気温と湿度についても個数も計算、見出しを入力して表を完成させる

7.6　グラフの作成と読み方

　これまで、表計算ソフトウェアである Excel を用いて、データを表の状態にして、計算式や関数を利用してデータを整理したり解析を行ってきたりしました。

　例えば 10 個程度のデータならば、表の状態でもそれなりに概要をつかむことができるかもしれません。しかし、演習の中で扱った「1876〜2023 年の東京の気象データ」のように、150 近い個数があり、しかも「降水量」「気温」「湿度」と複数の要素を持つデータを表にしたとしても、全体像をつかむことは困難でしょう。

　このようなときに、データをグラフにすることで、例えば「1876 年から現在までの 148 年間に、どのように気象状況が変化してきたのか」「気温と湿度の間にはどのような関係性があるのか」といったことを「明快に」かつ「効果的に」、「効率よく」伝えることができるようになります。

　グラフにはそれぞれの特徴と特性があります。グラフの特徴と特性を活かすことで、表現したいことを効果的に伝えることができます。逆に、使い方が悪いと誤ったメッセージが伝わったり、効果が減少したりします。ここでは代表的なグラフを例に、その特性を理解しましょう。

7.6.1　いろいろなグラフ

　Excel を使って作成できる代表的なグラフには以下の種類があり、それぞれ次のような用途に使います。

1. 折れ線グラフ： 複数の項目の値を比較するときで、時系列に沿った変化など、項目の順序が重要であるとき。
2. 棒グラフ（縦棒・横棒）： 複数の項目の値を比較するときで、項目の順序が重要ではないとき。
3. 円グラフ： 全体に対する項目別の比率、占有率などを表示するとき。
4. 散布図： 2 つの変数で要素を布置し、全体の傾向などを表示するとき。
5. レーダー・チャート： 能力や性能などを複数の視点から評価し、その優劣や達成度を表示するとき。

　以上のグラフの用途と特性を十分理解した上で、伝えたいメッセージの意図を手短に、かつ理解を得やすくすることがポイントです。表現として立体表示などさまざまな変形がありますので、効果的な表現を工夫しましょう。

7.6.2　グラフの作成方法

　この節では、折れ線グラフ・棒グラフ・散布図の作成を演習します。

　グラフを作成する際には、最終的に「何を示したいか」を考えてデータを用意する必要があ

ります。ここでは、東京・伏木の気温・湿度のデータを使い、次のようなことを解析するためのグラフを描くことを考えてみましょう。

1. 過去から現在まで、気温や湿度はどのように変動してきたのか
2. 東京・伏木の気温・湿度の値や変動には、どのような違いがあるのか
3. 気温と湿度の間には、どのような関係があるのか

これらのことを解析するためには、東京・伏木それぞれ、気温と湿度のデータが必要になると予想されます。

グラフ作成作業用ファイルの準備

計算処理の作業を行ったときと同様、グラフ作成の作業を行うためのファイルを作成しておきましょう。

1. Excel を起動してグラフ作成作業用の新しいブックを作成しておきます。
2. 保存してある元データの Excel ファイルから、「年」「東京の気温」「東京の湿度」「伏木の気温」「伏木の湿度」のデータをそれぞれコピーして、グラフ作成作業用のブックに貼り付けます。このとき、データのクリーニングも合わせて行うため、実際に利用する部分だけをコピーして貼り付けると良いでしょう。
3. 伏木のデータは 1886 年からなので、年のデータの 1886 年の位置に最初のデータが来るように貼り付けます。
4. 最初の行に見出しを書いておくと、どの行が何のデータなのかがわかりやすくなります。
5. 図 7.81 のようになれば完成です。
6. 以上の手順でグラフ作成作業用のファイルが準備できたら、【元データ・計算処理作業用のファイルとは別に】わかりやすい名前を付けて保存しておきましょう。ここからは、このグラフ作成作業用のファイルで作業を行う前提で説明します。

折れ線グラフ

まずはじめに、折れ線グラフを例にとって、Excel 上でグラフを作成する方法を演習します。

東京の気象データのうち、1876〜2023 年の気温の変動をグラフにしてみましょう。148 年間にわたる気温の変動、つまり時系列的な変化を表現するので、ここでは折れ線グラフを描くのが適切です。

1. 年のデータ（図 7.81 ではセル A1〜A149）と東京の気温のデータ（図 7.81 ではセル B1〜B149）を選択します。このとき、A1 から B149 にかけてドラッグして選択すると、「セル A1〜A149」と「セル B1〜B149」を同時に選択できます（図 7.82）。

	A	B	C	D	E	F
1	年	東京の気温	東京の湿度	伏木の気温	伏木の湿度	
2	1876	13.6	78			
3	1877	14.2	77			
4	1878	13.8	79			
5	1879	14.6	77			
6	1880	14.1	76			
7	1881	13.8	78			
8	1882	14	77			
9	1883	13.3	76			
10	1884	12.9	76			
11	1885	13.1	77			
12	1886	13.9	75	13.1	81	
13	1887	13.8	76	12.9	82	
14	1888	13.5	75	13	83	
15	1889	13.3	74	12.4	90	
16	1890	15	77	14.3	85	
144	2018	16.8	70	14.7	79	
145	2019	16.5	70	14.9	77	
146	2020	16.5	71	15.1	79	
147	2021	16.6	69	14.7	80	
148	2022	16.4	70	14.7	79	
149	2023	17.6	68	15.7	78	

図 7.81 グラフ作成用作業用ファイル

	A	B	C	D
1	年	東京の気温	東京の湿度	伏木の気温
2	1876	13.6	78	
3	1877	14.2	77	
4	1878	13.8	79	
5	1879	14.6	77	
6	1880	14.1	76	
145	2019	16.5	70	
146	2020	16.5	71	
147	2021	16.6	69	
148	2022	16.4	70	
149	2023	17.6	68	

図 7.82 「年」と「東京の気温」のデータを選択

2. データを選択した状態で、［挿入］タブの［グラフ］グループにある、［おすすめグラフ］を左クリックします（図 7.83）。

- ［おすすめグラフ］の右にある、各種グラフのボタンを使って、特定のグラフ（例えば、この場合は［折れ線グラフの挿入］）を指定することも可能です。ただし、データによっては予想外のグラフが作成される場合も多く（この演習のデータでも「年」と「気温」の 2 本の線が描かれてしまいます）、操作に慣れるまでは［おすすめグラフ］を利用した方が無難です。

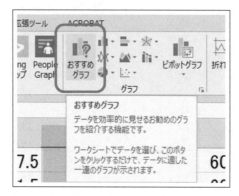

図 7.83　［挿入］タブの［グラフ］グループにある、［おすすめグラフ］

3. ［グラフの挿入］ダイアログボックスが表示され、［おすすめグラフ］のタブにグラフの候補が表示されます。また、［すべてのグラフ］のタブを開くと、さらに多くのグラフを選択できます。折れ線グラフでも、単純な線だけのものだけでなく、マーカー付きのグラフも選べます。

- ここでは、［すべてのグラフ］から［マーカー付き折れ線］グラフを選択することにします。
- ［グラフの挿入］ダイアログボックスで、［すべてのグラフ］タブを開き、左側の分類から［折れ線］を選択、右上の分類から［マーカー付き折れ線］を選択します。右側にグラフの候補が表示されるので、ここでは気温推移のグラフとして適切である、右側のグラフを選択します（図 7.84）。

4. ［OK］を左クリックすると、シート上にグラフが配置されます（図 7.85）。

5. グラフは表と重なって配置されることがあり、その場合はドラッグすることで見やすい位置に移動させます。また、グラフを選択した状態で、四隅に表示される白い四角形（□）をドラッグすると、大きさを変えることができます。

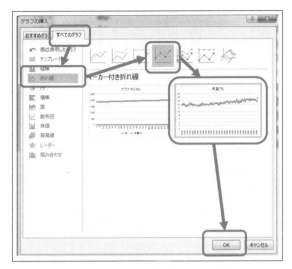

図 7.84　［グラフの挿入］ダイアログボックス

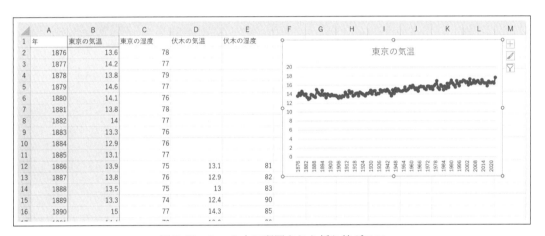

図 7.85　シート上に配置された折れ線グラフ

　グラフを作成したら、他の人が見たときに、一目で内容がわかるように配慮する必要があります。どのようなグラフであっても、【最低限、次に挙げる要素を必ず書く】ようにします。

1. 表題
   - 通常はグラフの上に書きます。
   - Excel では、自動的に書かれますが、適切な表題になっていない場合が多いです。例えば、上の演習で作成した折れ線グラフでは、「東京の気温」という表題になっているはずです。
   - 表題を左クリックすると編集することができます。ここでは「東京（1876〜2023年）の年平均気温の変動」に書き換えましょう（図 7.86）。

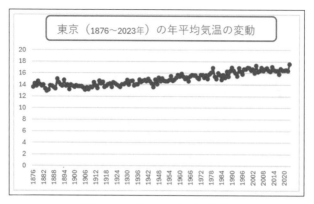

図 7.86　グラフの表題を編集

2. 軸の目盛
- 縦軸と横軸の目盛の数値を書きます。通常は自動的に書かれます（図 7.87）。

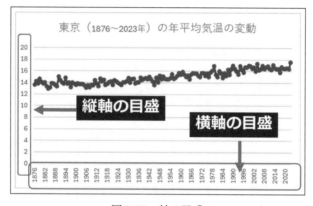

図 7.87　軸の目盛

- 軸の目盛の範囲や間隔などを変更したい場合は、目盛の数字の上で右クリックして表示されるメニューで［軸の書式設定］を選択し（図 7.88）、シート右側に表示される［軸の書式設定］で設定することができます（図 7.89）。

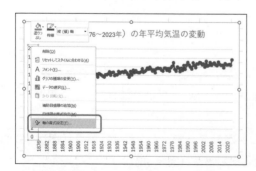

図 7.88　右クリックで表示されるメニューで［軸の書式設定］を選択

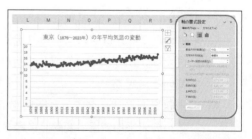

図 7.89　右側に表示される［軸の書式設定］

- 軸の目盛の数値は、区切りの良い数字になるように書きます。図 7.87 の縦軸の目盛間隔は「2」になっていますが、例えば「3.3」のような中途半端な間隔は避けましょう。わかりにくいグラフになります。
- このグラフは折れ線グラフですので、値の連続的な変化を表現することが目的です。したがって、縦軸の最小値が 0 である必要はありません。むしろ、値の変化が見やすくなるように、最小値と最大値の範囲を適切なものにするべきです。図 7.90 では、縦軸の最小値を 10、最大値を 20 に設定してあります。
- 後述の棒グラフのように、値の大きさを比較する必要があるグラフでは、必ず原点（縦・横軸共に 0 となる点）を書かなければなりません。

図 7.90　縦軸の目盛の範囲を 10〜20 に変更

3. 軸ラベル（軸の説明）

- 縦軸と横軸の目盛が何を表しているのか、その説明（Excel では「軸ラベル」と呼びます）を書きます。
- 上の演習で作成した折れ線グラフでは、これらの軸ラベルが書かれていないはずです。グラフを選択した状態で、［グラフのデザイン］の［グラフのレイアウト］にある［グラフ要素を追加］から［軸ラベル］を選択し、［第 1 横軸］と［第 1 縦軸］の軸ラベルを追加します（図 7.91）。
- 軸ラベルを追加すると、グラフ上では単に「軸ラベル」とだけ書かれます。それらを左クリックすると、内容を編集することができます。縦軸は「年平均気温（℃）」、横軸は「年」と書き換えましょう。
- 軸ラベルでは、単位が必要な数値の場合には、【必ず単位も書きます】。単位の書き方にはいくつかの方法がありますが、ここでは、気象庁の書き方にならい（　）内に書くことにします（図 7.92）。

図 7.91　[グラフ要素の追加] から [軸ラ
ベル] を選択

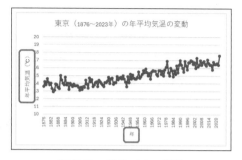

図 7.92　軸ラベルの編集

4. 凡例（はんれい）

- 例えばグラフの線が 2 本以上ある場合（Excel では、このような場合「系列が複数
  ある」と表現します）は、どの線が何を表現しているかを明記する必要があります。
  これを凡例と呼びます。

- ここで作成した折れ線グラフは 1 本だけですので、このグラフは表題に書かれた
  「東京（1876～2023 年）の年平均気温の変動」を表していることは明白です。した
  がって、この段階のグラフでは凡例を書く必要はありません。

- 凡例の書き方は、次項の「複数の系列を持つグラフ」のところで演習します。

複数の系列を持つグラフ

　ここまでの作業で、東京の 1876～2023 年の気温の変動を示すグラフが完成しました。しか
し、例えば「東京と伏木の気温の変化を比較する」といった場合を考えると、1 枚のグラフに
2 つ以上のデータを同時に示した方が良いこともあります。

　ここでは、先ほど作成した「東京の気温のグラフ」に、伏木の気温の変動を示すグラフを追
加してみましょう。

1. グラフの上で右クリックし、表示されるメニューから [データの選択] を選びます
   （図 7.93）。

2. [データ ソースの選択] という画面が開くので、左側の [凡例項目（系列）] にある [追
   加] を選びます（図 7.94）。

3. [系列の編集] という画面が開くので、[系列名（N）] はデータの見出しのセルを記入し
   ます。見出しが記入されているセル（図 7.81 ならばセル C1）を選択すると、セルの番
   号が自動的に入力できます。

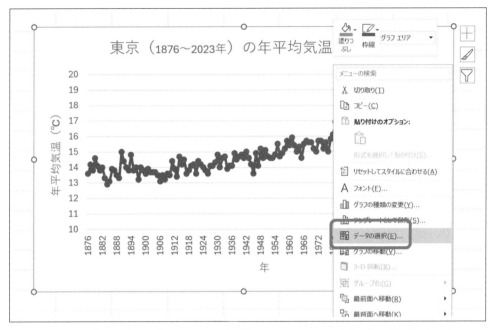

図 7.93 グラフ上での右クリックで表示されるメニューで［データの選択］を選ぶ

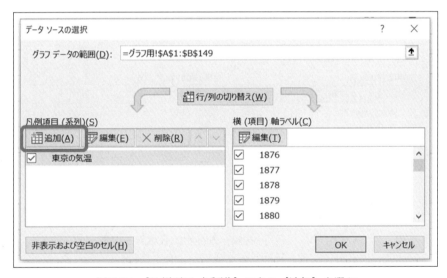

図 7.94 ［凡例項目（系列）］にある［追加］を選ぶ

4. ［系列値 (V)］の欄には、伏木の気温のデータ範囲を記入します。通常の場合、ここには「＝{1}」という文字列が記入されていますが、これは削除しておきます。その上で、伏木の気温のデータ範囲を選択すると、自動的に範囲が入力できます。このとき、横軸（年）は東京で観測が行われた 1876〜2023 年の範囲になっているので、【伏木の気温の範囲もそれに合わせて、1876 年から選択します】。そうしないと、伏木の気温のグラフが、観測の行われていない 1876 年から始まってしまいます。

5. ［系列名］と［系列値］の記入（図 7.95）が終わったら、［OK］ボタンを押すと、［系列
の編集］の画面（図 7.96）に戻り、更に［OK］ボタンを押します。

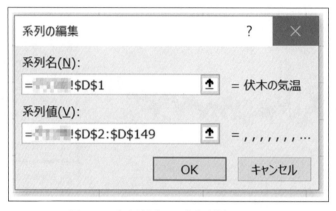

図 7.95　［系列名］と［系列値］を記入

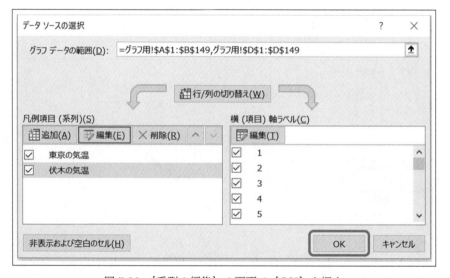

図 7.96　［系列の編集］の画面で［OK］を押す

6. 元は東京のデータだけだったグラフに、伏木の気温変動のグラフが追加されます。グラ
フのタイトルを「東京（1876〜2023 年）および伏木（1886〜2023 年）の年平均気温の
変動」に書き換えておきましょう（図 7.97）。

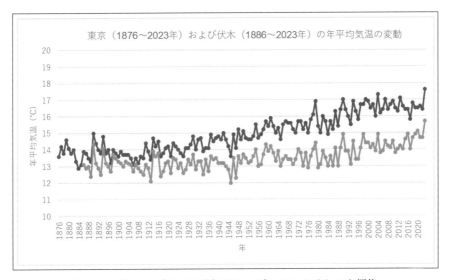

図 7.97　伏木のグラフが追加され、グラフのタイトルを編集

7. このように、複数のデータのセット（Excel では「系列」と呼びます）があるグラフの
場合は、必ず凡例を書かなければなりません。凡例が自動的に表示される場合もありま
すが、もし凡例がない場合は、グラフを選択した状態で、［グラフのデザイン］の［グ
ラフのレイアウト］にある［グラフ要素を追加］から［凡例］を選択することで追加で
きます（図 7.98）。ここで表示されるメニューを使って、凡例の位置を指定することも
できます。Excel が自動的に表示する凡例はグラフの下側に表示されますが、学問分野
によっては、表題の下やグラフの中に表示する場合もあります。

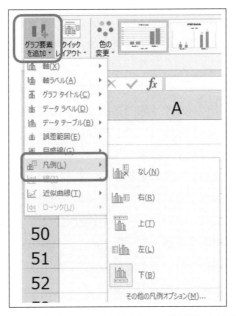

図 7.98　［グラフ要素を追加］で［凡例］を選択

8. 2 系列のグラフが完成しました（図 7.99）。

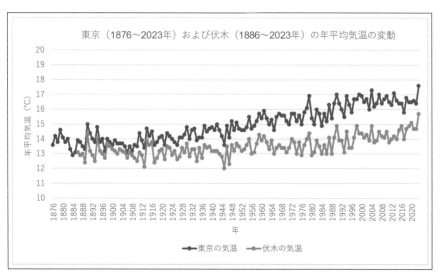

図 7.99　2 系列グラフの完成

　ここまで、既にあるグラフに新しい系列を追加する方法を演習しましたが、複数の系列を
選択した状態でグラフを作成すれば、はじめから複数の系列を持つグラフを描くことも可能
です。

第 2 軸の追加

　複数の系列を持つグラフを描くと、「気温と湿度」のように、数値の範囲が大きく異なる場
合（気温の取りうる範囲は 10〜20 程度なのに対して、湿度は 50〜80 程度）も起こり得ます。
例として、「東京（1876〜2023 年）の年平均気温および年平均湿度の変動」を 1 枚のグラフに
同時に描いてみましょう。

　折れ線グラフの作成（164 ページ）において、図 7.82 で、「年」「東京の気温」「東京の湿度」
の 3 列を同時に選択し、以降は同様の手順で進めると、図 7.100 のようなグラフを作成するこ
とができます。もし縦軸が 1 つだけだと、図 7.100 のように、片方のグラフ（この場合は気
温）の変化が見えにくくなってしまいます。

　このような場合、それぞれのデータの縦軸を別にすると見やすくなります。

　湿度のグラフの上で右クリックし、表示されるメニューで［データ系列の書式設定］を選ぶ
と（図 7.101）、シートの右側に［データ系列の書式設定］という欄が表示されます。この欄の
［系列のオプション］で、［使用する軸］を［第 2 軸（上/右側）］にすると（図 7.102）、グラフ
の右側に「湿度用の軸」が表示され、もともとあった左側の軸は「温度用の軸」として使い分
けることができるようになります（図 7.103）。

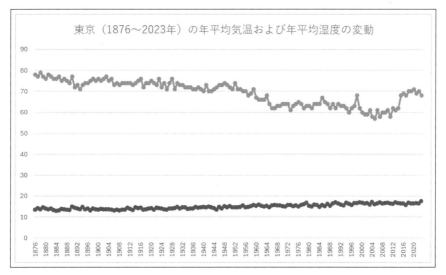

図 7.100　1 軸だけで作りかけた気温と湿度のグラフ

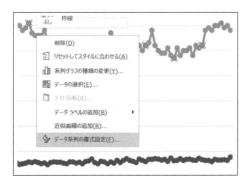

図 7.101　グラフ上右クリックで表示されるメニュー

図 7.102　［使用する軸］を［第 2 軸（上/右側）］にする

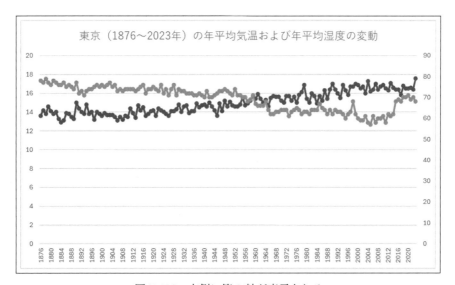

図 7.103　右側に第 2 軸が表示される

　こうして完成した、「東京（1876〜2023 年）の年平均気温および年平均湿度の変動」のグラフの例を図 7.104 に示します。同様にして、「伏木（1886〜2023 年）の年平均気温および年平均湿度の変動」を 1 枚のグラフに描いてみましょう。

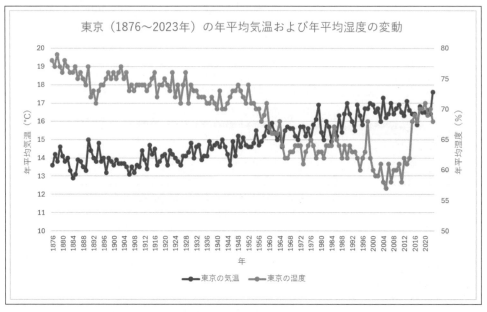

図 7.104　完成した「東京（1876〜2023 年）の年平均気温および年平均湿度の変動」のグラフ

棒グラフ

　例えば「東京と伏木の気温を比較」するような場合、つまりデータの並び方が重要ではない場合には、棒グラフを用います。ここでは、1994〜2023 年（30 年間）の平均気温・平均湿度を使って、棒グラフの作成を演習してみましょう。

1. シートの中の適当な位置に、図 7.105 に示すように、東京・伏木それぞれの 1994〜2023 年（30 年間）の平均気温・平均湿度の表を作成してください。これらの値は AVERAGE 関数を利用して計算すると良いでしょう。

	G	H	I
1		平均気温	平均湿度
2	東京	16.60	63.2
3	伏木	14.35	76.2
4			

図 7.105　入力するデータ

2. データの入力ができたら、図 7.106 のように表全体を選択し、［挿入］タブの［グラフ］
にある［おすすめグラフ］を左クリックします。

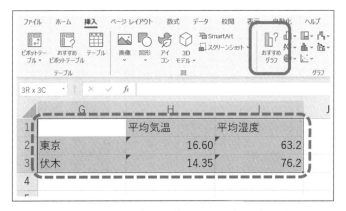

図 7.106　表全体を選択した状態で、［おすすめグラフ］を左クリックする

3. ［グラフの挿入］ダイアログボックスが開くので、左側の一覧のうち、上から 2 番目の
［集合縦棒］を選択し、［OK］を押します（図 7.107）。

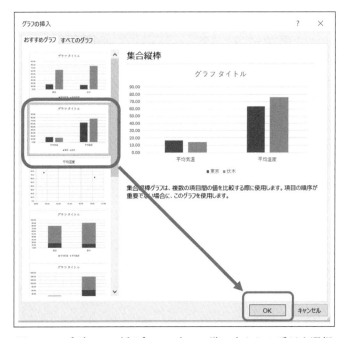

図 7.107　［グラフの挿入］で、左の一覧の上から 2 番目を選択

4. シート上にグラフが配置されます（図 7.108）。

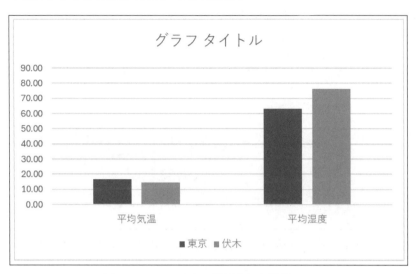

図 7.108　シート上に配置された棒グラフ

5. 軸ラベルを追加し（図 7.91 参照）、表題を適切なものに書き換えます（図 7.109）。

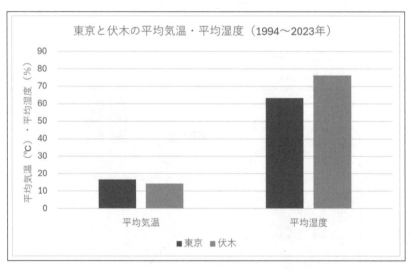

図 7.109　軸ラベルを追加し、表題を適切なものに書き換える

6. Excel でグラフを作成すると、図 7.108 のように、軸の目盛が小数点以下まで表示される場合が多くみられます。しかし、このグラフでは小数点以下を表示する意味がないので、図 7.109 のように整数で表示させた方が良いでしょう。図 7.89 で示したように、軸の上で右クリックして表示されるメニューで［軸の書式設定］を選択し、シート右側に表示される［軸の書式設定］にある［軸のオプション］で、［表示形式］を「数値」にすることで、目盛の数値の小数点以下の桁数を変更することができます（図 7.110）。また、凡例が自動で作成されなかった場合は、必ず追加しておきましょう（図 7.111）。

図 7.110 ［軸の書式設定］にある［軸のオプション］で、［表示形式］を「数値」に変更し、［小数点以下の桁数］を「0」にする

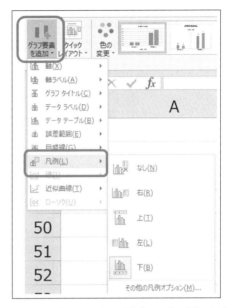

図 7.111 ［グラフ要素を追加］で［凡例］を選択

散布図

例えば「気温と湿度の間にはどのような関係があるのか」のように、2 つの要素の間にどのような関係があるのかを調べる場合、散布図を用います。ここでは、東京の 1876〜2023 年の気温と湿度データを使って、散布図の作成を演習してみましょう。

1. まず、東京の 1876〜2023 年の気温と湿度のデータを同時に選択します（図 7.112）。

	A	B	C	D	E
1	年	東京の気温	東京の湿度	伏木の気温	伏木の湿度
2	1876	13.6	78		
3	1877	14.2	77		
4	1878	13.8	79		
145	2019	16.5	70	14.9	77
146	2020	16.5	71	15.1	79
147	2021	16.6	69	14.7	80
148	2022	16.4	70	14.7	79
149	2023	17.6	68	15.7	78

図 7.112 東京の 1876〜2023 年の気温と湿度のデータを同時に選択

2. データを選択した状態で、［挿入］タブの［グラフ］グループにある、［おすすめグラフ］を左クリックします（図 7.83 参照）。

3. ［グラフの挿入］ダイアログボックスが表示され、［おすすめグラフ］のタブ左側にグラフの候補が表示されます。［散布図］を選択します（図 7.113）。

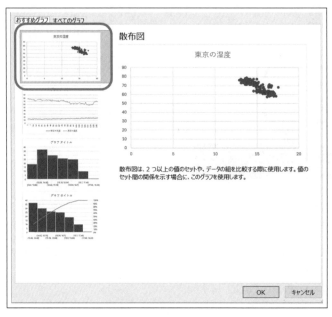

図 7.113　［グラフの挿入］で［散布図］を選択

4. ［OK］を左クリックすると、図 7.114 のような散布図がシート上に配置されます。

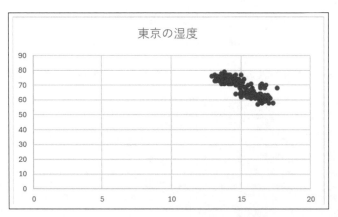

図 7.114　シート上に配置された散布図

5. この図の横軸は年平均気温、縦軸は年平均湿度を表しています。縦横の軸ラベル、軸の目盛、表題を図 7.115 のように、適切なものに編集します。また、多くの場合、散布図はなるべく正方形になるように描きます。図 7.116 のようにグラフの形を整形して完成させましょう。

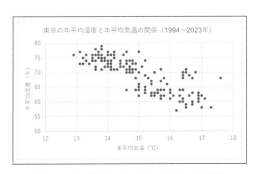

図 7.115 軸ラベルとタイトルを編集

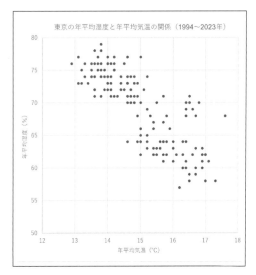

図 7.116 正方形に整形して完成

7.6.3 グラフの読み方

ここまで演習してきたように、データをグラフ化することで、数字の羅列であるデータを視覚的に理解しやすい状態で表現することができるようになりました。これまでに作成してきたグラフを見てみましょう。

最初に作成した折れ線グラフ（図 7.117）では、1876～2023 年にかけて、はじめは 13～14 ℃程度であった年平均気温が、近年では 16～17 ℃程度に上昇していることがわかります。実際に、1876～1905 年の 30 年間の平均値を AVERAGE 関数で計算すると、13.80 ℃という値が得られます（1994～2023 年の直近 30 年間の平均値は 16.60 ℃でした）。つまり、東京の年平均気温は、148 年間でおよそ 2.8 ℃上昇していることがわかります。

図 7.117 1876～2023 年の東京の年平均気温の折れ線グラフ

　次に棒グラフ（図 7.118）では、東京と伏木の年平均気温と年平均湿度を比較しました。このグラフからは、東京は伏木と比較して温度が高く湿度が低い（伏木は東京と比較して温度が低く湿度が高い）ということが読み取れます。

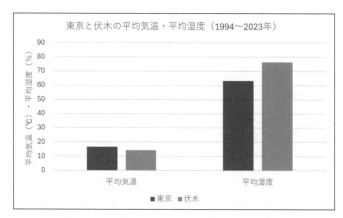

図 7.118　東京と伏木の年平均気温・年平均湿度（1994～2023 年）の棒グラフ

　散布図（図 7.116）では、各年の気温と湿度が点（ドット）で表されています。全体の傾向を見ると、点の配置が右下がりになっており、温度が高いほど湿度が低く、温度が低いほど湿度が高いという傾向を読み取ることができます。つまり、気温と湿度の間には【負の相関】があるといえます。相関については、6.3.4 で詳しく説明したとおりです。

7.7　演習課題

7.7.1　成績データ表の完成

7.2「シートへのデータ入力とシートの書式設定」の節で成績データの表を作成しました。関数を利用して、以下の要領で成績データの表を完成させましょう。

1. 各科目の平均点・最高点・最低点を計算しましょう（図 7.119）。
   - 各科目のデータの 1 つ下のセル（国語ならばセル B19）より、上から「平均点」「最高点」「最低点」の順で計算結果を表示させましょう。
   - セル A19 に「平均点」、セル A20 に「最高点」、セル A21 に「最低点」の見出しを書きましょう。

	A	B	C	D	E	F	G
1	3年5組 成績データ				2039年 第1学期		
2	出席番号	国語	社会	数学	理科	英語	合計
3	3501	86	95	89	90	84	444
4	3502	65	75	95	96	85	416
5	3503	93	97	65	72	95	422
6	3504	79	94	96	89	76	434
7	3505	80	99	71	84	64	398
8	3506	98	88	60	90	100	436
9	3507	82	91	65	91	89	418
10	3508	90	92	45	92	85	404
11	3509	76	87	79	66	41	349
12	3510	41	62	94	93	57	347
13	3511	83	75	73	75	96	402
14	3512	77	85	66	62	68	358
15	3513	80	79	75	77	90	401
16	3514	71	84	67	98	80	400
17	3515	78	69	65	62	61	335
18	3516	79	67	94	89	67	396
19	平均点	78.6	83.7	74.9	82.9	77.4	
20	最高点	98	99	96	98	100	
21	最低点	41	62	45	62	41	

図 7.119　平均点・最高点・最低点を計算

2. 各科目の標準偏差を計算しましょう（図 7.120）。
   - 各科目の「最低点」の 1 つ下にそれぞれの科目の標準偏差を計算した結果を表示させましょう。
   - 標準偏差は STDEV.P という関数で、母集団の範囲を選択することで計算できます。

- STDEV.P は、[関数の挿入] ダイアログボックスの [関数の分類] では、[統計] に分類されています。
- セル A22 に「標準偏差」の見出しを書きましょう。

	A	B	C	D	E	F	G
1	3年5組 成績データ				2039年 第1学期		
2	出席番号	国語	社会	数学	理科	英語	合計
3	3501	86	95	89	90	84	444
4	3502	65	75	95	96	85	416
5	3503	93	97	65	72	95	422
6	3504	79	94	96	89	76	434
7	3505	80	99	71	84	64	398
8	3506	98	88	60	90	100	436
9	3507	82	91	65	91	89	418
10	3508	90	92	45	92	85	404
11	3509	76	87	79	66	41	349
12	3510	41	62	94	93	57	347
13	3511	83	75	73	75	96	402
14	3512	77	85	66	62	68	358
15	3513	80	79	75	77	90	401
16	3514	71	84	67	98	80	400
17	3515	78	69	65	62	61	335
18	3516	79	67	94	89	67	396
19	平均点	78.6	83.7	74.9	82.9	77.4	
20	最高点	98	99	96	98	100	
21	最低点	41	62	45	62	41	
22	標準偏差	12.42	11.00	14.50	11.73	15.84	

図 7.120　標準偏差を計算

3. 各生徒の順位を降順で計算しましょう（図 7.121）。
    - 得点合計の 1 つ右の列（H 列）に、各生徒の順位を表示させましょう。
    - セル H2 に「順位」と見出しを書きましょう。
4. 合計得点が 400 点以上の生徒を「合格」400 点未満の生徒を「不合格」と判定しましょう（図 7.122）。
    - 順位の 1 つ右の列（I 列）に、各生徒の合否を表示させましょう。
    - セル I2 に「合否」と見出しを書きましょう。

	A	B	C	D	E	F	G	H
1	3年5組 成績データ				2039年 第1学期			
2	出席番号	国語	社会	数学	理科	英語	合計	順位
3	3501	86	95	89	90	84	444	1
4	3502	65	75	95	96	85	416	6
5	3503	93	97	65	72	95	422	4
6	3504	79	94	96	89	76	434	3
7	3505	80	99	71	84	64	398	11
8	3506	98	88	60	90	100	436	2
9	3507	82	91	65	91	89	418	5
10	3508	90	92	45	92	85	404	7
11	3509	76	87	79	66	41	349	14
12	3510	41	62	94	93	57	347	15
13	3511	83	75	73	75	96	402	8
14	3512	77	85	66	62	68	358	13
15	3513	80	79	75	77	90	401	9
16	3514	71	84	67	98	80	400	10
17	3515	78	69	65	62	61	335	16
18	3516	79	67	94	89	67	396	12
19	平均点	78.6	83.7	74.9	82.9	77.4		
20	最高点	98	99	96	98	100		
21	最低点	41	62	45	62	41		
22	標準偏差	12.42	11.00	14.50	11.73	15.84		

図 7.121　順位を計算

	A	B	C	D	E	F	G	H	I
1	3年5組 成績データ				2039年 第1学期				
2	出席番号	国語	社会	数学	理科	英語	合計	順位	合否
3	3501	86	95	89	90	84	444	1	合格
4	3502	65	75	95	96	85	416	6	合格
5	3503	93	97	65	72	95	422	4	合格
6	3504	79	94	96	89	76	434	3	合格
7	3505	80	99	71	84	64	398	11	不合格
8	3506	98	88	60	90	100	436	2	合格
9	3507	82	91	65	91	89	418	5	合格
10	3508	90	92	45	92	85	404	7	合格
11	3509	76	87	79	66	41	349	14	不合格
12	3510	41	62	94	93	57	347	15	不合格
13	3511	83	75	73	75	96	402	8	合格
14	3512	77	85	66	62	68	358	13	不合格
15	3513	80	79	75	77	90	401	9	合格
16	3514	71	84	67	98	80	400	10	合格
17	3515	78	69	65	62	61	335	16	不合格
18	3516	79	67	94	89	67	396	12	不合格
19	平均点	78.6	83.7	74.9	82.9	77.4			
20	最高点	98	99	96	98	100			
21	最低点	41	62	45	62	41			
22	標準偏差	12.42	11.00	14.50	11.73	15.84			

図 7.122　合格・不合格を判定

7.7.2　円グラフの作成

2018 年 6 月 28 日から 7 月 8 日にかけての豪雨による災害（平成 30 年 7 月豪雨）による人的被害は、691 名に及びました。その内訳は以下の通りです。

- 死者： 224 名
- 行方不明者： 8 名
- 重傷： 113 名
- 軽傷： 343 名
- 程度不明の負傷： 3 名

このデータに基づいて、図 7.123 のような円グラフを作成してみましょう。

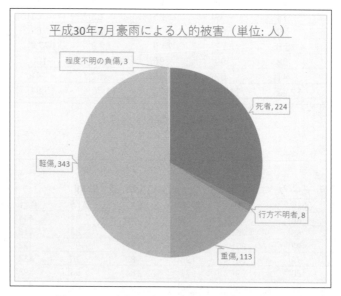

図 7.123　平成 30 年 7 月豪雨による人的被害

コラム　文字列を扱う関数（CONCAT 関数）

これまで見てきたように、Excel の関数は主に数値を計算するために用いられる場合が多いのですが、文字列を扱うための関数もまた用意されています。その一つとして、複数の文字列を結合して、1 つの文字列を作ることができる CONCAT 関数を紹介します。

この関数は、例えば、人の名前の「姓」と「名」がそれぞれ別のセルに入力されている場合（図 7.124）、それらを 1 つのセル内に結合して表示させたい場合などに使うことができ、知っていると便利な関数です。

CONCAT 関数は、[関数の挿入] ダイアログボックスの [関数の分類] では、[文字列操作] に分類されています（図 7.125）。

	A	B	C
1	黒部	五郎	
2	立山	一郎	
3	魚津	有紗	
4	氷見	晴子	
5	舟橋	蓮	
6	小矢部	結芽	
7	八尾	麻衣子	
8	高岡	巧	
9	上市	剣	
10	砺波	花子	

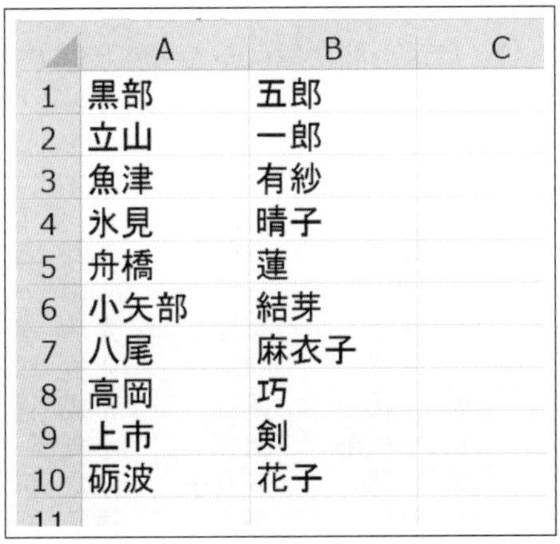

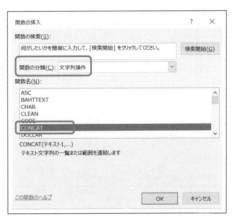

図 7.124　姓名が別のセルに入力されている状態

図 7.125　[文字列操作] に分類されている CONCAT 関数

CONCAT 関数の [関数の引数] ダイアログボックスを開くと、「テキスト 1」「テキスト 2」（以降「テキスト 255」まで追加可能）という欄があります。結合させたい文字列が書かれているセルの番号をそれぞれの欄に入力して（図 7.126）[OK] を押すと、両者が結合した文字列が表示されます（図 7.127, 図 7.128）。

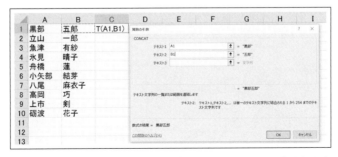

図 7.126　結合させたい文字列が書かれているセルの番号を入力

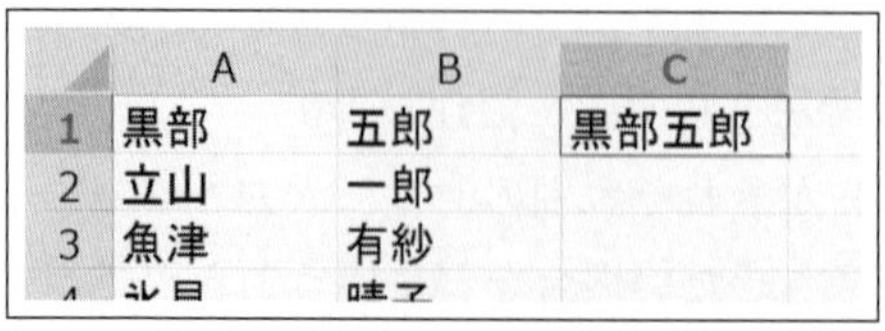

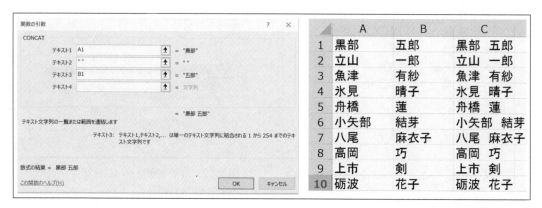

図 7.127　入力したセルの内容が結合される 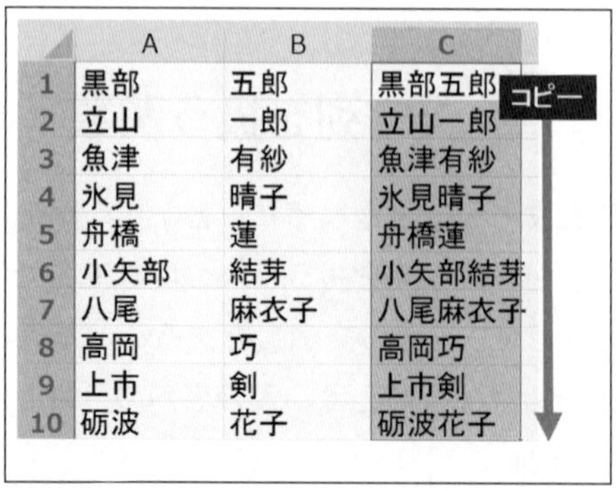　　　　図 7.128　関数をコピーすることで、複
　　　　　　　　　　　　　　　　　　　　　　　　　数のセル結合もできる

　姓名の間に空白を入れたい場合には、例えば「テキスト 1」に姓のセル、「テキスト 2」に
「　」（空白）、「テキスト 3」に名のセルを入力すれば、姓名の間に空白が入った状態で表示さ
れます（図 7.129）。

図 7.129　姓名の間に空白を入れた場合

第8章　レポート作成

この章の目標

　大学生が作成する文書の代表は、「レポート」と呼ばれるものです。これは、単に学習したことをまとめたものを作るということではなく、「適切に根拠を示し」て自分の考えを説明し、「これまでにわからなかったことを明らか」にして、他者を説得することにあります。

　このようなレポートを書くには、自分だけが理解できる主観的な文書ではなく、客観的で論理的な構造を持った文書を作成することができる能力が必要であり、その能力は、卒業論文の執筆や仕事で要求される報告書などを書く際にも大いに役立ちます。

　この章の目標は、次のとおりです。

1. レポート作成において必要な形式や書式を理解すること。
2. グラフや図表を入れたレポートを作成する方法を習得すること。
3. 校正支援ツールを用いることで、より良い文書を作成する方法を習得すること。
4. レポートの構成や書式をイメージでき、論理的なレポートを作成できるようになること。

8.1　レポートの作成

　第4章や第5章で学修してきたように、自分の論じたいテーマ（課題）について、背景や問題点を明確にし、証拠（エビデンス）となるデータを多数提示して、客観的な論理表現によって言語化し、問題点の原因や解決方法をレポートにまとめましょう。

　第5章の演習課題で作成した「レポート構成シート」を振り返って、証拠となるデータの集積状況、および、自分の中でどこまで整理されているかを、構成シートを見直してみて、レポート作成への準備を確認してください。

　以下では、これまでの準備を用いて、レポートを書くときに必要な「章立て」や「文章表現」、データの提示方法としての「図表の入れ方・キャプションの付け方」、また、文章を書く上でたいへん役に立つ「校正」機能などを用いて、レポートの完成に向かいます。

8.2　レポートの書式

　レポートや論文では、その書式（書き方）が「レポート書式規定」や「論文投稿要項」などとして、非常に細かく指定されている場合が多いです。そして、その指定の書式を1つでも満たしていない場合は、たとえ内容がどんなに素晴らしくても「却下 (REJECT)」になります。大学等のレポートにおいても指定された「書式規定」などをしっかりと確認して、書式に従って書いてください。

　ここでは、図8.1の第4章 4.3.3 『「地球温暖化」についてのレポート例』を用いて説明します。

- 【タイトルと著者名】が指定された形式（この例では指定されたフォントの種類とサイズでタイトルは中央寄せ、行空けて、著者名が右寄せ）で書き始められ
- 「1. はじめに」「2.1 平均気温変化」のように、番号のあと『.』の形・数・場所を空白も含めて指定の形式で【章や節のタイトル】が記載され
- 【グラフや図】には必ず図表番号付きの『キャプション』がついた形で配置され
- 最後に【参考文献】の列挙があります。

　査読者（チェックする人）は、レポートの文章を読む前に、図 8.1 で囲まれてコメントが付けられているような点をチェックして、それがなかったり、不十分だったりした場合は、内容の文章を一つも読まずに「REJECT」します（この他にも、ポイントはたくさんあります）。

　「書式規定」をよく見て、どういう点に注意しなければならないのかを把握して、第 2 章のWord での技法だけではなく、第 4 章や第 5 章のレポート作成についての内容を振り返って、よく理解してからレポートを作成してください。

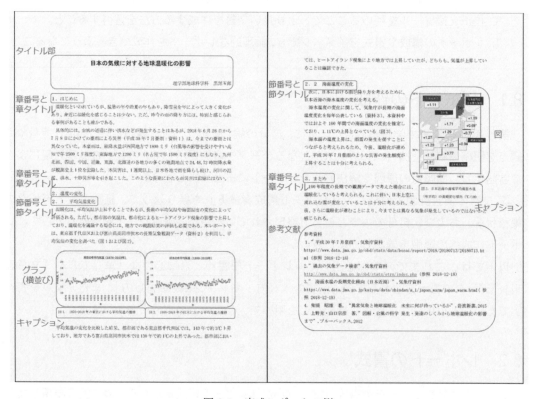

図 8.1　完成レポートの例

8.3　レポートの章立て

　レポートを書く際には、最初に「章立て（構成）」を書きましょう。

　本文の文章が 1 行も書かれていなくても、「章立て」ができれば、レポートの半分は作成で

きたとも言われます。章立てを明文化することで、頭の中で考えている構成がすっきりと言語化され、書きたいことが明確に区分されていくのです。

　章構成としては、さまざまなパターンがありますが、第 4 章 4.3.1 「レポートの章立て」で説明したように、「序論」「本論」「結論」の 3 章構成＋「参考文献」の構成があります。

1. 「序論」
   背景・目的：なぜこのテーマを論じるのか（問題提起）。これまでどのように論じられてきたのか（これまでの流れ）。この文書では何を明らかにしたいのか（目的）。
2. 「本論」
   データ・考察：どのような調査・実験を行ったのか。問題点を明らかにするための根拠・データの提示。調査・実験を行った結果、何が得られたのかに関する考察。
3. 「結論」
   まとめ：具体的にどのような結論が導かれたのか。

　章立ては、「1.、2.」のような大きな「章」だけではなく、「2.1、2.2」などの章よりも細かい「節」も含めた「章立て」を考えてください。

　また、『「結果」のような短い単語』だけのタイトルでは、あなたがそこで何を記述したのか、詳しくわかりません。その節で述べられることがわかるような的確なタイトルを 5 文字から 20 文字程度で付けるように、やってみてください。図 8.1 の例では

1. はじめに
2. 温度の変化
2.1 平均気温変化
2.2 海面温度の変化
3. まとめ
参考文献

という「序論」「本論」「結論」構成で、本論に節を 2 つ設けています。

　この他にも、第 4 章 4.3.1 で示したような例などもあります。

- 「はじめに」「目的」「調査」「考察」「まとめ」「参考文献」：文献調査系のパターン
  「はじめに」で、背景・先行研究などのことを述べて、「目的」で本レポートの目的（明らかにしたいこと）、「調査」で調査方法や得られたデータ、「考察」においてデータから推測できること、そして「まとめ」で目的に対する全体のまとめを記載します。
- 「はじめに」「目的」「方法」「結果」「考察」「まとめ」「参考文献」：実験系のパターン
  「はじめに」で、背景・先行研究などのことを述べて、「目的」で本レポートの目的（明らかにしたいこと）、「方法」で装置の説明や実験方法、「結果」で実験で取得したデータのグラフなど、「考察」において、結果から推測できること、そして「まとめ」で、目的に対する全体のまとめを記載します。

8.4　レポートの文章表現

8.4.1　レポートとしての文の書き方

　初学者は、レポートらしくない（レポートでは使わない口語などの）表現を使ってしまいがちです。表 8.1 に、口語的な表現と、そういう表現はレポートではどのように表現すべきかを書き換えた一例をあげておきます。これ以外にもたくさんありますので、インターネットなどで「ダメなレポート」や「レポート　ダメな表現」などのキーワードで検索してみてください。

表 8.1　レポートらしくない表現と、こう書き換えると、の一例

レポートらしくない表現	書き換えると
です。ます。	だ。である。
○○と思う。	○○と考えられる。
○○だろう。	○○と推測される。
○○と感じる。	○○と推測される。
○○したい。	○○を明らかにする。
○○かもしれない。	○○の可能性がある。
○○と書いている。○○と書いてある。	○○と述べている。
○○されている。	○○している。
○○を知りたい。	○○を理解する必要がある。
○○したほうがいい。	○○する必要がある。
けれども、けれど、けど、でも	しかし
だから	したがって
とても	非常に
だんだん	次第に
たくさんある	多く存在する
だいたい 3 つくらいだ。	約 3 個である。
今までは	従来は
研究されてなくて	研究されておらず
みんなが○○と言っている	一般に○○と言われている
とても難しい。	きわめて難解である。
おもしろい。	重要である。
すごく大事なことだ。	きわめて重要な問題だ。
○○というのは間違いだ。	○○という主張は誤りである。
○○をやってみましたが答えはわかりませんでした。	○○は今後の課題とする。

8.4.2　各章での文章

「はじめに」で多い、それってあなたの感想ですよね?

最初の文章がこれだと、この 1 文を読んだ瞬間「ダメレポート決定」です。

> 大学生になって、自動車学校へかよいだしたので車に興味を持った。最近電気自動車がはやっていると聞いたので、それについて調べてみることにした。

> 今年の夏はとても暑かったので、私は地球温暖化は本当だと思う。地球温暖化はウソだという人がいるのが信じられないので、その人たちがなぜウソだというのか理由を追求し論破したいと思う。

それって目的じゃなく、手段ですよね?

「手段」が「目的」になってしまっている例も多く見られます。

> 日本では 2035 年までにガソリン車の新車販売禁止に向けて動き出している。EV 車の発展について、日本の自動車産業の対応と各国の政府の方針を比較する。

> 2023 年、世界各地において、平均気温の最高値を更新した。地球温暖化が進行しているという話がさまざまにある中、経済的、政治的な視点からの意見だけではなく、地球物理学に基づく天文学的な観点から地球温暖化を論じる。

「目的（問題設定)」をしっかりと明記してください。

> 日本では 2035 年までにガソリン車の新車販売禁止に向けて動き出している。日本の自動車産業の対応と各国の政府の方針を比較することで、ガソリン車の未来と本格的な EV 車時代の到来年度を予測する。

> 2023 年、世界各地において、平均気温の最高値を更新した。地球温暖化が進行しているという話がさまざまにある中、経済的、政治的な視点からの意見だけではなく、地球物理学に基づく天文学的な観点から、地球温暖化が自然現象なのか、人為的なものなのかを原因を含めて追求し、さらに、地球温暖化を阻止することが可能かどうかを論じる。

「はじめに」と「まとめ」が対応してますか?

「はじめに（序論)」と「まとめ（結論)」の内容が対応していないものも多いです。レポートを書き上げた後に、(他の章やグラフなどは見ずに)「はじめに」と「まとめ」の 2 つの章だ

けを読んで、「はじめに（序論）」で述べたことが、「まとめ（結論）」で対応するように記載してあるか、またその内容が矛盾していないか、よく確認してください。

---

1. はじめに

　近年、脱炭素社会が叫ばれ、エネルギー革命や産業構造改革が進行している。日本では2035 年までにガソリン車の新車販売禁止に向けて動き出している中、日本の産業界の対応や各国の政府の方針を比較することで、世界の自動車販売シェアの変化を予測する。

4. まとめ

　日本の産業界の対応は○○であった。各国の政府の対応についても、アメリカでは△△、EU では□□・・・。よって、ガソリン車がなくなる事態にはならないと予想される。

（シェアという言葉から想像した、自動車メーカの販売実績の％変化などが期待されるのでは?）

8.5　レポートとして何をどう書いていいのかわからない人へ

　この段階で、まだ全然書けない、書いてみたけれど感想文にしかならない、目的がわからない、といった人は多いと思います。そこで、「レポート作成の極意」を紹介したいと思います。

1. まず、「良質のレポート（書籍）をたくさん読む」ことです。
　1 つのテーマに対して、書籍やレポート、Web ページを 2、3 本見るというレベルではなく、10 や 20 本という単位で読んでみてください。30 本を越えたあたりから、課題の捉え方や問題のポイント、その分野における文章表現が見えてくるようになります。
2. 次に、「たくさん書く」ことです。
　最初のうちは、感想文にしかならないかもしれませんが、とにかく書いてみる。
　「言葉遣い」に注意し、「章立て」も何度も何度もやり直しながら、大量に文章を書くことで、書く能力は向上します。
3. さらに、「他人と相談する・他人に読んでもらう」ことです。
　他の人とディスカッションすることで、自分とは違う捉え方・考え方に気づかされることがあります。友人だけではなく、先輩や家族、TA や教員などに「章立て」についてだけでも見てもらうことにより、レポートは格段に良くなります。
　また、最近では、ChatGPT などの AI ツールが「良いアシスタント」役になります。自分の書いた文章に「大学生のレポートらしく書き換えて」とプロンプトを与えることによって、書き換えられた文章が提示されてきますので、その文章を見て、学修してみてください。ただし、それをそのまま提出すると、AI 時代においては「このレポートは AI が書いたもの」という判定が下されてしまい単位不可という未来もあります。

　たくさんレポートを書いて、自分の「データ収集能力・データ分析力・レポート構成力・文章作成能力」をレベルアップさせ、AI 時代になっても必要な人間になってください。

8.6　レポートへの図・写真の挿入

　レポートに写真や図を挿入することで、説明をよりわかりやすくすることができます。

　自分で撮影した写真を用いるのが理想的ですが、他の文献に掲載された写真や、インターネット検索を利用して得られた画像などを利用する場合もあります。こうした、自分で撮影したものではない写真を利用する場合は、文章を引用する場合と同様、適切な引用の手続きに基づいて利用する必要があります。

8.6.1　画像ファイルの挿入

　ここでは、あらかじめ用意した画像のファイルを挿入する方法を説明します。

1. 自分で撮影した写真や、作図した画像のファイルを用意します。
2. ［挿入］タブの［図］にある［画像］ボタン（図 8.2）を左クリックします。
3. ［図の挿入］ダイアログボックスが開くので、1. で画像を用意したフォルダを開き、画像のファイルを選択し、［挿入］ボタンを左クリックします。
4. Word 上に画像が挿入されます。

図 8.2　［挿入］タブの［図］にある［画像］ボタン

図 8.3　四隅のハンドルと、四辺中央のハンドル

8.6.2　画像や図のサイズ調整

　画像や図をレポートに挿入した場合、大きさを適切に調節する必要があります。画像や図を選択した状態で、四隅にあるハンドル（図 8.3 の○で示したところ）を［Shift］キーを押しながら左ボタンでドラッグすると、縦横比（アスペクト比）を変えないままで大きさを調節することができます。四辺の中央のハンドル（図 8.3 の□）をドラッグすると縦横比が縦／横方向だけの変更となり、縦横比が変わり図が変形してしまいます。正確なレポートを書くためには、縦横比を変更しないように調整してください。

8.6.3　他のアプリケーションとの連携

レポートに図などを挿入する際、Excel などの表計算ソフトウェアを使って作成したグラフや、PowerPoint で作成したスライドなど、他のアプリケーション・ソフトウェアを利用して作成したデータを利用することができます。

ここでは、第 7 章で作成したグラフを文章中に貼り付けてみます。

1. Excel のシート上でグラフを選択し、右クリックで表示されるメニューから［コピー］を選択します（図 8.4）。
2. Word で作成している文書で、グラフを貼り付けたい位置にカーソルを移動し、右クリックで表示されるメニューの［貼り付けのオプション］にある［図］を選択します（図 8.5）。
3. グラフが画像として貼り付けられます。

図 8.4　［コピー］を選択　　　　図 8.5　［貼り付けのオプション］にある［図］を選択

Excel のグラフを貼り付ける際、編集可能なグラフとして貼り付けることも可能ですが、データが改変される可能性もあります。このため、グラフは画像として貼り付けるようにしましょう。

8.6.4　図のレイアウト

図や画像を配置する際には、文字との位置関係を設定する必要があります。図や画像を選択すると、その右上のところに［レイアウト オプション］のボタンが表示されます（図 8.6）。このボタンを押すと表示されるメニュー（図 8.6 の右側）で、位置関係を調整します。

図が 1 つの行全てを占有するようにしたい場合（図 8.7）は［行内］を選択します。また、［四角］［外周］［内部］などを選択すると、図の周囲に文字が回り込んで配置されるようになります（図 8.8）。さらに、［背面］や［前面］を選択すると、文字を無視して図を配置するこ

とができます（図 8.9，図 8.10）。

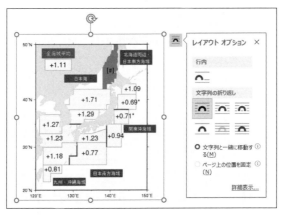

図 8.6　［レイアウト オプション］ボタン

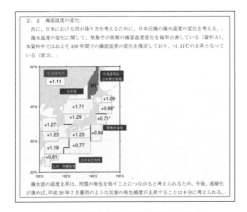

図 8.7　［行内］を選択した場合

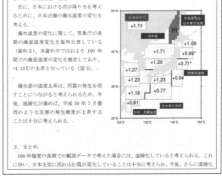

図 8.8　［四角］を選択した場合

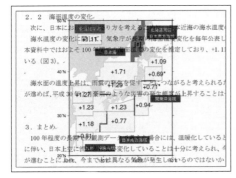

図 8.9　［背面］を選択した場合

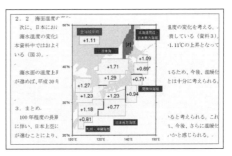

図 8.10　［前面］を選択した場合

8.6.5　複数の図表を横に並べる

　横に 2 つ図を並べたい場合、「行内」レイアウトではなく、図を「四角」でレイアウトします（図 8.11〜図 8.14）。

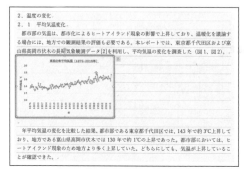

図 8.11　図の挿入

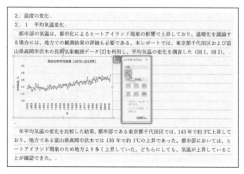

図 8.12　図のレイアウト（行内）

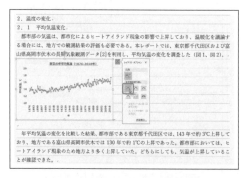

図 8.13　レイアウトを四角に変更

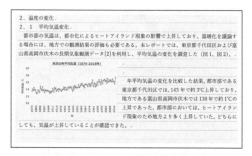

図 8.14　文字列が回り込んだ

　2 つめの図を横に挿入して、四角レイアウトとした（図 8.15）のち、2 つの図を Shift キーを押しながらそれぞれ左クリックで選択した状態で、［レイアウト］タブの「配置」のプルダウンメニューから「下揃え」で合わせるときれいに並びます（図 8.16）。

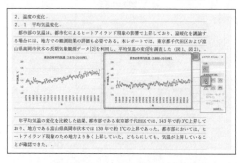

図 8.15　2 つめの図の挿入

図 8.16　［配置］で「下揃え」

8.7　図表番号およびキャプション

　レポートに図やグラフなどを挿入する場合、必ず図表番号と 1～2 行程度の短い説明文（キャプション）も併せて記述します。

　また、文中でそれらの図や表について言及するところでは、「(図 3)」や「(表 2)」のように、「()」にその図表番号を使って参照を記述したり、「図 1 に東京の年平均気温の推移を示す。」のように、本文中で記述する方法もあります。

8.7.1　図表番号の表示位置（表は上に、図は下に）

　表の場合は、表の【上】に「表 1・表 2…」のように、通し番号を振ります（図 8.17）。

図 8.17　表の通し番号

　図やグラフの場合は、図の【下】に、「図 1・図 2…」のように、通し番号を振ります（図 8.18）。

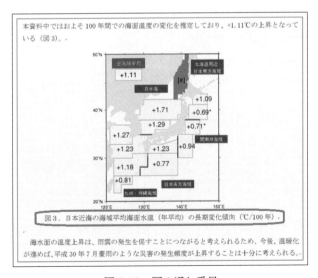

図 8.18　図の通し番号

8.7.2　図表番号およびキャプションの挿入方法

　キャプションを付ける際には、「図のレイアウト」に注意する必要があります。Word では、「行内」とそれ以外（四角）では動作が違い、行内では「段落」扱い、四角では「テキストボックス」扱いになるので、図表は必ず「四角」（「行内」以外）でレイアウトしてください。

　図表番号とキャプションを挿入するには、図の上で右ボタンを押し、表示されるコンテキストメニューから「図表番号の挿入」を選択します（図 8.19）。図表番号のダイアログボックスが表示されますので、キャプションの文字列や配置場所（図の下、表の上など）を選択して OK を左クリックします（図 8.20）。

　テキストボックスが生成される（図 8.21）ので、フォントやサイズを変更します（図 8.22）。なお、番号は Word が自動で数値を付けてくれるのですが、それがおかしい場合もあるので、テキストボックス内を編集して番号の付け直しが必要な場合もあります。

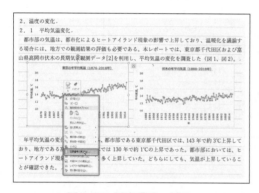

図 8.19　図表番号の挿入　　　　　　　図 8.20　図表番号のダイアログボックス

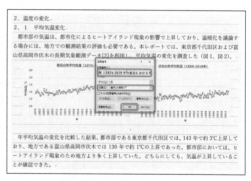

図 8.21　図表番号の挿入された様子　　　　図 8.22　フォント、サイズの変更

　このままだと、図とテキストボックスがつながっていないので、「グループ化」によって 1 つにします。図とテキストボックスを Shift キーを押しながらそれぞれ左クリックすることで 2 つとも選択したのち、右ボタンでコンテキストメニューから「グループ化」を選び、さらに

そのサブメニュー「グループ化」を選択します（図 8.23）。

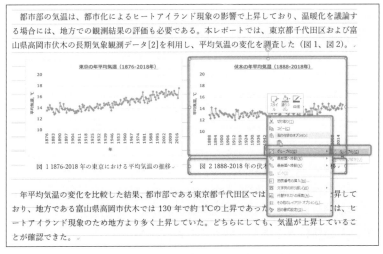

図 8.23　図とキャプションのグループ化

8.8　数式ツールの利用

Word の文書中に数式を書く場合、例えば分数や積分記号などが入った数式を、通常の文字入力だけで書くことは困難です。しかし「数式ツール」を利用すると、特殊な記号などを含む複雑な数式であっても、整った形で書くことができます。

1. 数式を挿入したい場所にマウスポインタを移動し、リボンの［挿入］タブの［記号と特殊文字］にある［数式］を左クリックします（図 8.24）。

図 8.24　数式の挿入

2. リボンが［数式ツール］のタブ（図 8.25）となり、「ここに数式を入力します。」という欄（図 8.26）がカーソルのあった場所に挿入されます。

図 8.25　［数式ツール］タブ

3. 図 8.27 は、二次方程式の解の公式を書いたものです。このように綺麗に書けます。

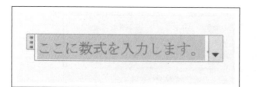

図 8.26　数式を入力する欄

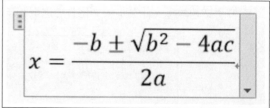

図 8.27　二次方程式の解の公式

　数式ツールには数多くの機能があるため、ここではその全ての機能を紹介することはできません。また Word2019 からは、LaTeX の形式で数式を書くことも可能になっています。LaTeX モードで図 8.26 内に x=¥frac{-b¥pm¥sqrt{b^2-4ac}}{2a} と書くと図 8.27 となります。

　レポートや論文などで数式を多く使う場合は、Word の解説書籍やインターネット検索などを活用し、より詳しい使い方を学んでみてください。

8.9　文章の校正

　レポートが書き上がったら何度も読み直し、十分に推敲しましょう。

　書き終えた後に時間を置いて（例えば翌日など）読み直すと、書いた直後には気が付かなかった誤りを発見できる場合が非常に多くあります。さらに、友達や家族などに読んでもらい、小さな疑問点でも言ってもらうと、より良い視点でレポートを見ることができるようになります。このため、締め切りまでに十分な時間的余裕を持って作業を進めるようにしましょう。

8.9.1　校正ツール

文法のチェック・スペリングのチェック

　Word には、文法の明らかな間違いや、外国語の単語の綴り字の間違いを指摘する機能が備えられています。文法の間違いがある場合や、「データ」と「データー」のような表記の揺らぎが混在している場合、「○○で○○で」や「○○の○○の○○の」のような助詞の連続がある場合には、その部分に図 8.28 のように青色の波線が引かれます。

　また、綴り字の誤りがある場合は、赤色の波線が引かれます。さらに、これらの波線を右クリックすると修正内容が提案されるので（図 8.29）、必要に応じて修正を行うようにします。

　このように、Word が文章校正の手助けをしてくれますので、青色や赤色の波線がある場合には、必ず文章を修正して、波線が出ないようにしてください。

　また、[校閲] タブから [スペルチェックと文章校正] ボタンをクリックすると、誤りのチェックが行われ、右側ウィンドウにその文と説明が表示されます（図 8.30）。

　[スペルチェックと文章校正] ボタンをクリックすると、次の誤り候補場所に行きますので、文書の最後までチェックを行って、ミスのない文章を作成しましょう。

　ただし、Word の [スペルチェックと文章校正] での誤りのチェックは完璧ではないので、

図 8.28 間違いを指摘する波線の例   図 8.29 提案された修正内容

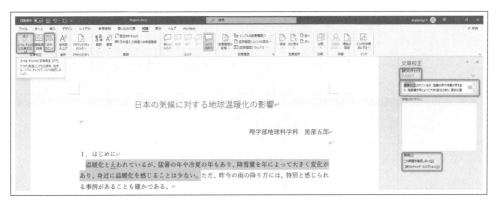

図 8.30 [校閲] タブの [スペルチェックと文章校正] ボタンによる誤りのチェック

自分の目で何度も読む、他人に読んでもらいチェックを受けることは十分に行いましょう。

Word の設定変更

　この校正を行う際に、Word の設定を厳しくチェックするように変更しましょう。

　標準であれば、図 8.31 にあるように、「くだけた文」として甘いチェックになりますが、「通常の文（校正用）」に設定し、より厳しくチェックすることで、二重助詞などに青線が付くようになります。

　設定する方法は、リボン「ファイル」から BackStage 画面へ移行し、左下「オプション」を左クリックし、「Word のオプション」画面の「文章校正」（図 8.31）から、「Word のスペルチェックと文章校正」の「文書のスタイル」のプルダウンメニューから「通常の文（校正用）」を選択し、右下の「OK」を左クリックします。

コメントの挿入

　複数人で文書を作成したり、他の人が書いた文書を校正する場合などに、本文中には書かないメモを記入したり、本文とは別にコメントを挿入することができます。

　コメントを挿入したい範囲を選択し、[校閲]（または [挿入]）タブにある [コメント] グループの [新しいコメント] ボタン（図 8.32）をクリックすると、本文の右側にコメント欄（図 8.33）が表示され、コメントを記入することができます。

図 8.31　［オプション］［文章校正］［文書のスタイル］を変更

図 8.32　［コメントの挿入］ボタン

図 8.33　コメント欄

変更履歴の記録

　図 8.33 のようなコメントを挿入するのではなく、直接本文を修正していく場合は、［校閲］
タブにある［変更履歴］グループの［変更履歴の記録］ボタン（図 8.34）をクリックし、色が
ついた（ON の）状態にしておくことで、どこを修正したかを記録しておくことができます。
　修正した内容は、［変更履歴］ウィンドウで確認することができます。［変更履歴］ウィンド
ウは、［変更履歴の記録］ボタン（図 8.34）の右にある［変更履歴 ウィンドウ］ボタンをク
リックすると表示できます。
　自分自身で行った修正だけでなく、他の人が修正した内容も記録されるので、複数人で 1 つ
の文書を記述・校正する場合に有用です。

図 8.34　［変更履歴の記録］ボタンと［変更履歴 ウィンドウ］ボタン

8.9.2　検索と置換

　校正ツールでもあった、表記の揺らぎがどこにあるかを目で探す場合など、文章中にある「文字列」を見つける作業は、人間が目で行うのでは見逃すミスが多くなります。このような作業は、コンピュータが得意です。同様に、文字列を別の文字列に置き換える（置換）際も、コンピュータに任せれば漏れなく修正することができます。

検索

　[ホーム] タブの右側に [検索] ボタンがあります。検索ボタンを左クリックすると「ナビゲーション」が開くので、「文章の検索」のボックス内に検索したい文字列を入力して、[Enter] または [虫眼鏡] ボタンを左クリックします（図 8.35）。

図 8.35　検索ボタンとナビゲーションの検索ボックス

　検索結果がナビゲーションウィンドウ内に表示されるとともに、本文中では黄色くハイライト表示されます（図 8.36）。複数見つかる場合は、ボックスの右下側にある [▲] [▼] を左クリックすることで前後の検索結果場所に移動します（図 8.37）。

図 8.36　検索結果

図 8.37　次の検索結果へ

置換

　[ホーム] タブの [置換] ボタン（図 8.38）を左クリックすると、「検索と置換」のダイアログボックスが表示されます。

図 8.38　置換ボタン

　ここでは「です」を「である」に置換する例として示します（図 8.39～図 8.42）。

　［置換］を左クリックすると、一つ一つ確認しながらの置換となるので、置換しない場合は
［次を検索］を左クリックするなどして、置換作業を繰り返してください。

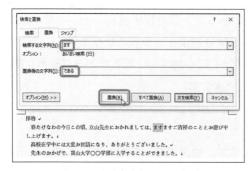

図 8.39　「ます」を「である」に置換

図 8.40　次を検索（置換しない）

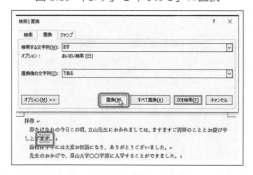

図 8.41　目で選んで置換

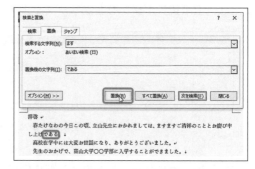

図 8.42　「である」に置換された

　一度に置換したい場合は、［すべて置換］を左クリックしてください（図 8.43）。

図 8.43　すべて置換

図 8.44　置換した個数を表示

　上記の例では「ます」を「である」に置換しようとして、文末でないものまで置換してしまい
いました（図 8.44）。
　このような場合、検索する文字列を「ます。」、置換後の文字列を「である。」と「。」まで指定
することで、文末だけを置換することができます。また、［オプション］のボタンを左クリック
することで、さらなる条件指定も可能です。さまざまな検索・置換を練習してみてください。
　なお、［すべて置換］を行った場合には必ず文章を読み直して、意図しない置換が行われて
いないか［検索］も活用して確認してください。

8.10 演習課題

8.10.1 ビジネス文書、手紙の作成

以下の文書を、自分が出す立場として、作成してみましょう。

1. サークルのイベント開催の案内
2. 取引先への納期遅延のお詫び状
3. 高校時代の恩師へ大学合格の報告の手紙

2章で書いたときより、読む人の立場や必要な内容などよく考えて、また、ビジネスマナーの本やWebページに掲載されているビジネス文書や手紙の文例をよく見て、文例をどのようにすれば自分の状況に当てはめることができるかを検討し、完成させてみてください。

8.10.2 レポートの作成

第5章で調べたテーマについて、レポートを作成してみましょう。
その際には、Excelを使って作成したグラフをレポートに挿入してみましょう。

8.10.3 作成したレポートの校正

作成したレポートに対して校正ツールを利用して、文法チェックやスペリングのチェックを行いましょう。

8.10.4 作成したレポートの相互評価

校正ツールでの指摘をすべて解決したら、他の人とレポートファイルを交換して相互に読み合い、良い点や修正すべき点についてコメントを書き込みましょう。
コメントをもとにレポートを改善しましょう。

コラム　Insert キーによる上書きモードでのトラブル

[Insert] キーについて、よくあるトラブルの話です。

この [Insert] キーを押すことで、【挿入モード】と【上書きモード】の 2 つの編集のモードが切り替わります。[Enter] キーや [Delete] キーなどを押す際に間違えて一緒に [Insert] キーを押してしまい、意図せずモードが切り替わっていることがよくあります。

上書きモードでは、キー入力された文字が既存の文字を書き換えていく状態になります。入力文字が「文字の上に重なり」、上書きしていきます（図 8.45，図 8.46）。

挿入モードでは、入力した場所に文字が入り、その後ろは右にずれていきます（図 8.47）。

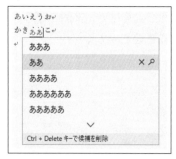

図 8.45　上書きモード

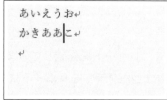

図 8.46　上書きされた結果

図 8.47　挿入モード

2 つのモードは、再度 [Insert] キーを押すことで、切り替えることができます。

実際に [Insert] キーを押して、自分で【挿入モード】と【上書きモード】の 2 つの動作を体験しておいてください。一度経験しておくと、これ以降、悩まなくて済みます。

[Delete] キーと [BackSpace] キー

ついでに、[Insert] キーの付近にある [Delete] キー、[BackSpace] キーの話も少し。

キーボードには、[Delete] キー、[BackSpace] キーと 2 つの削除するキーがあります。

入力文字の編集の際、これらのキーを使いますが、2 つの動作の違いを知っていますか？

削除前には、カーソル「｜」が「うえ」の間にありますが（図 8.48）、[BackSpace] キーを押すと「｜」の左が消えます（図 8.49）。[Delete] キーを押すと「｜」の右が消えます（図 8.50）。

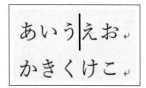

図 8.48　削除前

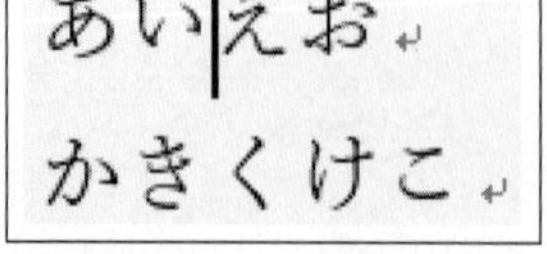

図 8.49　BackSpace キー

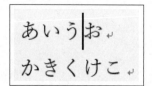

図 8.50　Delete キー

こちらも実際に 2 つのキーを押してみて動作を体験しておいてください。

第9章　プレゼンテーション

　プレゼンテーションとは、自分の知識や考えを正確に伝えて納得を得るための行動であり、文書作成と同様に客観的で論理的な構成を用いた説明が必要になります。文書作成と異なる点は、話し手と聞き手がいる双方向コミュニケーションであることです。

　大学生が行うプレゼンテーションには、授業の課題、研究室のゼミ発表、卒業論文発表や学会発表などの機会があります。また、将来仕事についた際には、取引先との商談や競合他社とのコンペティションなどでプレゼンテーションを行うことがあり、非常に重要なスキルです。

　この章では、プレゼンテーションの準備から本番までの一連の活動を体験します。このような活動を通して発表者の基本を身につけましょう。

　この章の目標は、次のとおりです。

1. プレゼンテーション実施までの手順を想定できること。
2. PowerPoint の基本的な操作方法を習得すること。
3. スライド資料を作成し、編集をすること。
4. スライド・ストーリーを組み立てること。
5. 効果的なプレゼンテーションを行うこと。

9.1　プレゼンテーションソフトウェアで行えること

9.1.1　プレゼンテーションソフトウェアとは

　さまざまな情報を簡単に統合して提示する機能を持つソフトウェアを「プレゼンテーションソフトウェア」と呼びます。文字、グラフ、画像や動画などのさまざまな形式の情報を簡単に統合して、ディスプレイやスクリーン上に映し出すことができます。

　本章では、一般的なスライドショー形式のプレゼンテーションソフトウェアである Microsoft 社の「PowerPoint」を利用することを前提として説明します。

9.1.2　プレゼンテーションソフトウェアの機能

　PowerPoint にはさまざまな機能がありますが、よく用いられる機能の操作方法について説明します。

新規スライドの挿入

　新しいスライドを作成するときは、［新しいスライド］ボタンを左クリックします（図 9.1）。基本的には箇条書きのスライド（タイトルとコンテンツのスライド）が現在のスライドの次に挿入されます。タイトルとコンテンツのスライドでは、箇条書き以外に、中央のメニュー選択

で、表、グラフ、SmartArt グラフィック、図（画像）、オンライン画像、ビデオ（動画）など
を挿入できます（図 9.2）。

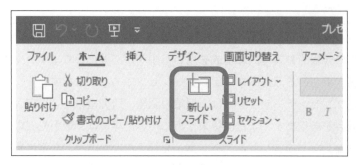

図 9.1　［新しいスライド］ボタン（アイコン部分を左クリックすると新しいスライドが作成される）

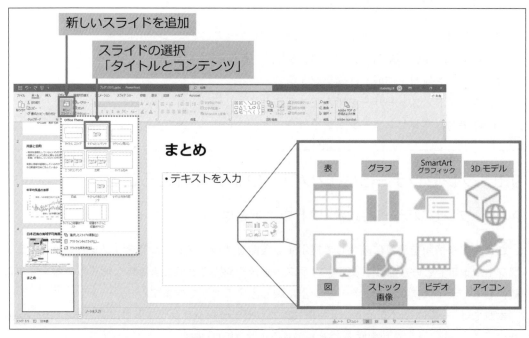

図 9.2　新しいスライドの挿入

　レイアウトを指定して新しいスライドを作る場合には、新しいスライドの選択メニュー（ア
イコン下の文字ならびにその右の選択メニューアイコン）を左クリックすると、11 種類の
スライド・レイアウトが表示されます。その中から希望するレイアウトを選択してください
（図 9.2）。横書き主体の場合、主なスライドのレイアウトは、「タイトル スライド」（最初のス
ライドなど）、「タイトルとコンテンツ」（箇条書きの説明、タイトルと写真など）、「セクショ
ン見出し」（内容の区切りなど）、「タイトルのみ」（自分でレイアウトする場合など）、「白紙」
（タイトルなしで自由にレイアウトする場合など）の 5 種類があります（図 9.3）。レイアウト
は後で［レイアウト］ボタンを使って変更できます。

　また、スライドの縦横比を変更する場合には、[デザイン] タブの [ユーザ設定] グループにある [スライドのサイズ] ボタンで、標準（4:3）やワイド画面（16:9）に変更することができます。

図 9.3　主なスライドのレイアウト

グラフの挿入

　スライドへのグラフの挿入には、Excel で作成したグラフを利用します。8.6.3「他のアプリケーションとの連携」では、Excel で作成したグラフを Word の文書に挿入していますが、同様に PowerPoint のスライドに挿入できます。

1. Excel でグラフを作成します。
2. Excel で、グラフを右クリックして表示されるメニューから [コピー] を選択します（図 9.4）。

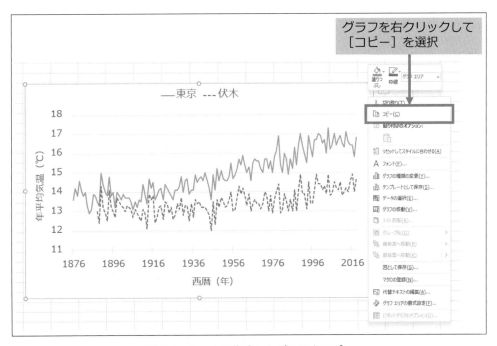

図 9.4　Excel で作成したグラフをコピー

3. PowerPoint で、貼り付けたいスライドを右クリックして表示されるメニューの［貼り付けのオプション］にある［図］を選択します（図 9.5）。

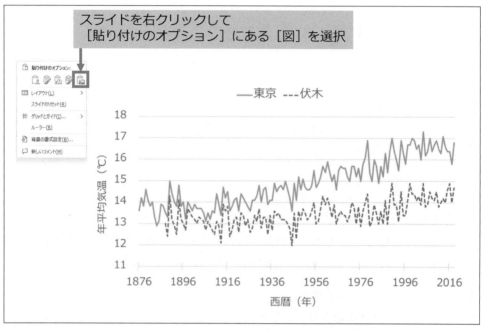

図 9.5 PowerPoint のスライドにグラフを貼り付け

図の挿入

スライドへの図（画像）の挿入は、次の手順で行います。デジタルカメラで撮影した写真やスキャナ画像などの PC に保存されている画像を同様の方法で貼り付けることができます。

1. ［挿入］タブの［画像］グループにある［画像］ボタンを左クリックします（図 9.6）。
2. ［図の挿入］ダイアログボックスが表示されたら、挿入したい画像ファイルを選択し、［挿入］ボタンを左クリックします（図 9.7）。

図 9.6 図の挿入ダイアログボックスを開く

図 9.7 組み込む画像を選択して挿入

図形の挿入

　直線・円・四角形・ブロック矢印・吹き出しなどの図形を選択し、スライド上でドラッグ・アンド・ドロップすることで描画できます。PowerPoint を利用してポスターを作成したり、Word 文書へ挿入する図を作成したりする際に、図形などを組み合わせて作図します。作図とWord 文書への貼り付けについては演習課題 9.5.2 で実際にやりながら学びます。

■図形の描画　スライド上に図形を描くには、以下の手順で描きます。また、図形をダブルクリックすると図形に文字列を挿入することができます。

1. ［挿入］タブの［図］グループにある［図形］ボタンを左クリックし、そのプルダウンメニューから挿入したい図形を左クリックします（図 9.8）。

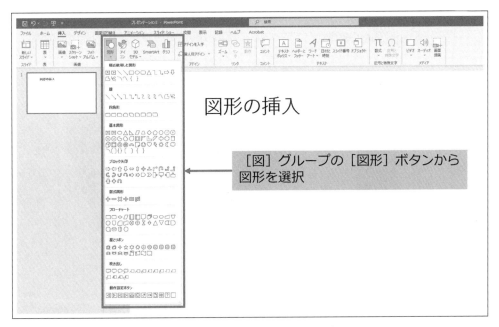

図 9.8　［図形］ボタンと図形一覧

2. マウスポインタが十字型になりますので、目的の大きさになるまでドラッグして図形を描きます。左ボタンを放すと図形が描画されます（図 9.9）。
    - 正円や正方形のように図形の縦横比を 1:1 にするときは、［Shift］キーを押しながらドラッグします（図 9.9）。
    - 線であれば、［Shift］キーを押しながらドラッグすると水平、垂直、斜め 45 度の直線を引くことができます。
3. 描画後にサイズ変更や回転をする場合には、図形の周りに図形のサイズを変更するためのハンドル（図 9.10）が表示されるので、8 カ所のハンドルと自由回転ハンドルを使ってサイズの変更と回転ができます。

- 縦横比を保ったままサイズを変更するときは対角のハンドルを［Shift］キーを押しながらドラッグします。
- ［四角形：角を丸くする］や［ブロック矢印］の図形のようにサイズ変更のハンドルの他に橙色のハンドルがある図形の場合、橙色のハンドルをドラッグすると図 9.11 のように図形を変形できます。

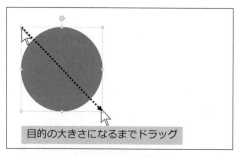

図 9.9　図形の描画

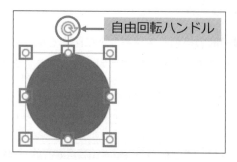

図 9.10　8 カ所のハンドルと自由回転ハンドル

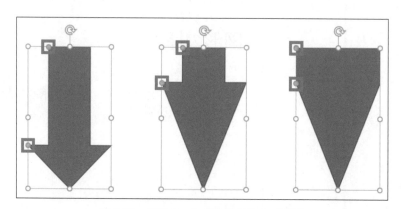

図 9.11　橙色のハンドルを操作して変形

■図形の色の設定　図形の色を変更するには、次の手順で行います（図 9.12）。

1. 変更する図形を選択します。
2. ［図形の書式］タブの［図形のスタイル］グループにある［図形の塗りつぶし］を左クリックして、［テーマの色］か［標準の色］から色を選択します。
3. 目的の色がない場合、［塗りつぶしの色］を左クリックして、［色の設定］ダイアログボックスで色を選ぶか作成します。

■線の色の設定　図形の枠線や線の色を変更するには、次の手順で行います（図 9.13）。

1. 変更する図形を選択します。
2. ［図形の書式］タブの［図形のスタイル］グループにある［図形の枠線］を左クリック

して、[テーマの色]か[標準の色]から色を選択します。

3. 目的の色がない場合、[その他の枠線の色]を左クリックして、[色の設定]ダイアログ
   ボックスで色を選ぶか作成します。

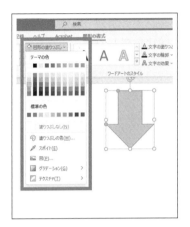

図 9.12　図形の色を設定

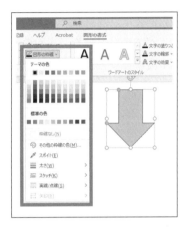

図 9.13　図形の枠線の色を設定

■**線種と太さの設定**　図形の外枠や線の線種や太さを変更するには、次の手順で行います
（図 9.14，図 9.15）。

1. 変更する図形を選択します。
2. [図形の書式]タブの[図形のスタイル]グループにある[図形の枠線]を左クリック
   して、[太さ]で太さを設定します。
3. [図形の書式]タブの[図形のスタイル]グループにある[図形の枠線]を左クリック
   して、[実線/点線]で線種設定します。

図 9.14　線の太さを設定

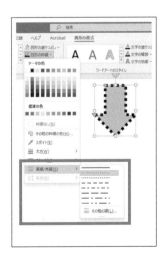

図 9.15　線の種類を設定

オブジェクトの配置（スマートガイド）

　オブジェクトを移動したり拡大縮小したりすると、図 9.16 のように赤い破線が表示されることがあります。これはスマートガイドと呼ばれ、オブジェクトを整列するのに便利なガイド機能です。例えば、オブジェクトを移動して他のオブジェクトと整列（左揃え、上揃え、中央揃えなど）ができたときや、複数のオブジェクトを等間隔に配置したり、オブジェクト同士が同じ横幅や縦幅になったりしたときにも表示されます。

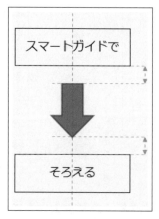

図 9.16　スマートガイドを用いたオブジェクトの配置

オブジェクトの上下関係（重なり）の設定

　オブジェクトの上下関係（重なり）を変更するときは、変更するオブジェクトを選択し、［図形の書式］タブの［配置］グループにある［前面へ移動］または［背面へ移動］ボタンおよびこれらの詳細メニューを左クリックし、選択したオブジェクトを、どのような順序で配置するかを決定します（図 9.17）。

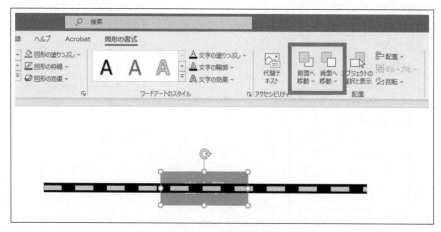

図 9.17　図形の上下関係（重なり）の変更

グループ化と解除

複数の図形を組み合わせて図を作成したとき、いくつかの図形を一緒に移動したり、順序変更したりしたい場合があります。このときにはグループ化を利用すると便利です。複数のオブジェクトを、オブジェクトの選択ボタンを使って選択しグループ化できます（図 9.18）。グループ化したオブジェクトは、1 つのオブジェクトのように扱うことができ、複数のオブジェクトの拡大縮小、移動、重なりの順序変更などを同時に行えます。

■グループ化　複数のオブジェクトをグループ化するには、次の手順で行います。

1. 複数のオブジェクトを選択します。［Shift］キーを押したままオブジェクトを左クリックすると、複数のオブジェクトを選択できます。
2. ［図形の書式］タブの［配置］グループにある［グループ化］を左クリックし、さらに［グループ化］を左クリックするとグループ化できます。

ただし、選択したオブジェクトに表、Excel ワークシート、GIF 画像、新規スライド挿入時に配置されているタイトルやコンテンツ（プレースホルダー）があるとグループ化できません。

■グループ解除　逆にグループを解除することで、個別のオブジェクトに戻すことが可能です（図 9.19）。グループ化したオブジェクトをグループ解除するには、次の手順で行います。

1. グループ化したオブジェクトを選択します。
2. ［図形の書式］タブの［配置］グループにある［グループ化］を左クリックし、［グループ解除］を左クリックするとグループ解除できます。

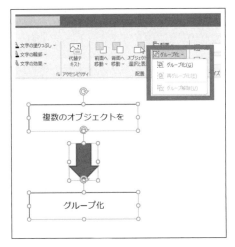

図 9.18　オブジェクトのグループ化

図 9.19　オブジェクトのグループ解除

9.2　わかりやすいスライド

　プレゼンテーションのスライド資料の目的は、聞き手にプレゼンテーションの概要を直感的に理解させることです。レポートや報告書などの文書と違い、プレゼンテーションで、聞き手は視覚情報（スライド資料）と聴覚情報（口頭説明）を同時に理解する必要があります。そのため聞き手は、視覚情報（スライド）を短時間で理解できれば、わかりやすいと感じます。具体的には、文字や図などのレイアウトや配色などを工夫することで、わかりやすいスライド資料を作成できます。

9.2.1　1 スライド 1 メッセージ

　1 枚のスライドに情報を詰め込みすぎないようにします（図 9.20, 図 9.21）。スライド 1 枚につき、聞き手に伝えたいことを 1 つに絞ります。スライド内の情報量が多くなると、聞き手の注意がスライド資料に向いてしまい、口頭説明を聞き逃してしまう恐れがあります。

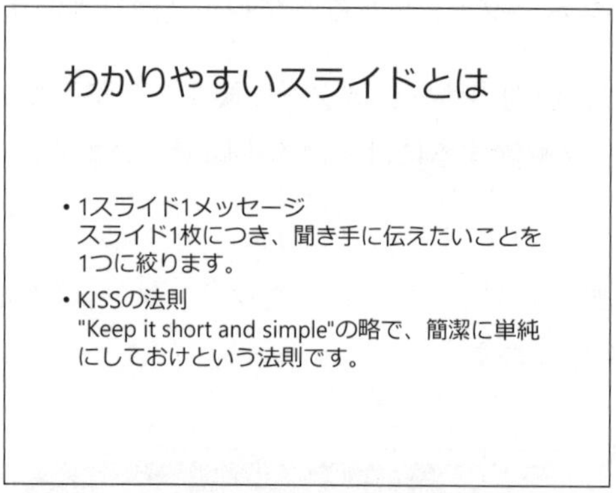

図 9.20　1 スライド 1 メッセージ（悪い例） 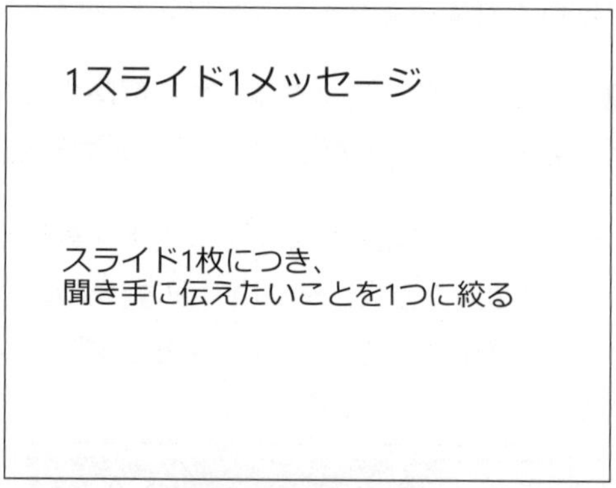　　図 9.21　1 スライド 1 メッセージ（良い例）

9.2.2　KISS の法則

　KISS の法則とは、"Keep it short and simple" の略で、「簡潔に単純にしておけ」という法則です。スライド資料は、聞き手に「読ませる」ためのものではなく、「見せる」ための資料です。可能な限り必要ないものは削除し、常に短く・シンプルなスライドを心がけます（図 9.22, 図 9.23）。長文を書かず、文章を短縮・単純化します。体言止めにできる文は体言止めにすると簡潔になります。

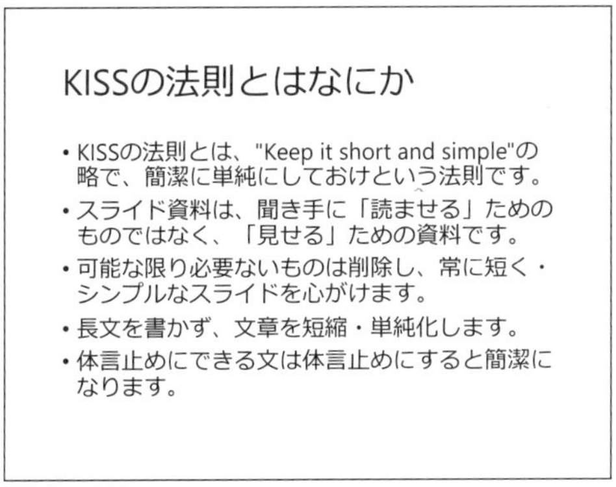

KISSの法則とはなにか

- KISSの法則とは、"Keep it short and simple"の略で、簡潔に単純にしておけという法則です。
- スライド資料は、聞き手に「読ませる」ためのものではなく、「見せる」ための資料です。
- 可能な限り必要ないものは削除し、常に短く・シンプルなスライドを心がけます。
- 長文を書かず、文章を短縮・単純化します。
- 体言止めにできる文は体言止めにすると簡潔になります。

図 9.22　KISS（悪い例）

KISSの法則

Keep it short and simple
常に短く・シンプルに

- 単純化
- 体言止め

図 9.23　KISS（良い例）

9.2.3　フォントの種類とサイズ

　第8章で作成したレポートのような文書は印刷物として近い距離で読むための資料です。これに対して、プレゼンテーションの視覚資料はスクリーンに投影して提示するため遠い位置から見る資料です。このため、明朝体のように縦線と横線の太さが異なるフォントを用いると、横線が細くてかすれてしまい読みにくくなってしまいます。プレゼンテーションの視覚資料には、遠い位置からでも見ることができるように、ゴシック体のような縦線と横線の太さがほぼ同じのフォントを用います。

　ゴシック体を使ってもフォント・サイズが小さければ後列からは見えづらくなります。発表会場には、講義室のように広い会場からゼミ室のように狭い会場までさまざまな環境があります。スライドの文字が見えやすいか確実に判断するためには、実際の会場で投影して確かめる必要があります。しかし、多くの場合、事前に会場で練習できません。ここでは、会場の広さに応じたフォント・サイズの目安を示します（図 9.24）。

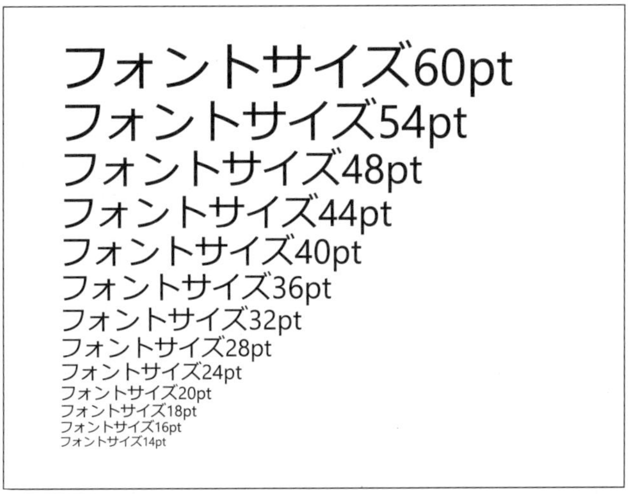

フォントサイズ60pt
フォントサイズ54pt
フォントサイズ48pt
フォントサイズ44pt
フォントサイズ40pt
フォントサイズ36pt
フォントサイズ32pt
フォントサイズ28pt
フォントサイズ24pt
フォントサイズ20pt
フォントサイズ18pt
フォントサイズ16pt
フォントサイズ14pt

図 9.24　フォント・サイズの違い

　講義室のように広い会場の場合は、最後列からでも閲覧できるように大きめのフォント・サイズを指定します。最低でも、本文のフォント・サイズは 36 pt 以上を目安に用います。

　ゼミ室のように狭い会場の場合は、講義室よりは近い距離で資料を見ることができるので、少し小さめのフォントを指定しても良いでしょう。最低でも、本文のフォント・サイズは 24 pt 以上を目安に用います。

　印刷して配布する資料であったり、パソコンのディスプレイで閲覧したりする場合には、さらに小さなフォントでも良いでしょう。最低でも、本文のフォント・サイズは 20 pt 以上を目安に用います。

9.2.4　レイアウト

　そろえられるもの（配置、形、色など）は全てきれいにそろえて配置します。オブジェクトが整列されていないと順番や関連性がわかりづらくなったり煩雑な印象を与えたりします。オブジェクトを整列するときは、スマートガイドを利用すると便利です（図 9.25，図 9.26）。

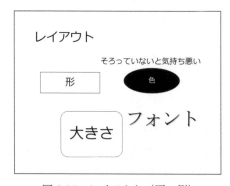

図 9.25　レイアウト（悪い例）

図 9.26　レイアウト（良い例）

　テキストや画像などを自由に配置してスライドを作成できますが、それぞれの関係性を意識して配置すると見やすくなります。例えば、図 9.27 や図 9.28 のように複数の画像とそれぞれの説明文がある場合、対応する説明文と画像を近づけ、別の項目は離して配置します。

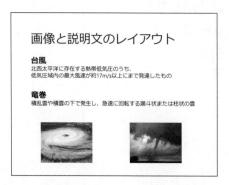

図 9.27　図と説明のレイアウト（悪い例）

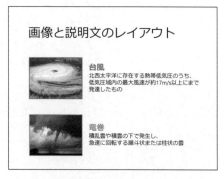

図 9.28　図と説明のレイアウト（良い例）

　また、人は無意識に左上から右下に向かって視線移動して情報を取得するといわれています。代表的な視線移動パターンには、グーテンベルク・ダイヤグラム（図 9.29）、Z の法則（図 9.30）、F の法則（図 9.31）があります。図中の矢印は視線移動を表しています。情報の種類や提示方法によって視線移動パターンは変わりますが、いずれも左上からはじまることは共通しています。スライドの情報も左上から順に見たときに論理構成を理解できるよう配置します。上から下、左から右を意識して配置するとわかりやすいスライドになります。

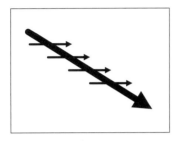

図 9.29　グーテンベルク・ダ
　　　　　イヤグラム

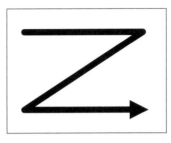

図 9.30　Z の法則

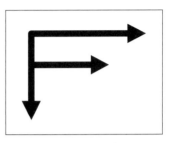

図 9.31　F の法則

9.2.5　配色

　フォントの色や背景色を設定できますが、不必要な色を使うとまとまりのないスライドに見えます。見やすい資料を作るためには色数はできる限り少なくします（図 9.32, 図 9.33）。
　主に文字に使う「ベースカラー」、見出しや強調したい箇所に使う「メインカラー」、特に注目を集めたい箇所に使う「アクセントカラー」の 3 色にするとまとめやすくなります。背景が明るければ文字は暗い色、暗ければ文字は明るい色を指定します。原色（赤、緑、青）や黄色は、彩度（色の鮮やかさ）が高いため、ぼやけて見えて読みにくいスライドになるので使わないようにします。また、ディスプレイで表示される色の見え方とプロジェクタでスクリーンに投影される色の見え方は異なるので注意が必要です。

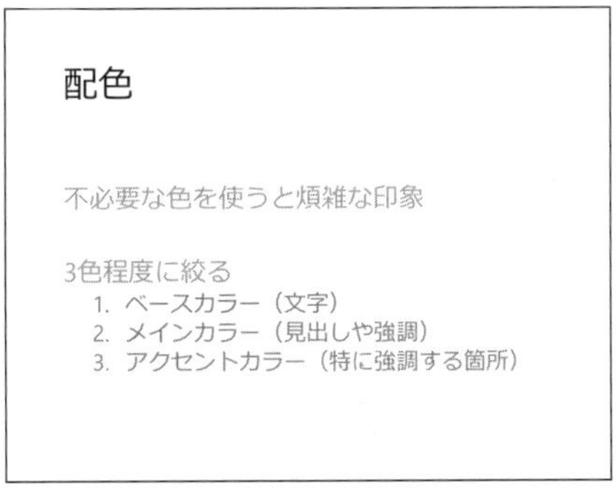

図 9.32　配色（悪い例） 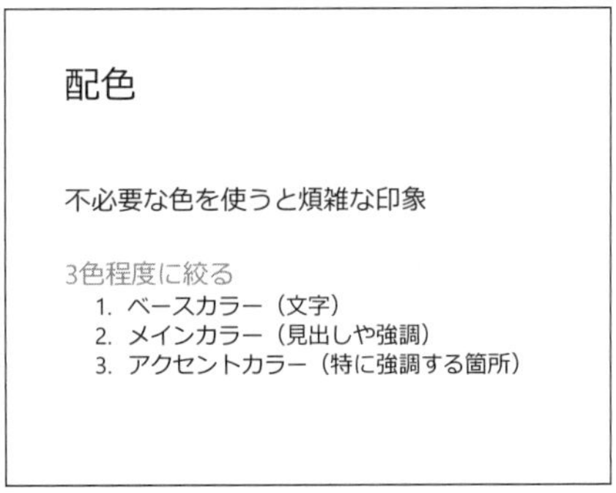　　　　　　　　　図 9.33　配色（良い例）

9.3　プレゼンテーションの実施

　作成したスライド資料をプロジェクタでスライドショーしながらプレゼンテーションします。スライドショーの開始は、[スライドショー] タブの [スライドショーの開始] グループにある [最初から] ボタンを左クリックするか（図 9.34）、キーボードの [F5] キーを押します。スライドショー実行中は、左クリックするかキーボードの [Enter] キーまたは [↓] キーを押すことでスライドを順に表示します。また、キーボードの [BackSpace] キーまたは [↑] キーを押すことでスライドを逆順に表示します。

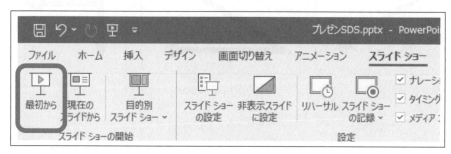

図 9.34　スライドショーの実行

　本番へ向けて十分に発表練習することが大切です。ここでは、プレゼンテーションの練習で確認すべき点と本番の注意事項を説明します。

9.3.1　発表練習

　発表練習は本番を想定して行います。どんな場所で、どんな人たちに、どのような形でプレゼンテーションをするのか意識して練習することが重要です。

　スライド編集画面を見ながら黙読するのではなく、本番と同様にスライドショーしながら実際に声を出して練習します。PowerPoint の操作方法（スライドショーの実行、スライドの切り替え）や発表内容などに不安がなくなるまで繰り返し練習して、自信を持って本番に臨みましょう。

　発表練習では特に次の項目について確認します。

姿勢

　話し手の態度や立ち姿に聞き手は強い印象を受けます。下を向いていたり猫背になっていたりすると、自信がないように見えてしまい、プレゼンテーションに説得力がなくなります。顔を上げて聞き手の方を向き、背筋を伸ばして自信を持って話します。本番で姿勢が悪くならないように、練習でも姿勢を意識して練習します。

構成

　実際に話してみて、流れが不自然で説明しにくいところはないか確認します。スライドを切り替える際に話の流れが切れてしまうことがあります。スライドが論理的につながるか、論理的に飛躍がないか確認します。できれば第三者に聞いてもらい、わかりにくい箇所などをチェックしてもらうと良いでしょう。

発表時間

　指定された発表時間に収まるか実際に声を出して練習して時間を計って確認します。実際に声を出すと思っていたよりも時間がかかります。時間が超過したり不足したりする場合は、視覚資料の情報量が適切か確認して調整します。

　時間どおりのプレゼンテーションができるようになれば、ある経過時刻でどのスライドを説明していればよいか把握します。例えば、20 分間のプレゼンテーションであれば、10 分経過と 15 分経過時でそれぞれどのスライドを説明しているか把握します。

　練習で指定時間通りであっても、本番で時間通りできるとは限りません。本番で時間調整できるよう、必ず伝えたい部分や省略してもよい部分はどこか確認しておきます。

　プレゼンテーションで話す内容を全て文章化した「発表原稿」を書いてもよいでしょう。文章化することで、スライドごとの説明内容と所要時間を把握しやすくなります。ただし、プレゼンテーションは双方向コミュニケーションであり、発表原稿の朗読会ではありません。本番の発表では「発表原稿を読まない」ようにします。

9.3.2　本番

　ここでは、プレゼンテーション本番での注意点について説明します。

視線とアイコンタクト

　プレゼンテーションは、聞き手とのコミュニケーションです。聞き手の目を見て話すことを心がけます。視線は聞き手一人一人に向けて語りかけるようにします。ただし、あまり頻繁に視線移動すると落ち着きのない雰囲気になります。視線移動は一文が終わったときに、次の聞き手に視線を送るようにします。

発表時間厳守

　決められた発表時間は厳守します。発表時間が予定より短い場合は準備不足であり、長い場合はまとめられていない・要領が悪い印象を与えます。

　人前で発表した経験があまりない人は、本番では緊張して練習よりも早口になりやすいです。発表に慣れるまでは、早口になることを意識をして、ゆっくり・はっきりと話すようにすると良いです。

　学会発表などの場合、発表終了の数分前（予鈴）と発表終了時（本鈴）にベルが鳴らされます。例えば発表時間が 20 分間であれば、発表開始から 15 分経過時に予鈴として 1 鈴、発表開始から 20 分経過時に本鈴として 2 鈴が鳴らされます。予鈴が鳴らされた時点で、予定よりも進んでいる場合は結果やまとめの部分を詳しく説明し、予定よりも遅れている場合は省略できる説明は省くなどして時間内に終わるよう努めます。

質疑応答

　発表後に行われる質疑応答は、話し手と聞き手の交流の場です。聞き手は、発表でわからなかったことや疑問に思ったことを質問し、理解を深めることができます。話し手は、内容が十分に伝わったか確認でき、新しい視点からの意見を得ることができます。質疑応答は、話し手と聞き手の双方にとって有益であり、積極的に参加します。

9.3.3　発表後

　発表後は、良かった点と改善すべき点を自己評価します。可能であればあらかじめ評価シートを作成し聞き手に渡して評価してもらい、自己評価と聞き手からの評価を比較することで次回のプレゼンテーションに活かします。

9.4　印刷物の作成

　手元に残るような配布資料を必要に応じて用意します。要点のみの資料とするなど、話の内容に集中させるための工夫をします。

9.4.1　スライドの印刷

　スライド資料を印刷するとき、Word と同じように印刷すると、A4 用紙 1 枚に 1 スライドで印刷となり、紙が大量に必要になります。そこで、用紙 1 枚に複数のスライドをまとめて印刷します。

　1 ページに複数のスライドを印刷するには、まず［ファイル］タブの［印刷］メニューを左クリックします。次に、設定にある［フルページサイズのスライド］を左クリックしてプルダウンメニューを開き、配布資料にある［2 スライド］や［6 スライド（横）］などのレイアウトから選択して左クリックします（図 9.35）。画面右側のプレビュー画面で印刷イメージを確認してから［印刷］ボタンを左クリックして印刷します。

　図 9.36 は、配布資料「2 スライド」と「3 スライド」のプレビュー画面です。1 ページあたり 3 スライドで印刷するレイアウトでは各スライドの右側にメモ欄が印刷されます。

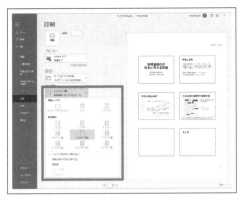

図 9.35 配布資料のレイアウト選択

図 9.36 配布資料（2 スライドと 3 スライド）

9.4.2 ポスター資料の作成

ポスター発表と呼ばれるプレゼンテーション形式の場合、ノート PC やプロジェクタなどは利用せず、A1（59.4 cm × 84.1 cm）や A0（84.1 cm × 118.9 cm）サイズの大判ポスターをパネルなどに掲示してその前でプレゼンテーションを行います。

ポスターを見るだけで内容がわかるようにしておく必要があります。

ポスター資料作成時のスライドのサイズ

PowerPoint でポスターを作成する場合は、スライドのサイズを印刷するポスターのサイズと同じになるよう設定します。ただし、スライドは一辺最大 142.24 cm までしか設定できません。これを超えるサイズを指定する場合には、用紙サイズと同じ縦横比率の縮小サイズを指定します。例えば、B0（103 cm × 145.6 cm）のサイズに変更する場合には、142.24 cm × 142.24 cm の矩形内に収まる最大の 100.62 cm × 142.24 cm を指定します。

スライドサイズの変更は、［デザイン］タブの［ユーザ設定］にある［スライドのサイズ］から［ユーザ設定のスライドのサイズ］を左クリックして表示される［スライドのサイズ］ダイアログボックスで行います。

レイアウト

プロジェクタとスクリーンを利用したプレゼンテーションとは違い、ポスターの場合には聞き手は 2 m 程度の距離から視覚資料を見ます。また、聞き手はポスター発表会場内を移動し、ポスターを読んで興味のある発表を選んで話を聞きます。このため、離れた場所からでも読むことができてわかりやすいポスターを作成する必要があります（図 9.37, 図 9.38）。文字サイズは、A0 サイズの場合ではタイトル 72 pt 以上、本文 48 pt 以上が目安です。

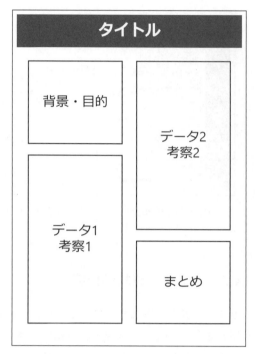

図 9.37　ポスターのレイアウト例 1　　　　図 9.38　ポスターのレイアウト例 2

9.5 演習課題

9.5.1 プレゼンテーションの実施

第 8 章で作成したレポートについて、PowerPoint を用いてスライド資料を作成しプレゼンテーションを実施します。発表時間が 5 分の場合と 20 分の場合を想定し、2 つのスライド資料を作成することで、構成の違いを考えてみましょう。

9.5.2 図の作成

PowerPoint で図形や画像などを組み合わせて作成した図は、スライド資料としての用途以外にも、Word 文書などに図として挿入できます。ここでは、PowerPoint で図形を組み合わせて作図する方法を演習します。

図 9.39 のような富山駅から富山大学（五福キャンパス）までの経路図を、PowerPoint を用いて描いてください。作成したマップを Word の文書に貼り付けて、初めて富山を訪れる人が富山駅から富山大学まで来ることを想定して、経路を説明する文書を作成してください。

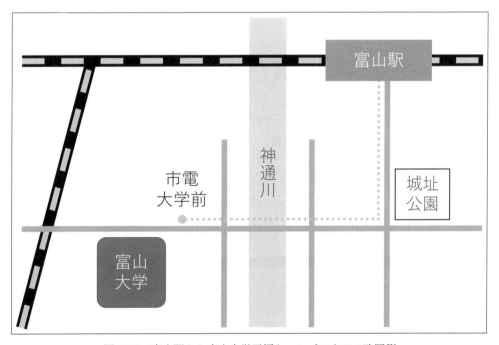

図 9.39 富山駅から富山大学五福キャンパスまでの略図例

駅と線路などの描き方を説明します。PowerPoint の操作に慣れている人は説明通りに進める必要はありません。

1. スライドレイアウトを「白紙」に設定します。
2. 白紙のスライドに四角形を挿入します（図 9.40）。
3. 四角形に「富山駅」とテキストを挿入します（図 9.41）。

図 9.40　四角形を挿入

図 9.41　四角形にテキストを挿入

4. 直線を 2 本挿入します（図 9.42）。

図 9.42　直線を 2 本挿入

5. 四角形と直線の色・線種を設定します（図 9.43）。四角形の文字の色を「白」、塗りつぶ
   しの色を「オレンジ」、枠線の色を「オレンジ」に設定します。2 本の直線のうち、先
   に描いた直線の色を「黒」、太さを「12 pt」に設定し、後に描いた直線の色を「薄い灰
   色」、太さを「6 pt」、線種を「破線」に設定します。

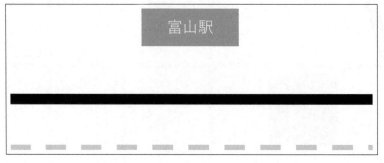

図 9.43　四角形と直線の色・線種を設定

6. 図形を重ねてグループ化します（図 9.44）。色と線種を設定した直線を重ねます。黒い直線の上に灰色の破線が見えない場合は重なりの順序を変更します。

図 9.44 直線を重ねてグループ化

7. グループ化した直線をドラッグ・アンド・ドロップして移動することで四角形と重ねます（図 9.45）。

図 9.45 グループ化した直線と四角形を重ねる

8. グループ化した直線を選択して重なりの順序を変更することで、四角形が直線の上に見えるようにします（図 9.46）。

図 9.46 グループ化した直線と四角形の重なりの順序を変更

9. グループ化した直線を選択し、コピーして貼り付けることで、グループ化した直線を複製します（図 9.47）。

図 9.47 グループ化した直線を複製

10. 複製した直線を縮小します（図 9.48）。

図 9.48 複製した直線を縮小

11. 縮小した直線を適当な位置に移動・回転します（図 9.49）。

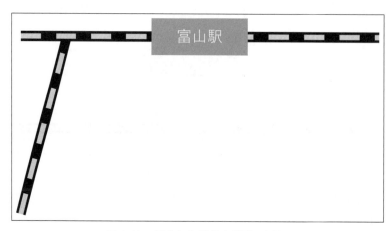

図 9.49　縮小した直線を移動・回転

12. 四角形を追加してテキストを挿入したり、色・線種を変更したりして河川を描いてみましょう（図 9.50）。

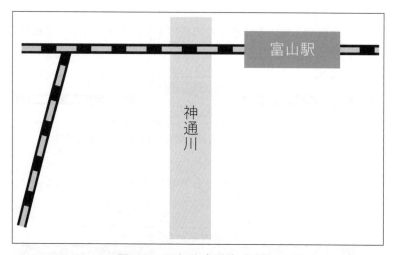

図 9.50　四角形（河川）を挿入

13. 主要道路や目印となる建物、発着駅名、目的地などを追加して地図を作成します。図 9.39 の例では、道路には直線、路面電車には破線を使っています。

14. PowerPoint で作成した地図の図形を全て選択してコピーします。

15. 挿入する Word 文書を開いて、貼り付けたい箇所で右クリックして図として貼り付けます。

16. 地図を貼り付けた Word 文書に、初めて富山を訪れる人が富山駅から富山大学まで来ることを想定して、経路を説明する文章を追加して文書を完成させます。

第 10 章　Web ページの作成と公開

この章の目標

　WWW（World Wide Web）により世界中の人に情報を伝えることができます。Web ページはその情報発信基地です。

　これまでの章では、PC 上でレポート等の文書ファイルを作成し、それを発表するためのプレゼンテーションファイルを同じく PC 上で作成しました。この章では、他の人に伝えたい情報を Web ページとして作成し、WWW 上で公開する方法を学びます。

　この章の目標は、次のとおりです。

1. Web ページでできることを理解すること。
2. HTML を用いた Web ページの構造を理解すること。
3. Web ページを作成し、WWW 上で公開するまでの流れを理解すること。

10.1　Web ページでできること

　WWW においての情報の構成単位が Web ページです（WWW の仕組みについては、第 3 章 3.1.1「WWW の仕組みと Web ブラウザの役割」を参照してください）。Web ページは、HTML (HyperText Markup Language) で記述されたテキストファイルであり、HTML により画像ファイルや音声、動画ファイルなどを Web ページ内に貼り付けることができます。また、別の Web ページへのリンク (hyperlink) を埋め込むこともできます（図 10.1）。なお、Word 文書に図を貼り付け保存した場合は、その貼り付けた図は Word ファイルと一体化し 1 本のファイルとなりますが、Web ページでは、貼り付けた画像ファイルなどは、通常[*1]、HTML ファイルとは別ファイルとして存在します（図 10.2）。

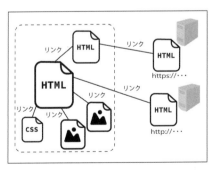
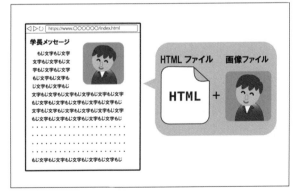

図 10.1　Web ページの仕組み　　図 10.2　図が貼り付けられた Web ページのファイル構成例

[*1] 画像をテキストデータに変換させて HTML ファイルと一体化させる方法はありますが、その説明は省略しています。

10.1.1　Web ページを作成し公開するまでの流れ

　Web ページを作成するには、HTML 文書を作成するためのテキストエディタと、実際の表示を確認するための Web ブラウザが必要です。なお、PC で作成した Web ページを公開するには、Web サーバとファイル転送ソフトが必要です。通常、Web ページの作成は次のような流れで行われます。

1. テキストエディタで HTML 文書を作成・編集

　HTML 文書の作成・編集は、PC 上で、（メモ帳や notepad++ などの）テキストエディタを使って行います（図 10.3）。HTML 文書のファイル名には、「html」という拡張子を付けます。この拡張子により、HTML 文書は（通常は）Web ブラウザに対応づけられます。なお、Web サーバ上でファイル名として使える文字は次のとおりです。

　ファイル名として使える文字
- 半角英字　※ Web サーバ上では、大文字・小文字は別の文字として認識されます
- 半角数字
- 「-」（半角のハイフン）
- 「_」（半角のアンダースコア）

　全角文字、ハイフンとアンダースコア以外の記号、スペース、機種依存文字を使ったファイルは、PC 上では問題なく使えますが、Web サーバ上では正しく認識されない場合がありますので、注意してください。

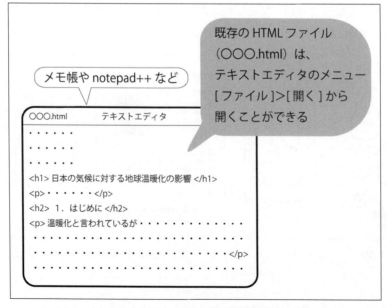

図 10.3　テキストエディタで HTML 文書を作成・編集

2. Web ブラウザで HTML 文書を開く

　1 で作成した HTML 文書を Web ブラウザで開き（図 10.4）、その表示を確認します。表示された内容の変更や追加などの修正はテキストエディタ（図 10.3）で行い、修正後、再び Web ブラウザでその表示を確認します。この手順を繰り返し、まずは PC 上で Web ページを完成させます。

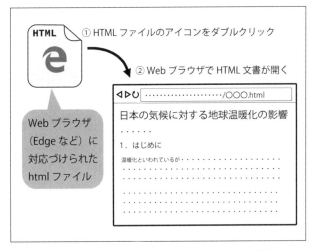

図 10.4　Web ブラウザで HTML 文書を開く

3. Web ページの公開

　PC 上で完成させた Web ページをファイル転送ソフトを使って Web サーバに転送します（図 10.5）。そして、今度は（PC 上の HTML 文書ではなく）Web サーバ上に転送した HTML 文書を Web ブラウザで開き、その表示を確認します。表示された内容に不備があれば、（PC 上にある）転送元 HTML ファイルを 2 に示した手順で修正し、問題が解決した後、再び、Web ページを Web サーバに転送します。この手順を繰り返し、Web ページを完成させます。

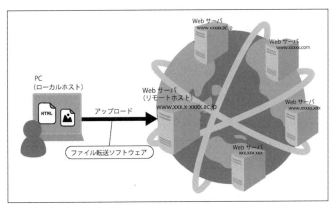

図 10.5　Web ページの公開

10.2　HTML での文書作成

10.2.1　HTML の概要

　HTML は、文書の中にタグと呼ばれる記号でマークを付け、Web ブラウザがその記号を解釈し Web ページを表示します。

　タグは、「<html>」のように、記号「<」と記号「>」で構成されます。また、「</html>」のように「/」（スラッシュ）のついたタグもあります。前者を開始タグ、後者を終了タグと言い、これらのタグで階層構造を作っています。

HTML の基本構造

　HTML 文書は、<html>タグで文書の始まりを、</html>タグで文書の終わりを示します。さらに<html>タグの中で、ヘッダー部分（<head>から</head>）と本体部分（<body>から</body>）に分かれます。ヘッダー部分は、HTML 文書に関する情報を記述し、本体部分には、実際に Web ブラウザで表示させる内容を記述します（図 10.6）。

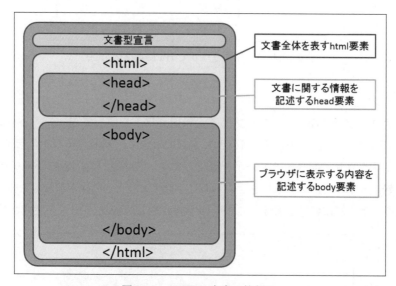

図 10.6　HTML 文書の枠組み

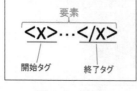

図 10.7　要素

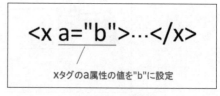

図 10.8　属性

要素、属性

　開始タグと終了タグで挟まれた中身を「内容」と言い、開始タグ・内容・終了タグを含めた全体を「要素」（図 10.7）と言います。Web ブラウザに詳細な指示を与えるため、開始タグの中に「属性」を設定する場合があります（図 10.8）。属性は、「属性名＝"値"」という形式で設定します。1 つの要素に、複数の属性を設定することもできます。要素名と属性名との間、および属性と属性の間には、半角スペースを 1 つ挿入しなければなりません。

文書型宣言と文字コードの指定

　HTML 文書の冒頭では文書型宣言をしなければなりません。ここでは次のとおり、HTML5 の文書型宣言をします。

```
<!DOCTYPE html>
```

　また、HTML 文書として作成するファイルの文字コードの指定も必要です。ここでは次のように、文字コード UTF-8 を指定することにします。

```
<meta charset="UTF-8">
```

　【例 1】　図 10.9 は、テキストエディタで HTML 文書を作成した例です。ファイル名を sample.html としています。これを Web ブラウザで表示すると 図 10.10 のようになります。

図 10.9　ソース 1　　　　　　　　　図 10.10　ソース 1 の Web ブラウザ表示

10.2.2　HTML で使われる要素

題名 (title)

```
<title>…</title>
```

　HTML 文書に限らず、文書には「題名」が必要です。HTML 文書を書く際には、title 要素で題名を表します。この要素は、原則として HTML 文書に必須の要素で、省略してはいけません。題名は HTML 文書に関する情報ですので、<head>から</head>の間、つまりヘッダー部分に記載します。例 1 の sample.html のヘッダー部分に、title 要素が含まれているか確認してみてください。通常の場合、この title 要素の内容は、タブまたは Web ブラウザのタイトルバーに表示されます（図 10.11）。また、Google 等の検索サイトで検索を行った際、検索結果の一覧に表示されます。したがって、HTML 文書をインターネットで公開する場合、最初に多くの人の目に留まる重要な要素です。文書の内容が一目でわかるような題名を付けるように心がけましょう。

　　使用例　<title>レポート–日本の気候に対する地球温暖化の影響</title>

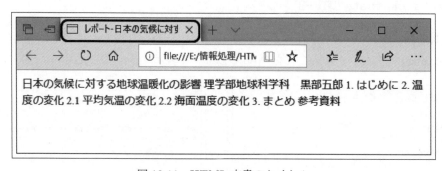

図 10.11　HTML 文書のタイトル

見出し (heading)

```
<h1>…</h1>
<h2>…</h2>
<h3>…</h3>
<h4>…</h4>
<h5>…</h5>
<h6>…</h6>
```

　見出しを表現する要素です。見出しの階層順に一番上の h1 要素から h6 要素までの 6 種類があります。

　　使用例 1　<h1>日本の気候に対する地球温暖化の影響</h1>
　　使用例 2　<h2>はじめに</h2>

【例 2】　例 1 の `sample.html` をソース 2（図 10.12）のようにテキストエディタで編集、上書き保存した例です。Web ブラウザで表示すると、h1、h2 要素（見出し）は大きめの文字で表示され、前後に空行が入ります（図 10.13）。

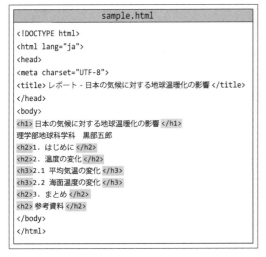

図 10.12　ソース 2

図 10.13　ソース 2 の Web ブラウザ表示

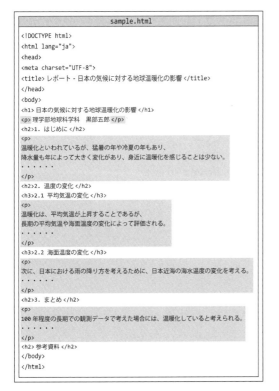

図 10.14　ソース 3

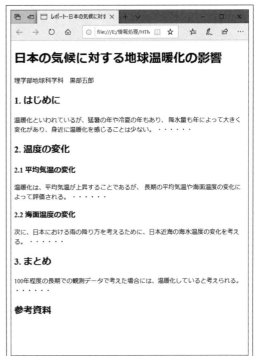

図 10.15　ソース 3 の Web ブラウザ表示

段落 (paragraph)

```
<p>…</p>
```

p 要素は段落を示す要素です。

使用例　`<p>地球が温暖化しているといわれている。…</p>`

【例 3】　例 2 の `sample.html` をソース 3（図 10.14）のようにそれぞれの見出しの下に p
要素で段落を追加した例です。上書き保存後、Web ブラウザで表示を確認したのが図 10.15
です。

番号なしリスト (unordered list)

```
<ul>
  <li>リスト項目1</li>
  <li>リスト項目2</li>
  <li>リスト項目3</li>
  …
</ul>
```

リスト（箇条書き形式のテキスト）形式で表示させたい場合は、その部分全体を`<ul>…</ul>`
で囲み、その中の各項目を`<li>…</li>`で囲みます。

使用例

```
<ul>
    <li>Word</li>
    <li>Excel</li>
    <li>PowerPoint</li>
</ul>
```

Web ブラウザ表示

```
・Word
・Excel
・PowerPoint
```

番号付きリスト (ordered list)

```
<ol>
  <li>リスト項目1</li>
  <li>リスト項目2</li>
  <li>リスト項目3</li>
  …
</ol>
```

リストの先頭を番号にする場合は、そのリスト全体を`<ol>…</ol>`で囲みます。リストの各
項目は、ul 要素と同様に`<li>…</li>`で囲みます。

使用例

```
<ol>
    <li>背景・目的</li>
    <li>データ・考察</li>
    <li>まとめ</li>
</ol>
```

Web ブラウザ表示

> 1．背景・目的
> 2．データ・考察
> 3．まとめ

画像 (image)

```
<img src="URL" width="幅" height="高さ" alt="代替テキスト">
```

img 要素は、HTML に画像を貼り付ける要素で、次の属性を記述します。

```
src="画像ファイルのURL"
width="画像の幅（ピクセル数）"
height="画像の高さ（ピクセル数）"
alt="画像が利用できない場合、代わりに使用するテキスト"
```

　　src：source
　　URL：Uniform Resource Locator
　　　　　　　インターネット上に存在する情報資源（文書や画像など）の場所を指し示す記述方式
　　alt：alternate text

　なお、img 要素には、内容と終了タグが存在しません。このように開始タグだけで構成される要素を**空要素**といいます。

使用例

```
<img src="tokyotemp.png" width="400" height="240" alt="東京の年平均気温">
```

【例 4】　例 3 の sample.html をソース 4（図 10.16）のとおりに img 要素を追加した例です。この img 要素では、画像 tokyotemp.png を相対表記しています。つまり、sample.html と同じ場所（フォルダ）にあることを示しています。上書き保存後、Web ブラウザで表示を確認したものが図 10.17 です。ここでは、第 8 章で Word 文書に貼り付けたグラフ（図）を画像ファイル tokyotemp.png として保存したものを使っています。

　なお、指定した画像ファイルが存在しない場合（ファイル名が間違っている場合、ファイルのパス表記が間違っている場合など）は、alt 属性で指定されたテキストが、図 10.18 のように表示されます。

　Word 文書に貼り付けた図を画像ファイルとして保存するには、その貼り付けた図を右クリックし、表示されるメニューの［図として保存］を選択します。

```
温暖化は、平均気温が上昇することであるが、
長期の平均気温や海面温度の変化によって評価される。
・・・・・・
</p>
<p>
<img src="tokyotemp.png" width="300" height="180" alt=" 東京の年平均気温 ">
</p>
<h3>2.2 海面温度の変化 </h3>
<p>
次に、日本における雨の降り方を考えるために、日本近海の海水温度の変化を考える。
```

図 10.16　ソース 4

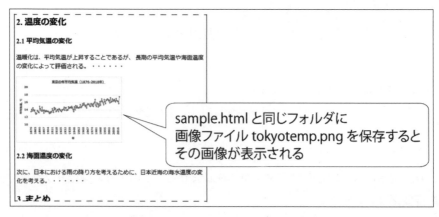

図 10.17　ソース 4 の Web ブラウザ表示

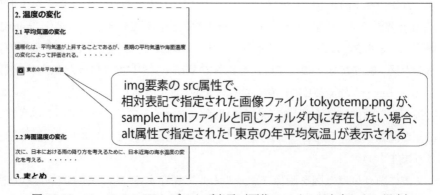

図 10.18　ソース 4 の Web ブラウザ表示（画像ファイルが存在しない場合）

リンク (anchor)

```
<a href="リンク先ファイルのURL">…</a>
```

a 要素はリンクを設定する要素で、次の属性を記述します。

```
href="リンク先ファイルのURL"
```

    href：hypertext reference

使用例 1 （URL が相対表記）

```
<a href="ondanka.html">地球温暖化について</a>
```

使用例 2 （URL が絶対表記）

```
<a href="https://www.u-toyama.ac.jp/index.html">富山大学</a>
```

【例 5】 例 4 の sample.html を、ソース 5 （図 10.19）のように a 要素を追加した例です。上書き保存後、Web ブラウザでリンクの表示を確認したものが図 10.20 です。

```
</p>
<h2> 参考資料 </h2>
<p>
<a href="https://www.data.jma.go.jp/obd/stats/etrn/index.php">
気象庁、過去の気象データ検索 </a>
</p>
</body>
```

図 10.19　ソース 5

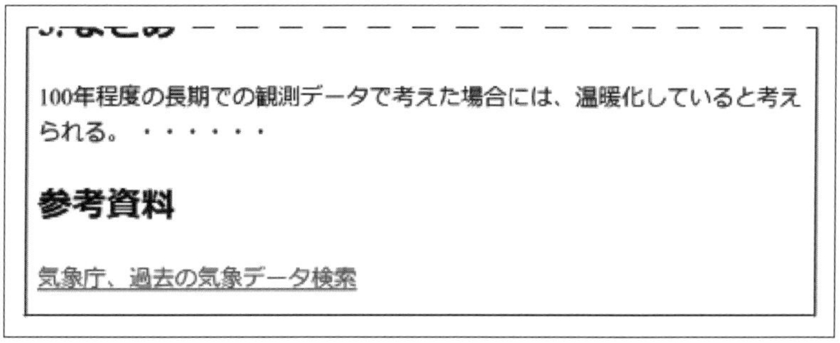

3. まとめ

100年程度の長期での観測データで考えた場合には、温暖化していると考えられる。・・・・・・

参考資料

気象庁、過去の気象データ検索

図 10.20　ソース 5 の Web ブラウザ表示

10.3 Web ページの公開

　Web ページをインターネット上に公開するためには、Web ページを構成する HTML ファイルと、Web ページに貼り付けている画像ファイルなどを Web サーバに転送する必要があります。ファイル転送にはファイル転送ソフトウェアを使います（図 10.5）。

10.3.1 Web ページを公開する上での注意事項

1. 他人や他の団体を傷つける内容は載せない。
2. 公序良俗に反する内容は掲載しない、またリンクしない。
3. 他人（他の団体）の著作権を侵害しない。
4. 電話番号や住所などの個人情報を載せない。

10.3.2 ファイル転送に必要な情報

1. ユーザ名
2. パスワード
3. 転送先のアドレス
4. Web ページ格納用のルートディレクトリ[*2]

　これらの情報は、加入しているプロバイダや所属団体で指定されています。富山大学教育用 Web サーバを利用する場合の情報は次のとおりです。

ユーザ名	メールのユーザ名と同じ
パスワード	メールのパスワードと同じ
転送先のアドレス	wwwst.ems.u-toyama.ac.jp
ルートディレクトリ	WWW（半角大文字）

　なお、ルートディレクトリに転送されたファイルは、次のアドレスで Web ブラウザに表示することができます（ただし、表示は富山大学内限定）。

```
https://wwwst.ems.u-toyama.ac.jp/~ユーザ名/ファイル名
https://wwwst.ems.u-toyama.ac.jp/~ユーザ名/ディレクトリ名/ファイル名
```

※ 「~」（チルダ）を入力するには、[Shift] キーを押しながら、ひらがなの [へ] のキーを押します。

※ ディレクトリ名は「/」（スラッシュ）で区切ります。

[*2] 「ディレクトリ」は基本的には「フォルダ」と同じものです。Web サーバ上では「ディレクトリ」と呼ばれます。

10.3.3　ファイル転送手順

　富山大学の教育用端末室の PC には、WinSCP というファイル転送用のソフトウェアがインストールされています。ここでは、ファイルの転送を WinSCP ソフトウェアで行う手順を説明します。

1. WinSCP ソフトウェアの起動

　WinSCP を起動すると、図 10.21 のようなログイン画面が表示されます。

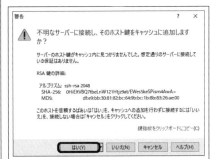

図 10.21　WinSCP のログイン画面　　　　図 10.22　ログイン時の**警告**メッセージ

2. ログイン

　富山大学の教育用端末室 PC の WinSCP の場合は、既にいくつかのサイトが登録されているので、その中から、ホスト名「`wwwst.ems.u-toyama.ac.jp`」を選択し、[ログイン] ボタンを左クリックします（図 10.21）。次の画面で、図 10.22 のような警告メッセージが表示された場合は、[はい] を左クリックします。

3. ユーザ名とパスワードの入力

　Web サーバに接続すると、ユーザ名を入力する画面が表示されるので（図 10.23）、ユーザ名を入力し [OK] ボタンを左クリックします。続けて、パスワードの入力画面が表示されるので（図 10.24）、パスワードを入力し [OK] ボタンを左クリックします。

　ログインが成功すると、図 10.25 のような画面になります。左側がローカルホスト (PC)、右側がリモートホスト（Web サーバ）です。リモートホストの WWW ディレクトリが Web サーバのルートディレクトリです。

図 10.23　ユーザ名の入力画面

図 10.24　パスワードの入力画面

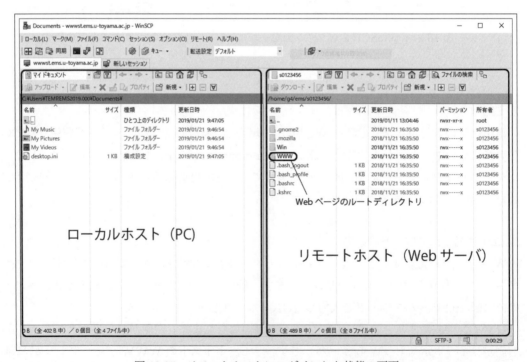

図 10.25　リモートホストにログインした状態の画面

4. ファイルの転送

ファイルやフォルダを Web サーバのルートディレクトリ (WWW) に転送（アップロード）する手順は次のとおりです。

1. Web サーバ（リモートホスト）側で、ルートディレクトリ (WWW) を開きます（図 10.26）。
2. PC（ローカルホスト）側で、転送したいファイルやフォルダがあるドライブのフォルダを開きます。例えば、USB ドライブ>情報処理> web フォルダ　を開いた場合は、図 10.27 のようになります。
3. PC 上のファイルやフォルダを選択して［アップロード］を左クリックすることにより、Web サーバへ転送（アップロード）します。例えば、PC 上のフォルダ report を Web サーバにアップロードする場合は、図 10.28 のように操作します。

図 10.26　Web サーバのルートディレクトリ

図 10.27　PC のドライブのフォルダ

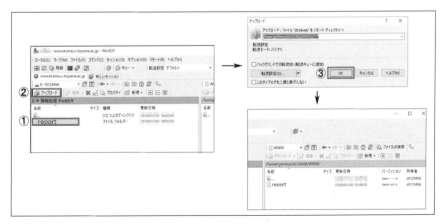

図 10.28　Web サーバへのアップロード手順

5. WinSCP の終了

　WinSCP を終了するには、WinSCP 画面右上の［閉じる］ボタンを左クリックし、次の確認画面で［OK］ボタンを左クリックします（図 10.29）。

図 10.29　WinSCP の終了

10.4 演習課題

10.4.1 Web ページの作成

第 8 章で作成したレポートを HTML 文書にし、Web ブラウザで表示を確認しましょう。

1. まずは文章のみを、HTML で書きましょう。その際に、章や節のタイトルは見出要素
   （<h1>,<h2>,<h3>,・・・）を使って目立つようにしましょう。
2. 次に画像が表示されるように、画像要素（<img>）を追加しましょう。画像ファイルの
   形式や、大きさなどにも注意してください。
3. 最後は、参考文献などをリンク要素（<a>）を使って、そのページに飛べるようにしま
   しょう。

10.4.2 Web サーバへのアップロード

上の演習で作成した Web ページ（HTML ファイルと画像ファイル）を Web サーバに転送
し、Web ブラウザで表示を確認しましょう。

1. まずは HTML ファイルだけを Web サーバに転送し、Web ブラウザで表示してみま
   しょう。画像を貼り付けた部分は、どのような表示になったでしょうか。
2. 次に画像ファイルも転送し、Web ブラウザで画像が表示されることを確認しましょう。

コラム　文字コード

「文字コード」は、「テキストファイル」を扱う上で知っておかなければならないことです。日本語だけではなく世界中においてコンピュータで文字を表示するということが、実は簡単なことではないということを覚えておいてください。

コンピュータで文字を表示するために、文字を表すデータの形式が「国際的な規格」として決められています。その規格が文字コードで、「ANSI」、「Unicode」、「UTF-8」、「Shift-JIS」などがあります。この文字コードをファイル自身とファイル内容を表示する側で合わせると文字が正しく表示されます。

図 10.30 は、Web ブラウザで文字が化けて読むことができない文字化けという状態になっている画面と正常に表示された画面を並べたものです。この文字化けは、Web ブラウザが判断している文字コードと HTML ファイルの文字コードが合っていないことが原因です。

例えば、HTML 文書中では文字コードを UTF-8 と指定し、一方、その HTML ファイルの文字コードを Shift-JIS として保存したとします。この場合、Web ブラウザは HTML 文書中で指定された文字コードに従って文字を UTF-8 で表示しようとしますが、ファイル自身の文字コードはそれとは違う Shift-JIS ですので、文字化けが起こります。

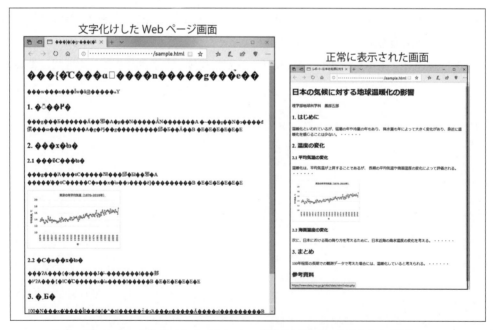

図 10.30　文字化けした Web ページ画面と正常に表示された画面

この話は、Excel で日本語などを含むデータを扱う際に、他の OS や Python などでデータ処理を行い、CSV ファイルを用いてやりとりするなどのときにも発生しやすいので、文字化けしたときは、文字コードのことを思い出してください。

コラム　HTMLとスタイルシート

　Webページの文書構造とデザイン（色や大きさなど）はHTMLとスタイルシートで役割分担することが推奨されています。HTMLで文書構造を記述し、スタイルシートではHTML要素名、ID名やクラス名などとそれに適応するデザインをセットにして記述するのです。なお、スタイルシートは、正式にはCascading Style Sheetsという名称で、CSSと略されます。

スタイルシートをHTML文書に適用する方法

　スタイルシートをHTML文書に適用する方法は、次の3つがあります。

- スタイルシートファイルに記述（外部リンク）
- HTML文書のstyle要素に記述（埋め込み式）
- HTML文書の各要素の中のstyle属性に記述（インライン方式）

スタイルシートの構造

　スタイルシートは、図10.31で示したように、「どこの　なにを　どうする」という組み合わせで記述します。「セレクタ」と呼ばれるスタイルを適用させる対象に、「プロパティ」を指定し、その「値」を記述することで、スタイルを定義します。

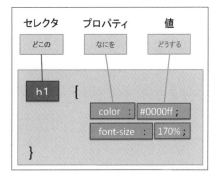

図10.31　スタイルシートの構造

スタイルシートで使われるプロパティ

　文字の色を指定

```
color:（色）;
```

　背景色を指定

```
background-color:（色）;
```

　使用例

```
color: #0000ff;
background-color: #ffffcc;
```

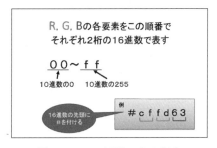

図10.32　16進数で色を指定

　色の指定は、上の使用例のように16進数の数値を使うことができます。その16進数では、Red、Green、Blueの順に、各色のレベルを00～ffまでの数値で指定します（図10.32）。

コラム　ファイル、ディレクトリの属性変更

　Windows コンピュータのファイルは、ほとんど利用者個人が使うので、ファイルのプロパ
ティ（Property：属性のこと。ファイルを右クリックして［プロパティ］を選択）を見ても自
分と他人のアクセス権（パーミッション）の設定しかありませんが、Web サーバとしても用
いられている UNIX コンピュータのディレクトリやファイルには、自分、グループ、他人に対
するアクセス権の設定が行えます。これをファイル属性と言います。UNIX コンピュータでは
ディレクトリ、ファイルに対し次の 9 ビットでアクセス権が表現されます。

　a1,a2,a3,b1,b2,b3,c1,c2,c3　　　（実際にはカンマは不要です）

　a1 は自分（所有者）に対し読み取り (R) 可能にするならば 1、そうでなければ 0 にします。

　a2 は自分（所有者）に対し書き込み (W) 可能にするならば 1、そうでなければ 0 にします。

　a3 は自分（所有者）に対し実行 (X) 可能にするならば 1、そうでなければ 0 にします。

　b1〜b3 はグループに対する設定であり、c1〜c3 は他人（その他）に対する設定です。

　この 9 桁の 2 進数を 3 つずつに区切り、3 ビットを 8 進数で表します。例えば、$(755)_8$ で
あれば $(111101101)_2$ であるので、自分は読み取り・書き込み・実行が可能であり、グループ
内の人や他人は読み取り・実行は可能で書き込みは不可となります。

　WinSCP では、属性変更したいリモートホスト上のファイル（またはディレクトリ）を選
択して右クリックし、［プロパティ］を左クリックします。すると、ファイル（またはディレ
クトリ）のプロパティ画面（図 10.33）が表示されますので、ここで必要なアクセス権（パー
ミッション）をチェックして［OK］ボタンを左クリックします。

図 10.33　ディレクトリのプロパティ画面

第11章　情報リテラシーとマナーの形成

この章の目標

インターネットは人と人とのコミュニケーションを豊かにする画期的な道具です。この道具を上手に使いこなす知識や技術を持つと同時に、互いに気持ち良く活動できるよう、そこには情報リテラシーと遵守すべきマナーがあります。しかし、これらリテラシーとマナーを知っていたとしても、インターネット上に潜むさまざまな脅威から自分を守ることは大変です。

この章の目標は、次のとおりです。

1. インターネット上の脅威を知ること。
2. インターネット上の脅威から自分を守る技術を習得すること。

11.1　インターネットを取り巻く状況

日本の情報通信機器の世帯普及状況は、PC で 70% 程度あり、スマートフォンは 85% を超えています。また、インターネットの人口普及率は 90% を超えています（総務省令和 2 年度通信利用動向調査）。このような現状から、情報通信機器およびインターネットは生活必需品となっているとも言え、特に現代の大学生においては、大学での勉強だけでなく、日常生活においても、なくてはならないものと言えます。

しかし、利用者が増えるにつれ、インターネットを利用しているときの不安（図 11.1）が問題となっており、実際にインターネット上での犯罪であるサイバー犯罪に関しては、毎年約9,000 件の検挙があります（図 11.2）。

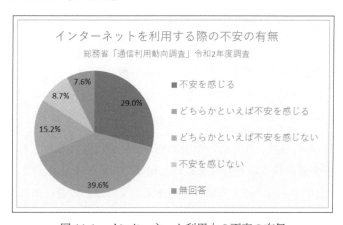

図 11.1　インターネット利用上の不安の有無

大学生は、高校生までのアプリケーション制限やコンテンツフィルタなどの制限が外された環境になり、自由にインターネットを利用できるようになります。このような状況の中で、社会経験が浅い大学生の中には、実際にサイバー犯罪に巻き込まれることや、知らず知らずのうちに加害者になる場合も考えられます。

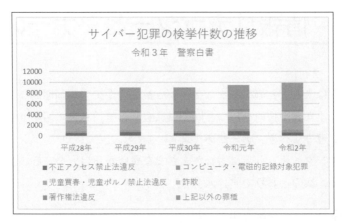

図 11.2　サイバー犯罪の検挙件数の推移

　ここでは、インターネット利用時の脅威を知り、自分の身を守るための方法、インターネット利用時に知っておくべき法令等を学びます。ただし、情報セキュリティに関する内容は、攻撃者側の技術が年々向上しており、ここで習った情報が、数年後には違っている可能性もあります。そのため、自分自身の身を守るためにも、新しい知識を自ら習得するようにしてください。

11.2　インターネット利用時の脅威

11.2.1　個人情報の漏洩

　自分の氏名や住所などの個人情報や、時には他人には知られたくない情報までもが、ブラックマーケット（犯罪者が利用する市場）で売買されています。ブラックマーケットで売買される情報の多くは、

- コンピュータウィルスに感染した PC からの漏洩
- 情報を有している Web サイトから漏洩
- 騙された個人が自ら提供

したものです。これらの漏洩の中には、自分の心がけで避けられることもあります。そのためには、Web サイトを運営している会社を確認し信頼できるかを見極めることや、懸賞が当たるからといって、たくさんのサイトで個人情報を入力することは避けましょう。

11.2.2　コンピュータウィルス

　コンピュータウィルスという言葉を聞いたことがありますか。今では、より広い意味を持つマルウェア（malware: malicious software の略で、malicious とは、ユーザにとって不利益を発生させる、または、発生させる可能性があること）と呼ばれることもあります。コンピュータウィルスは、PC やスマートフォンなどのプログラムで動作しているコンピュータに対して、

利用者の意図に反して、動作しているプログラムを書き換えたり、新たに不正なプログラムを追加させることによって、PC から情報を収集したり、他の PC に攻撃したりする機能を持つものです。現在のコンピュータウィルスは、毎年 100 万種類以上、作られているともいわれています。コンピュータウィルスに感染すると、

- PC 内の情報（メール内容、ファイル、パスワード等）を外部に送信する
- 外部から PC を操作できるようにする
- ウィルス対策ソフトが停止させられる

などの現象が発生しますが、多くの場合は利用者は気が付きません。

　コンピュータウィルスに感染しないためには、11.3.1「情報機器の管理」で説明することと、インターネットからダウンロードしたプログラムは安易に実行しないようにしましょう。インターネットからダウンロードしたプログラムの中には、改ざん（プログラムを変更し、悪意あるコードを追加したもの）されたものが多くあります。プログラムのダウンロード (Download)を行うときは、ソフトウェアを正規に購入するか、フリーソフトの場合には、評判を確認した上で、正規の配布サイトの最新版プログラムを利用しましょう。

11.2.3　Download コンテンツの利用

　Web サイトからダウンロードした Word や Excel などの Office ファイルを実行すると、上部に黄色で［保護ビュー］（図 11.3）の警告が表示されます。

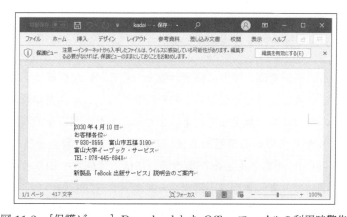

図 11.3　［保護ビュー］Download した Office ファイルの利用時警告

　この［保護ビュー］は、マルウェアからシステムや情報を守るための Office プログラムが提供するセキュリティ機能です。［保護ビュー］で開かれた Office ファイルは、機能が制限され、万一悪意あるプログラムが仕込まれていても危険がシステムにまで及ばないようになっています。中身を確認するだけの場合には、［保護ビュー］のままで閲覧してください。

　Office ファイルを編集する必要がある場合には、「編集を有効にする」ボタンを押せば［保護ビュー］が解除され、通常の状態となります。ただし、［保護ビュー］を解除して利用する

ファイルは、セキュリティのため、ファイルの提供元（Download 元）が信頼できる場合のみにしましょう。

11.2.4 電子メール利用

電子メールは容易に送信できるため、相手のメールアドレスがわかれば、相手の意思とは関係なくメールを送り付けることができます。そのため、悪意を持つ送信者からは、悪意あるメールが送られてくることがあります。

悪意あるメールの種類

- コンピュータウィルスが添付されたメール
- 個人情報を盗むための Web ページに誘導するメール
- ねずみ講や違法薬物など犯罪へ勧誘するメール
- 資格詐欺や有名人を騙った勧誘メール

この他にも、受信者に対して他の人にメールを転送することを要請するチェーンメールや嘘の情報が書いてあるデマメールなど、転送者を脅迫したり、善意を利用して世間を騒がしたり、他人を貶めることを目的としたメールもあります。

デマメール例

- 特殊な血液型の輸血を依頼するもの
- 災害などによる被害を装うもの
- 犯人探しを依頼するもの
- 新種のコンピュータウィルスに関するもの

そもそも、メールの送信者は、簡単に偽装（嘘をつくこと）が可能です。メールを受信したときは、まずは、送信者に心当たりがないものや内容がおかしく、書かれた内容が自分に届く必要がないメールの場合には、無視してかまいません。また、内容を検索エンジンなどで調べてみましょう（広く配られている悪意あるメールの場合には、警告を発している人や話題になっている場合が多い）。それでも心配がある場合には、送信者が知り合いである場合は、新規メールや電話で聞いてみましょう（不審なメールアドレスから届いたメールへの返信は、嘘のメールアドレスに届く可能性があるため、怪しい場合には、絶対に返信しない）。

最近では、ブラックマーケットに流れているメールアドレスとパスワード（これらのメールアドレスとパスワードは、どこかのサイトから流出したもの）を入手し、これを本文に記載することでメールがあたかも本当であるかを誤認させるものも出ています。このような手が込んだメールを受け取った場合も無視してかまいません。それでも心配な場合には、大学の情報部門や警察に相談しましょう。

11.2.5 情報閲覧・検索

Web 検索を行い、いろいろな情報を収集すると思いますが、Web ページの作成者の中には悪意あるページを作成するものがいます。

悪意あるページの種類例

- コンピュータウィルスが仕込まれたページ
- 閲覧しただけで課金を請求するページ
- 偽ページを公式なページと誤認させ、個人情報や ID ／パスワードを入力させようとするページ

これらのページには、検索エンジンやメールに記載された URL から遷移することが多いです。まずは、このようなページに遭遇しないように、不要なページを閲覧することはやめましょう。また、変だと感じた場合には、Web ブラウザを終了して、コンピュータウィルスの検査を行ってください。

このほかには、ネットオークションやショッピングサイトを利用するときには、詐欺やトラブルに注意してください。詐欺やトラブルを避けるためには、

- 有名なサイトを利用する
- エスクローサービス（商品・代金の受け渡しを第三者が確認する）を利用する
- 特定商取引法に基づく情報が記載してある
- 異様に安い場合には詐欺（代金だけを取る）を疑う

を意識してください。また、相手にクレジットカード番号や氏名や住所を送る場合には、本当に個人情報を送信して良い相手かを確認するとともに、Web サーバが HTTPS（アドレスバーが緑色で表示）になっているかにも注意してください。ここで注意すべきことは、HTTPS で守ることができるのは相手との通信間での安全性であり、通信先に送信された情報の保護ではないということです。繰り返しますが、クレジットカード番号や個人情報を送信して良い相手かは、別の方法で確認することが必要です。例えば情報提供先の会社を調べるなどして、HTTPS であっても怪しいと感じるサイトで個人情報を入力してはいけません。相手に渡した情報がどのように利用されるかは、相手次第です。

11.3 脅威への対処方法

11.3.1 情報機器の管理

自分が利用する情報機器の管理を適切に行っていますか。パソコンやタブレット、スマートフォンの情報機器が身近にあると思いますが、これらの機器は、適切にメンテナンスを行う必要があります。適切なメンテナンスとは、

- 導入しているソフトウェアを確認する
- OS やアプリケーションのアップデート (Update)
- ウィルス対策ソフトウェアの導入
- データのバックアップ

を行うことです。

　自分が利用しているパソコンやスマートフォンなどにインストールしているソフトウェアを確認してみましょう。体験版ソフトウェアやよく知らないソフトウェアがインストールされていませんか。必要のないソフトウェアはインストールしないように、また、定期的にどのようなソフトウェアがインストールされているかを確認するようにしましょう。

アップデート

　OS やアプリケーションには、誤動作や脆弱性と呼ばれるプログラムのバグが含まれていることがあります。これらを修正するためにアップデートと呼ばれる修正プログラムが配布されています。多くの場合、アップデートは画面に表示されています（図 11.4）。このような表示が出ている場合には、必ずアップデートを行いましょう。

図 11.4 　アップデート表示

　この他には、パソコンの起動後やアプリケーションを起動したときにアップデートをするかを確認する画面が出る場合があります。この場合も、表示に従ってアップデートしましょう。

ウィルス対策ソフトウェア

　ウィルス対策ソフトウェアは、コンピュータウィルスなどの悪意あるソフトウェアの検出や削除を行います。このソフトウェアをパソコンやスマートフォンにインストールしておくと、不審な動作をしたソフトウェアがあった場合には、画面に警告を表示します。残念ながらウィルス対策ソフトウェアは万全ではありません。誤検知をする場合もありますし、全てのコンピュータウィルスを検出できるわけでもありません。また、警告された内容が理解できない場合があるかもしれません。それでも、コンピュータウィルスの存在を教えてくれる非常に重要な存在です。そのため、必ず、ウィルス対策ソフトウェアをインストールしましょう。

　ウィルス対策ソフトウェアは、必ず有名なメーカーの製品を購入して、初期設定時に導入し

てください。これには、2つの理由があります。1つ目は、初期設定時にはデータをコピーし、新たにソフトウェアをインストールすることが多いためコンピュータウィルスに感染しやすいからです。2つ目は偽物のウィルス対策ソフトへの対策からです。偽物のウィルス対策ソフトウェアは、インターネット上で配布されているウィルス対策ソフトの中にあります。この偽物は、コンピュータウィルスを検出するのではなく、偽の警告を表示してお金を払わせようとするソフトであり、中には、コンピュータウィルスの場合があります。これを防ぐため、先に正しい動作をするウィルス対策ソフトウェアをインストールしておくことが重要です。

もし、コンピュータウィルスが発見された場合には、ウィルス対策ソフトウェアの指示に従い、対応してください。また、頻繁に警告が発せられる場合には、ハードウェアの購入元や大学の情報部門などに相談してください。

EoL

PC やネットワーク機器などのハードウェアや PC やスマフォにインストールされているソフトウェアには、EoL（End of Life）といわれる、その期限以降は継続して利用すべきではない期限があります。EoL までは、適切な対策を行うことで安全な機械的動作を保障し、ソフトウェア等の保守が行われます。EoL を経過した場合は、サポートや保守、部品などの生産が行われなくなり、安全に利用することができなくなります。EoL を迎えたハードウェアやソフトウェアは、利用を停止または更新するなどの対策を行いましょう。

11.3.2 パスワードの管理

パスワードは、情報システム利用時の本人確認のために、ID やメールアドレスと組み合わせて利用されます。ID やメールアドレスは、他人に広く知られている場合が多く、本人確認の決め手はパスワードにかかっています。

他人にパスワードが知られると、なりすましなど不正に利用され、メールを勝手に読まれたり、不正に買い物されたり、場合によっては犯罪に巻き込まれたりします。パスワードを他人に利用されないようにするためには、まずは、他人に推測されにくく、桁数が大きいなど、安全なものであることが必要です。

安全なパスワード
- 名前、生年月日、ログイン ID など個人情報から推測できないこと
- キーボード配列順などの文字の並びや（英語、日本語の）辞書の単語を利用しないこと
- 文字種（大小英字、数字、記号）を組み合わせること
- パスワードの文字列は、8文字以上にすること（12文字以上を推奨）

作成したパスワードは、他人に知られないように、かつ、忘れないことが重要です。忘れた場合のためにメモを作成する場合には、他人に見られない、見られてもわからない状態で保管しましょう。

パスワードの変更

　パスワードの流出時や変なアクセスに気づいた場合、速やかにパスワードを変更してください。なお、サイトによっては、パスワードを定期的に変更することを求められることもありますが、これは、昔、定期的な変更が不正アクセスには有効だと言われていたことによります。しかし、最新の研究では、利用者は同じパスワードを繰り返して利用することが多く、必ずしも有効であるとの結果が得られていないため、推奨されていません。

パスワードの使いまわしは禁止

　パスワードの複数サイトの使いまわし（同じパスワードを複数サイトで利用すること）はとても危険です。あるサイトから流出したメールアドレスとパスワードを使い、他のサイトへの不正ログインを試す攻撃の手口が頻繁に行われています。攻撃への対策として、サイトごとに別のパスワードを設定するようにしてください。覚えるのが難しければ、例えば、パスワードの 3 文字目は、サイト名の 2 文字目と決めるだけで、サイトごとに異なるパスワードとなります。

多要素認証

　より安全な本人確認のために、現在では、多要素認証と呼ばれる方式が推奨されています。多要素認証は、パスワードや PIN などの利用者本人が知っている知識「知識情報」、IC カードや USB トークンなどの「所有情報」、指紋や顔などの利用者本人の生体に由来する「生体情報」のうち、2 つ以上を組み合わせて認証する方式です。複数の方式の組み合わせることで、一つの情報が漏れても安全な利用ができるようになります。ただ、「生体情報」で認証する場合には注意が必要です。「生体情報」は生体の特徴を利用するため、変更することができません。そのため、自分の PC など他人が認証情報にアクセスできない場面や、限られた人しかいない環境などでの利用にとどめることが必要です。

11.3.3　ライセンスについて

　パソコンで利用するソフトウェアやスマートフォンで閲覧しているコミックやオンラインゲームなどには、ライセンスが設定されています。ライセンスとは、利用に際して決められている取り決めであり、この取り決めの範囲でのみ、ソフトウェアやコミックなどのコンテンツ、ゲームを利用することができます。一般にライセンス条項は、購入時やインストール時に表示されています。ライセンス条項に違反して利用することは、契約違反となり、利用停止や損害賠償請求を受けることになります。

　ソフトウェアやコミックなどの著作物には、著作権 (Copyright) が設定されます。著作権法では、著作物の利用・複製・配布等をコントロールする権利（著作権）を権利者に認めています。そのため著作権で守られている著作物に関しては、権利者の許可なく、複製や配布など

をすることはできません。著作権法に著作物の例として挙げられているものを示しますが、著作物とされるものは、この例に限らず、「思想又は感情を創作的に表現したものであって、文芸、学術、美術又は音楽の範囲に属するもの」とされており、幅広く認められています。

著作物の例

- 小説・脚本・論文・講演
- 音楽
- 舞踊または無言劇
- 絵画・版画・彫刻（漫画や書を含む）
- 建築
- 地図または学術的な図面、図表、模型等
- 写真
- 映画
- プログラム
- 編集著作物・データベース

著作物の利用時には、著作権侵害とならないように注意してください。

11.3.4 「義務」と「責任」

インターネットは自由に利用することができます。しかし、自分の思い通りに利用してよいのではありません。憲法に記された自由や権利は他者を害することを容認しているわけではありません。

特に、大学生ならば、本人に「義務」と「責任」が掛かってきます。インターネット参加者の「義務」として、

1. 各自が主体的に情報を利活用できる情報リテラシーを有すること
2. ネットワーク特有の仮想や匿名性の特徴や限界を知り、現実との違いと現実と同一なことを正確に知ること
3. ネットワーク上であっても、現実の世界で問題となる行為は行わないこと

「責任」としては、

1. 適切な情報環境を維持するため、機器等の管理を行うこと
2. （トラブルを起こさないためにも）相手の背景を理解するように努め、適切な意思表示を行うこと
3. 起こったトラブルに関し、責任を持って対応すること

を必ず意識してください。ここで3の責任を持って対応するとは、一人で最後まで対応するという意味ではありません。必要に応じて、友人や教員、警察などの公的機関に相談することも

含みます。大切なのは、起こったトラブルを解決することであり、解決のための適切な行動を取るためにも、「義務」と「責任」を意識してください。

　インターネットは、地球全体に張り巡らされたネットワークであり、ネットワーク同士を相互に接続して作られています。今後も、参加者全てが「義務」を果たし、「責任」を持つことで維持されます。

11.4　法律および規則等

　ここでは、ネットワーク利用時に知っておくべき法律の一部を掲載します。

11.4.1　プライバシーと肖像権

　プライバシーとは、人格権（個人の人格的利益を保護するための権利：例えば、名誉を棄損されないなど）の一部であって、私生活をみだりに公開されない権利のことです。肖像権とは、プライバシーの一部で、容姿やその画像などに帰属される人権であり、自分がうつる写真や動画に対して、撮影・公開・利用をコントロールする権利のことです。

11.4.2　刑法（名誉毀損）

（名誉毀損）
　第二百三十条　公然と事実を摘示し、人の名誉を毀損した者は、その事実の有無にかかわらず、三年以下の懲役若しくは禁錮又は五十万円以下の罰金に処する。
　2　死者の名誉を毀損した者は、虚偽の事実を摘示することによってした場合でなければ、罰しない。
（公共の利害に関する場合の特例）
　第二百三十条の二　前条第一項の行為が公共の利害に関する事実に係り、かつ、その目的が専ら公益を図ることにあったと認める場合には、事実の真否を判断し、真実であることの証明があったときは、これを罰しない。
　2　前項の規定の適用については、公訴が提起されるに至っていない人の犯罪行為に関する事実は、公共の利害に関する事実とみなす。
　3　前条第一項の行為が公務員又は公選による公務員の候補者に関する事実に係る場合には、事実の真否を判断し、真実であることの証明があったときは、これを罰しない。
（侮辱）
　第二百三十一条　事実を摘示しなくても、公然と人を侮辱した者は、拘留又は科料に処する。
（親告罪）
　第二百三十二条　この章の罪は、告訴がなければ公訴を提起することができない。

11.4.3 刑法 不正指令電磁的記録作成等（コンピュータウイルスに関する法律）

　第百六十八条の二　正当な理由がないのに、人の電子計算機における実行の用に供する目的で、次に掲げる電磁的記録その他の記録を作成し、又は提供した者は、三年以下の懲役又は五十万円以下の罰金に処する。

　一　人が電子計算機を使用するに際してその意図に沿うべき動作をさせず、又はその意図に反する動作をさせるべき不正な指令を与える電磁的記録

　二　前号に掲げるもののほか、同号の不正な指令を記述した電磁的記録その他の記録

　2　正当な理由がないのに、前項第一号に掲げる電磁的記録を人の電子計算機における実行の用に供した者も、同項と同様とする。

　3　前項の罪の未遂は、罰する。

　第百六十八条の三　正当な理由がないのに、前条第一項の目的で、同項各号に掲げる電磁的記録その他の記録を取得し、又は保管した者は、二年以下の懲役又は三十万円以下の罰金に処する。

11.4.4 刑法（業務妨害）

（信用毀損及び業務妨害）
　第二百三十三条　虚偽の風説を流布し、又は偽計を用いて、人の信用を毀損し、又はその業務を妨害した者は、三年以下の懲役又は五十万円以下の罰金に処する。

（威力業務妨害）
　第二百三十四条　威力を用いて人の業務を妨害した者も、前条の例による。

（電子計算機損壊等業務妨害）
　第二百三十四条の二　人の業務に使用する電子計算機若しくはその用に供する電磁的記録を損壊し、若しくは人の業務に使用する電子計算機に虚偽の情報若しくは不正な指令を与え、又はその他の方法により、電子計算機に使用目的に沿うべき動作をさせず、又は使用目的に反する動作をさせて、人の業務を妨害した者は、五年以下の懲役又は百万円以下の罰金に処する。

　2　前項の罪の未遂は、罰する。

11.4.5 著作権法

（目的）
　第一条　この法律は、著作物並びに実演、レコード、放送及び有線放送に関し著作者の権利及びこれに隣接する権利を定め、これらの文化的所産の公正な利用に留意しつつ、著作者等の権利の保護を図り、もつて文化の発展に寄与することを目的とする。

11.4.6　個人情報の保護に関する法律（個人情報保護法）

（目的）

第一条　この法律は、高度情報通信社会の進展に伴い個人情報の利用が著しく拡大していることに鑑み、個人情報の適正な取扱いに関し、基本理念及び政府による基本方針の作成その他の個人情報の保護に関する施策の基本となる事項を定め、国及び地方公共団体の責務等を明らかにするとともに、個人情報を取り扱う事業者の遵守すべき義務等を定めることにより、個人情報の適正かつ効果的な活用が新たな産業の創出並びに活力ある経済社会及び豊かな国民生活の実現に資するものであることその他の個人情報の有用性に配慮しつつ、個人の権利利益を保護することを目的とする。

11.4.7　特定商取引に関する法律（特定商取引法）

（目的）

第一条　この法律は、特定商取引（訪問販売、通信販売及び電話勧誘販売に係る取引、連鎖販売取引、特定継続的役務提供に係る取引、業務提供誘引販売取引並びに訪問購入に係る取引をいう。以下同じ。）を公正にし、及び購入者等が受けることのある損害の防止を図ることにより、購入者等の利益を保護し、あわせて商品等の流通及び役務の提供を適正かつ円滑にし、もつて国民経済の健全な発展に寄与することを目的とする。

11.4.8　不正アクセス行為の禁止等に関する法律（不正アクセス禁止法）

（目的）

第一条　この法律は、不正アクセス行為を禁止するとともに、これについての罰則及びその再発防止のための都道府県公安委員会による援助措置等を定めることにより、電気通信回線を通じて行われる電子計算機に係る犯罪の防止及びアクセス制御機能により実現される電気通信に関する秩序の維持を図り、もって高度情報通信社会の健全な発展に寄与することを目的とする。

参考文献

情報収集

1. Dornfest, R., Bausch, P., Calishain, T.（著），山名早人（監修）(2007).　Google Hacks 第 3 版 －プロが使うテクニック & ツール 100 選　オライリージャパン

2. 学習技術研究会 (2019).　知へのステップ 第 5 版 ―大学生からのスタディ・スキルズ―　くろしお出版

3. 佐藤望，湯川武，横山千晶，近藤明彦 (2020).　アカデミック・スキルズ（第 3 版）―大学生のための知的技法入門　慶應義塾大学出版会

4. 専修大学出版企画委員会（編）(2018).　新・知のツールボックス―新入生のための学び方サポートブック　専修大学出版局

5. 山田剛史，林創 (2011).　大学生のためのリサーチ・リテラシー入門：研究のための 8 つの力　ミネルヴァ書房

情報処理とデータサイエンス

1. 北川源四郎，竹村彰通（編）(2021).　教養としてのデータサイエンス　講談社

2. 竹村彰通，姫野哲人，高田聖治（編）(2021).　データサイエンス入門 第 2 版　学術図書出版社

3. Schutt, R., O'Neil, C.（著），瀬戸山雅人 他（訳）(2014).　データサイエンス講義　オライリージャパン

4. 小島寛之 (2006).　完全独習 統計学入門　ダイヤモンド社

5. 森園子，二宮智子 (2015).　文科系学生のためのデータ分析と ICT 活用　共立出版

レポート作成

1. 市古みどり（編著），上岡真紀子，保坂睦 (2014).　資料検索入門 ― レポート・論文を書くために（アカデミック・スキルズ）　慶應義塾大学出版会

2. 名古屋大学教育学部附属中学校・高等学校国語科 (2014).　はじめよう、ロジカル・ライティング　ひつじ書房

3. 戸田山和久 (2022).　最新版 論文の教室 レポートから卒論まで　NHK 出版

4. 山口裕之 (2013).　コピペと言われないレポートの書き方教室：3 つのステップ　新曜社

5. 浜田麻里 (1997).　大学生と留学生のための論文ワークブック　くろしお出版

6. 酒井聡樹 (2017).　これからレポート・卒論を書く若者のために 第 2 版　共立出版

Office アプリケーション

1. 杉本くみ子, 大澤栄子 (2022). 30 時間アカデミック Office 2021 実教出版
2. 株式会社富士通ラーニングメディア (2022). よくわかる Microsoft Word 2021 基礎 FOM 出版
3. 阿部香織 (2022). 情報利活用 表計算 Excel2021 対応 日経 BP
4. 井上香緒里, できるシリーズ編集部 (2022). できる PowerPoint 2021 Office 2021/Office 365 両対応 インプレス

プレゼンテーション

1. 森重湧太 (2016). 一生使える 見やすい資料のデザイン入門 インプレス
2. 藤沢晃治 (2002). 「分かりやすい説明」の技術 最強のプレゼンテーション 15 のルール 講談社
3. 宮野公樹 (2011). 学生・研究者のための 伝わる! 学会ポスターのデザイン術 化学同人

Web ページの作成と公開

1. 中島真洋 (2018). 今すぐ使えるかんたん PLUS+ HTML5 & CSS3 完全大事典 技術評論社
2. 大藤幹, 半場方人, 松浦健一郎, 司ゆき (2023). 詳解 HTML & CSS & JavaScript 辞典 第 8 版 秀和システム

情報リテラシーとマナーの形成

1. 尾花紀子, 高橋慈子, 内田勝也, 杉原五雄 (2005). どうトラブルを避けるの? ネット体験・コミュニケーション術 岩波書店
2. 尾花紀子, 高橋慈子, 内田勝也, 杉原五雄 (2005). なにが危険なの? ホームページ・メール・個人情報 岩波書店
3. 情報教育学研究会 (IEC), 情報倫理教育研究グループ (編) (2018). インターネットの光と影 Ver.6：被害者・加害者にならないための情報倫理入門 北大路書房
4. 小向太郎 (2022). 情報法入門【第 6 版】：デジタルネットワークの法律 NTT 出版

ICT活用で学ぶアカデミック・スキル
－大学生に求められるデータ活用力と論理力－　[第6版]

2024年4月1日　第1刷発行

著　者——富山大学情報処理部会情報処理テキストワーキンググループ
発行者——北島 勲
発行所——富山大学出版会
　　　　　〒930-0887 富山県富山市五福3190番地
　　　　　TEL (076) 431-4310 FAX (076) 431-5008
発売所——能登印刷出版部
　　　　　〒920-0855 石川県金沢市武蔵町7-10
　　　　　TEL (076) 222-4595 FAX (076) 233-2559

印刷・製本 —能登印刷株式会社

「地球にやさしい本づくり」に取り組んでいます

富山大学出版会では、地球にやさしい本づくりを目指しています。環境対
応紙の使用をはじめ、大豆油インキやフィルムを使わない製版（CTP）など
により、ゴミ減量と枯渇資源の有効活用に努めています。今後も環境への
配慮を積極的に進め、さらなるエコ対策に取り組んでいきます。